L'ENFANT BLESSÉE

DU MÊME AUTEUR
CHEZ LE MÊME ÉDITEUR

L'Enfant qui ne parlait pas
La Fille du tigre
L'Enfant au chat

Torey Hayden

L'ENFANT BLESSÉE

Traduction d'Eveline Charlès

Roman

Titre original : *Beautiful Child*

Le Code de la propriété intellectuelle n'autorisant, aux termes de l'article L. 122-5, 2° et 3° a), d'une part, que les « copies ou reproductions strictement réservées à l'usage privé du copiste et non destinées à une utilisation collective » et, d'autre part, que les analyses et les courtes citations dans un but d'exemple et d'illustration, « toute représentation ou reproduction intégrale ou partielle faite sans le consentement de l'auteur ou de ses ayants droit ou ayants cause est illicite » (art. L. 122-4). Cette représentation ou reproduction, par quelque procédé que ce soit, constituerait donc une contrefaçon, sanctionnée par les articles L. 335-2 et suivants du Code de la propriété intellectuelle.

© Torey Hayden, 2002
© Presses de la Cité, 2003, pour la traduction française
ISBN 2-258-05979-8

1

La première fois que je l'ai vue, elle était juchée sur le mur qui limitait la cour de récréation, à l'ouest. Une jambe pendante, l'autre relevée, ses cheveux épais tombant en cascade dans son dos, elle avait fermé les yeux et offrait son visage au soleil. Dans cette posture, elle ressemblait à une star de Hollywood, et c'est ce qui attira mon attention puisque, en réalité, elle devait n'avoir que cinq ou six ans.

Je la dépassai pour entrer dans l'école. Dès qu'il me vit, le directeur, Bob Christianson, sortit de son bureau. Se précipitant vers moi, il m'asséna une claque chaleureuse sur l'épaule.

— Ravi de te voir! s'écria-t-il avec entrain. Depuis le temps que j'attendais cet instant! On va bien se marrer, cette année, tu vas voir ça!

Un tel enthousiasme ne pouvait que me faire rire. Bob et moi nous connaissions depuis de longues années. Il m'avait offert l'un de mes premiers emplois. A cette époque, il dirigeait un programme de recherche concernant les difficultés d'apprentissage. Son exubérance, sa simplicité, le naturel avec lequel il approchait les enfants en difficulté qui lui étaient confiés avaient mis en ébullition le milieu conservateur dans lequel nous évoluions.

Pour être honnête, il m'avait un peu déstabilisée. Je terminais à peine mes études et je n'avais pas encore appris à penser par moi-même. Bob m'avait prodigué les encouragements et les conseils nécessaires, sans plus, mais il avait toujours refusé d'admettre comme allant de soi ce que je prétendais avoir appris à l'université. J'avais donc passé deux années difficiles, à me défendre toute seule et à roder mes techniques d'enseignement.

En fait, cette formation avait été idéale. A lui tout seul, Bob avait fait de moi l'éducatrice spécialisée que j'allais devenir. Mais sa méthode avait été presque trop efficace. J'avais appris à mettre en doute les théories qui m'avaient été enseignées, mais, du même coup je m'étais interrogée sur celles de Bob. Son approche des enfants était trop intuitive pour me satisfaire totalement. Aussi, quand j'eus tiré de cette expérience tout ce que je pouvais absorber, je m'en allai.

Depuis, beaucoup d'eau avait coulé sous les ponts. J'avais travaillé dans d'autres écoles, d'autres Etats et même d'autres pays. Outre l'éducation spécialisée, je m'intéressais à la psychologie clinique. J'avais même pris deux années sabbatiques afin de reprendre mes études. Dans la même période, Bob était resté dans la région. Il avait travaillé tant dans le secteur privé que dans le secteur public et n'avait pas limité son expérience à l'éducation spécialisée. Nous étions restés en contact, mais de façon distante, sans s'intéresser précisément à ce que l'autre faisait. Ma surprise n'en avait été que plus agréable lorsque j'avais appris que Bob était le directeur de l'école où je venais d'être nommée.

Notre système scolaire était constamment réorganisé. L'année précédente, j'avais travaillé dans un périmètre voisin, en tant que professeur auxiliaire. J'étais passée d'école en école, travaillant avec de petits groupes d'enfants et aidant les enseignants qui comptaient dans leur classe des élèves relevant de l'éducation spécialisée. Mais, bien que ce fonctionnement n'ait duré que deux ans, l'administration avait estimé qu'il n'était pas suffisamment efficace pour traiter les cas les plus difficiles. Un tiers des enseignants qui accomplissaient cette tâche de soutien avaient été affectés de façon permanente dans ces écoles pour permettre à ces enfants de bénéficier d'une aide plus étalée dans le temps.

J'avais sauté sur cette occasion d'interrompre mes pérégrinations. J'allais m'occuper de nouveau d'une classe, j'appréciais énormément le milieu scolaire dont je pensais qu'il convenait le mieux à ma façon d'enseigner. Etre nommée dans l'école de Bob, c'était le bonus.

— Attends d'avoir vu la salle que je t'ai réservée! dit Bob en me précédant dans l'escalier. Elle est vraiment superbe, Torey. Dès que j'ai su que tu venais chez nous, j'ai voulu t'attribuer une classe où tu puisses vraiment travailler. Trop souvent, les éducateurs spécialisés sont relégués dans les sous-sols. Mais, c'est l'un des avantages de ces grands et vieux immeubles, on n'a que l'embarras du choix.

L'école de Bob comportait des bâtiments construits en brique datant de 1910 et des préfabriqués installés dans les années soixante pour accueillir les enfants issus du baby-boom.

Bob ne mentait pas. Située au dernier étage, la salle qu'il m'avait attribuée était merveilleuse. Spacieuse, pourvue d'immenses fenêtres et récemment repeinte en jaune, elle disposait même d'un petit vestiaire pour que les élèves puissent y déposer leurs affaires. En fait, c'était la plus belle classe qu'on m'avait jamais donnée.

Nous étions au troisième étage et un couloir nous séparait des toilettes. Le gymnase, le réfectoire et les bureaux de l'administration étaient quasiment situés dans une autre galaxie.

— Tu pourras tout arranger comme tu veux, dit Bob en slalomant parmi les tables et les chaises. Et Julie arrive cet après-midi. Tu n'as pas encore fait sa connaissance? Elle sera ton assistante. Est-ce le terme approprié? Non... ton aide-éducatrice... Je ne sais plus! Quoi qu'il en soit,

9

elle sera là l'après-midi. Je n'ai pu obtenir davantage, malheureusement. Tu vas l'apprécier, tu verras. Elle est chez nous depuis trois ans. Elle vient le matin pour aider un petit garçon atteint de paralysie cérébrale, mais il va chez le physiothérapeute l'après-midi, et dès qu'elle l'aura mis dans l'ambulance, elle pourra te rejoindre.

Tout en écoutant Bob, j'examinais la salle, m'arrêtant devant les fenêtres pour regarder la vue. La petite fille était toujours sur le mur. Je l'observai. Elle me semblait seule au monde. Elle était la seule enfant à se trouver dans la cour de récréation, en ce dernier jour des vacances d'été.

— Tu auras la liste de tes élèves cet après-midi, me dit Bob. Cinq enfants resteront avec toi de façon permanente. Ensuite, une quinzaine d'autres devraient venir épisodiquement, en fonction de l'aide dont ils auront besoin. Ça te va? Qu'en penses-tu?

Je lui souris et hochai la tête.

— Cela me convient parfaitement.

J'étais en train de pousser une armoire métallique quand Julie arriva.

— Laissez-moi vous aider! me dit-elle spontanément.

A nous deux, nous eûmes vite fait de pousser le meuble dans un coin.

— Bob m'a dit que vous abattiez un gros travail, ici. Tout se passe comme vous voulez?

— Oui, merci.

C'était une jolie fille. «Fille» n'était pas le mot adéquat, d'ailleurs, car elle était plus âgée qu'il n'y paraissait au premier abord. Mais elle était frêle et délicate, avec un teint pâle et d'immenses yeux verts. Elle avait une frange épaisse et de longs cheveux blond vénitien qu'elle repoussait en arrière, à la façon d'une adolescente. On lui aurait donné quatorze ans.

— J'attendais cet instant depuis longtemps, déclara-t-elle en essuyant ses mains poussiéreuses. Je m'occupe de Casey Muldrow depuis qu'il est en cours préparatoire. C'est un petit garçon adorable, mais j'aspirais à quelque chose de différent.

— Si vous recherchez la différence, dis-je en souriant, vous allez être servie.

Je ramassai une frise qui traînait par terre.

— Je voulais accrocher ceci entre les deux fenêtres, dis-je. Vous voulez bien me donner un coup de main?

De nouveau, j'aperçus l'enfant, toujours perchée sur le même mur. Mais il y avait une femme qui se tenait en dessous d'elle et lui parlait.

— Cette enfant n'a pas bougé depuis environ quatre heures, m'étonnai-je. Elle était déjà là quand je suis arrivée ce matin.

Julie regarda par la fenêtre.

— Oh, oui! C'est Vénus Fox. Et c'est son mur. Elle se tient toujours au même endroit.

— Pourquoi?

Julie haussa les épaules.

— C'est son mur, voilà tout.

— Comment fait-elle pour se hisser dessus? Il doit bien faire deux mètres.

— Cette gamine a tout de Spiderman, elle monte sur n'importe quoi.

— C'est sa mère, à côté d'elle?

— Non... Sa sœur, Wanda, une handicapée mentale.

— Elle a l'air trop vieille pour être sa sœur.

Julie haussa une seconde fois les épaules.

— Elle a une vingtaine d'années. Elle bénéficiait d'une éducation spécialisée, au collège, mais elle est devenue trop âgée pour cela. On dirait qu'elle passe tout son temps à traîner autour de Vénus.

— Et Vénus passe la majeure partie du sien perchée sur ce mur. Cette famille m'a l'air intéressante.

Julie haussa un sourcil d'un air entendu.

— Ils sont neuf... neuf enfants, de pères différents. Et

je crois qu'ils ont tous bénéficié de l'éducation spécialisée à un moment ou un autre.

— Vénus aussi ?

— Vénus plus que quiconque. D'ailleurs, vous ne tarderez pas à faire sa connaissance puisqu'elle est dans votre classe

— Plus que quiconque ?

— Pour commencer, Vénus ne parle pas.

J'ouvris de grands yeux.

— Bob m'a réservé une surprise, à ce que je vois !

Comme Julie me regardait avec étonnement, je lui expliquai :

— Le mutisme volontaire est ma spécialité. J'ai commencé à faire des recherches sur ce sujet quand Bob et moi travaillions ensemble dans différents projets.

— Ah oui... ce genre de mutisme.

— Elle parlera quand elle sera en classe.

— Non... Vous ne comprenez pas. Vénus ne parle pas du tout. Elle ne prononce pas un mot. Nulle part. Et avec personne.

— Ici, elle parlera.

Le sourire de Julie était un tantinet moqueur.

— Votre amour-propre risque d'en prendre un coup !

2

En faisant courir mon index sur la liste de mes élèves, je m'arrêtai sur un nom que je connaissais bien. Billy Gomez. C'était un petit garçon de neuf ans originaire d'Amérique latine, à la tignasse brune et ébouriffée, au goût prononcé pour les T-shirts colorés et aux ongles noirs. Je l'avais déjà rencontré au cours de mes pérégrinations. Mais, si Billy était petit, il n'était pas pour autant chétif. Il avait la musculature et la souplesse d'un chat, et de l'agressivité à revendre. Incapable de réprimer son caractère explosif, plutôt grossier, il avait été renvoyé de plusieurs écoles. J'avais beaucoup travaillé avec son instituteur et lui l'année précédente, mais mes efforts avaient été vains. Billy continuait de se faire remarquer par ses écarts de langage, ses accès de fureur et ses bagarres.

Je ne connaissais pas les trois autres enfants. Ma cinquième élève, ainsi que Julie me l'avait dit, était Vénus.

Quand j'arrivai, le lendemain matin, Vénus était assise sur son mur.

— Bonjour Vénus, lui dis-je en passant.

Pas de réponse. Elle ne tourna même pas la tête dans ma direction.

13

Je m'arrêtai et levai la tête :

— Vénus?

Elle ne tressaillit pas; aucun signe ne pouvait m'indiquer qu'elle avait conscience de ma présence et de mes paroles.

— Je suis ta nouvelle maîtresse. Tu veux entrer dans l'école avec moi?

Son indifférence était telle que je me demandai un instant si elle n'était pas sourde. Je pris note, intérieurement, de vérifier ses tests auditifs. Après avoir encore attendu quelques minutes, j'abandonnai la partie et entrai seule dans le bâtiment.

Billy fut le premier à franchir le seuil de la classe.

— Oh non! Pas toi! cria-t-il.

Il se frappa le front du plat de la paume, si violemment qu'il vacilla sous la force du coup.

— Oh non! Non, non, non! Je ne veux pas être là! Je ne veux pas de toi!

— Bonjour, Billy, je suis contente de te voir, moi aussi. Et tu sais quoi? Tu es le premier, alors tu vas pouvoir choisir ta table.

— Alors, je prends une table à la cantine, répliqua Billy en se tournant vers la porte.

Je l'attrapai par le col.

— Eh! Tu n'as pas bien compris, Billy. Tu choisis ta table, oui, mais à l'intérieur de la classe.

Il jeta ses affaires sur la plus proche.

— Je ne veux aucune de celles-ci, dit-il d'une voix maussade. Je veux seulement foutre le camp.

Je posai l'index sur mes lèvres.

— Tu ne parles pas comme ça ici, d'accord? Tu es le plus âgé, alors j'ai besoin que tu donnes le bon exemple aux autres. Tu crois que tu vas pouvoir tenir ta langue, pour me faire plaisir?

Billy introduisit deux doigts dans sa bouche et saisit sa langue.

— J'vais essayer, bredouilla-t-il, mais j'sais pas si je vais pouvoir tenir longtemps.

— Tu sais très bien ce que je voulais dire, Billy.

Le garçon éclata d'un rire hystérique. Si hystérique, en fait, qu'il faillit tomber de sa chaise.

Bob parut alors sur le seuil de la salle, poussant devant lui deux petits garçons à la tignasse d'un roux surprenant. Leurs cheveux étaient rouges, aussi rouges et brillants qu'un penny de cuivre. Taillés à la diable, ils tombaient souplement sur leurs petits visages parsemés de taches de son.

Bob serra l'épaule du garçonnet qui se trouvait à sa droite.

— Je te présente Théo. Et à ma gauche, voici Phil.

Théo et Phil! Je me demandais parfois quelle mouche piquait certains parents. Ils étaient parfaitement identiques. De vrais jumeaux vêtus, dirai-je, comme les marionnettes d'un ventriloque : pantalons à plis, chemises rayées et... incroyable... nœuds papillon.

Billy paraissait aussi abasourdi que moi.

— Ce sont des dalmatiens? s'enquit-il avec incrédulité.

Avant que j'aie eu le temps de répondre, une femme noire, vêtue d'une robe fleurie, apparut, flanquée d'un jeune garçon très mince, presque maigre.

— Voici Jesse, dit-elle en posant ses deux mains sur les épaules frêles du garçon. C'est bien ici, sa classe?

Billy fit un pas de côté, tandis que la femme propulsait le garçon au milieu de la salle.

— Tu vas faire de ton mieux. Pour mamie. Et ce soir, tu lui racontera toutes les belles choses que tu auras faites aujourd'hui.

Elle déposa un baiser sonore sur le crâne de Jesse, qui cilla, puis elle sortit.

— Viens ici, dis-je. Tu veux t'asseoir là?

Le garçon jeta ses affaires par terre, avec un grognement coléreux.

15

— Ah non! s'écria Billy. Je ne veux pas d'un sale nègre à côté de moi. Trouve-lui une autre place, maîtresse.

Jesse brandit un poing fermé dans sa direction.

— Tu me cherches?

Les deux enfants s'agrippèrent l'un à l'autre par-dessus la table et tombèrent par terre. Je m'interposai et écartai Jesse, tout en saisissant Billy par le col.

Bob m'adressa un clin d'œil malicieux.

— Je vois que tu as la situation bien en main, aussi je te quitte, dit-il en sortant de la salle.

— Je ne veux pas m'asseoir près de ce dingue! s'exclama Billy en ramassant ses affaires. Je préfère me mettre avec les dalmatiens. Venez, les potes. On va prendre cette table. Ce sale nègre restera tout seul.

J'attrapai de nouveau Billy par l'épaule.

— Pour l'instant, ce sera un par table. Tu t'assois ici. Phil? Tu t'appelles bien Phil? Assieds-toi sur cette chaise. Jesse, ici. Théo, là. Très bien. Ce sont vos tables et vos chaises. Souvenez-vous-en, parce que je veux que vos postérieurs soient collés à vos sièges jusqu'à ce que je vous donne la permission de vous déplacer.

Billy se leva d'un bond.

— Collés? Où est la colle?

Il se précipita vers les étagères et se mit à fouiller dans un panier.

— Il me faut de la colle!

— Assieds-toi immédiatement, Billy.

— Je veux juste faire ce que tu as dit!

— Assieds-toi.

Un large sourire aux lèvres, Billy obtempéra.

— Ces tables sont à nous? Vraiment à nous?

— Oui. Elles vous sont attribuées.

Billy passa la main sur la surface de sa table.

— Waou! A moi! Je me demande où je vais la placer quand je rentrerai à la maison.

— Billy!

— On n'est que quatre dans cette classe? demanda Jesse.

Je me rappelai soudain Vénus. La sonnerie avait retenti et elle n'était pas montée avec les autres. Je m'approchai de la fenêtre. Vénus était toujours sur le mur, mais, en dessous, Wanda tendait les bras vers elle. Elle la fit descendre doucement, puis elles se dirigèrent vers le bâtiment.

Wanda accompagna sa sœur jusque dans la classe. C'était une grande et grosse fille gauche, qui devait bien peser quinze kilos de trop. Sa chevelure était peu fournie, sa peau abîmée par l'acné. Ses vêtements fripés et mal adaptés à sa corpulence sentaient mauvais.

— Bonjour, lui dis-je.

— Elle entrer, dit-elle avec chaleur. Allons, Belle Enfant. Heure d'aller à l'école.

Vénus me regarda droit dans les yeux, sans timidité apparente. Je lui souris. Elle ne me rendit pas mon sourire, se contentant de me fixer.

Je lui tendis la main.

— Viens. Tu veux que je te montre ta table?

— Elle pas parler, dit Wanda.

— Je te remercie, Wanda, mais Vénus a l'âge d'aller à l'école. On va commencer, continuai-je, la main toujours tendue vers la petite fille.

— Elle pas aller à l'école.

— Je ne pense pas que tu y ailles encore, n'est-ce pas, Wanda? Mais Vénus, si. Viens, ma chérie, tu dois t'asseoir à ta place.

— Allons, Belle Enfant, souffla Wanda.

Posant ses mains sur le dos de la petite fille, elle la poussa doucement vers le centre de la pièce.

— Au revoir, Wanda, dis-je. Merci de l'avoir amenée. Tu veux dire au revoir à ta sœur, Vénus? Tu pourrais lui dire, par exemple : «A tout à l'heure après la classe, Wanda.»

— Au revoir, Belle Enfant, répéta Wanda.

Tournant les talons, elle sortit de la classe.

« Belle Enfant » n'était pas le qualificatif que j'aurais utilisé pour désigner Vénus. Elle n'était ni propre, ni soignée. Il y avait des traînées de crasse sur sa peau sombre, ses longs cheveux tombaient en petites mèches nattées, comme si quelqu'un avait tenté de lui faire des dreadlocks, mais y avait renoncé. Ses vêtements étaient trop grands pour elle et maculés de taches de graisse. Et, tout comme sa sœur, elle sentait mauvais.

— Bon, ma chérie, assieds-toi là.

— Pourquoi tu la mets avec le Dalmatien et pas avec le sale nègre? demanda Billy. T'as qu'à mettre les Noirs ensemble.

— De nos jours, on ne sépare pas les gens selon leur couleur, Billy. Alors, je te serai reconnaissante de laisser tomber cette idée. Je préférerais aussi que tu cesses de traiter ton camarade de dalmatien. Ce n'est pas un chien, mais un petit garçon et il s'appelle Phil.

— Je suis Théo, dit le garçon d'un ton agacé. Et toi, tais-toi, espèce d'idiot!

— Je vais te montrer qui est idiot! cria Billy. Tu veux que je t'en fasse voir de toutes les couleurs?

Et avant que j'aie pu intervenir, Billy allongeait un coup de poing à Théo. Ce dernier ne pleura pas, mais répliqua.

— Ouais! s'exclama-t-il triomphalement. Je t'en ai flanqué une sur la tête. Si je veux, tu seras plus qu'un petit tas merdeux, sur le trottoir, et je te piétinerai!

— Oui! renchérit Phil. Moi aussi!

Je vais bien m'amuser cette année, pensai-je à cet instant.

J'éprouvai un soulagement pathétique lorsque Julie arriva, vers treize heures. La matinée n'avait été qu'une longue suite de pugilats.

Théo et Phil, qui avaient six ans, présentaient le syndrome d'alcoolisme fœtal, ou SAF, c'est-à-dire un ensemble de symptômes qui apparaissent lorsque la mère a absorbé trop d'alcool pendant sa grossesse. En conséquence, ils avaient le faciès d'elfe qui caractérise les enfants atteints de ce syndrome, un quotient intellectuel à la limite de la débilité et de sérieux problèmes de comportement, se manifestant par une hyperactivité et une incapacité à se concentrer. Ce portrait plutôt sombre est pourtant loin de décrire ces guérilleros miniature. Avec leur comportement pulsionnel, leurs visages identiques et leurs vêtements démodés, ils ressemblaient à des personnages sortis d'un film d'horreur venus terroriser la classe.

Jesse, qui avait huit ans, était atteint du syndrome de Tourette. Il souffrait donc de nombreux tics, comme des battements de paupières, des torsions du cou, des reniflements. Pour couronner le tout, il avait la manie du rangement. En particulier, il éprouvait le besoin d'aligner sur sa table tous ses crayons et ses gommes, ce qui nous promettait bien du bonheur. Dès que les autres s'en aperçurent, ils prirent un malin plaisir à balayer ses affaires dans le seul but de le faire exploser. Ce qui n'était pas non plus une bonne idée, ainsi que je le découvris rapidement. Son obsession donnait l'impression que Jesse était seulement un enfant méticuleux et, somme toute, ennuyeux. Mais, sous cette apparence, se cachait un garçon aussi terrifiant que Dark Vador. Les choses *devaient* se passer selon sa volonté. Quiconque s'y opposait était voué à la mort.

Comparé à ces trois-là, Billy faisait figure de bon bougre, plutôt sociable. Il était seulement constamment agressif, maigre et effronté, prêt à en découdre sur tout et n'importe quoi, avec ou sans raisons ; un gamin dont la langue entrait en action avant le cerveau.

J'avais été plus ou moins contrainte d'ignorer Vénus durant toute la matinée. J'étais trop occupée à séparer les garçons. Elle ne parut pas s'en formaliser outre mesure. En fait, la plupart du temps, elle ne semblait pas vivante du tout. Affaissée sur sa chaise, devant sa table, elle regardait droit devant elle. J'avais commencé par lui proposer du papier et des crayons de couleur, puis un petit livre d'histoires pour enfants, et enfin un puzzle. Tout cela à la va-vite, et sans avoir le temps de m'asseoir auprès d'elle parce que je pourchassais sans cesse l'un ou l'autre des garçons. Vénus prenait les objets que je lui donnais et les manipulait d'un air absent pendant quelques instants, sans jamais les utiliser de façon appropriée. Ensuite, dès que je tournais le dos, elle les laissait tomber et reprenait sa station immobile.

Dès que Julie fut arrivée, je lui confiai la surveillance des garçons et me plaçai à l'écart avec Vénus. Je voulais avant tout prendre la mesure de ce mutisme. J'ignorais encore si elle se comportait ainsi délibérément, ou si elle avait des problèmes physiques sérieux qui l'empêchaient de parler. En revanche, j'étais certaine que, si l'obstacle était psychologique, je devais intervenir avant que notre relation ne s'établisse sur le silence.

Je me dirigeai à l'autre bout de la pièce, le plus loin possible de Julie et des garçons.

— Viens avec moi, dis-je à Vénus.

Elle me fixa, à sa façon, directe. Elle ne fuyait pas mon regard, ce qui me parut un bon signe. Cela m'incitait à croire que l'autisme n'était pas à l'origine de son mutisme.

— Viens! insistai-je. Je veux que tu fasses quelque chose avec moi.

Elle continua de me fixer, mais ne bougea pas.

Je revins à sa table.

— Viens avec moi, s'il te plaît. On va travailler toutes les deux.

Posant une main sur son épaule, je la contraignis à se lever puis, sans la lâcher, je la poussai à l'autre bout de la pièce.

— Assieds-toi là, lui dis-je en lui montrant une chaise.

Vénus resta debout.

20

Du bout des doigts, je pressai légèrement son crâne. Elle s'assit. Je pris place en face d'elle, puis je lui montrai une boîte de crayons et une feuille de papier.

— Je vais te dire quelque chose de très spécial, dis-je, un secret. Tu aimes les secrets?

Elle posa sur moi des yeux vides.

Je me penchai vers elle et pris ma voix la plus confidentielle :

— Je n'ai pas toujours été maîtresse, tu sais. Tu devines ce que je faisais, avant? Je travaillais avec des enfants qui ont du mal à parler, à l'école. Tout comme toi!

J'avoue que cette révélation n'avait rien d'excitant, mais mon ton suggérait qu'elle était importante — du moins, je m'y efforçais.

— Je les aidais à parler chaque fois qu'ils le voulaient, expliquai-je avec un sourire. Qu'est-ce que tu en penses? Tu voudrais te mettre à parler, toi aussi?

Vénus me regardait sans ciller, mais ses yeux n'exprimaient rigoureusement rien. J'ignorais ce qu'elle pouvait bien penser. Ou même si elle pensait.

— C'est très important de parler, repris-je. La parole est utile, pour que les autres sachent ce que nous pensons, ce que nous sentons, parce qu'ils ne peuvent le découvrir tout seuls ni le lire dans notre esprit. Si nous ne leur transmettons pas ces informations, ils ne savent pas ce qui se passe dans notre tête. C'est ainsi que les gens se comprennent les uns les autres. C'est ainsi que l'on peut résoudre les problèmes, obtenir de l'aide quand on en a besoin et être plus heureux. C'est pour cela qu'il est si important d'apprendre à utiliser les mots.

Vénus ne me quittait pas du regard. C'est à peine si elle avait battu des paupières.

— Je sais combien il est difficile de parler quand on a pris l'habitude de se taire. C'est un gros changement, ça fait peur. Mais, ici, on a le droit d'avoir peur. On a le droit de ne pas être sûr de soi.

Si elle n'était pas sûre d'elle, Vénus n'en laissa rien paraître. Elle continua de me fixer sans aucune gêne.

Je poussai vers elle une feuille de papier.

— J'aimerais que tu me dessines une maison.

Pas un geste.

Nous restions assises, à nous regarder mutuellement.

— Tu veux que je commence pour toi? Je vais te faire le sol.

Je pris un crayon vert et traçai un trait en travers de la feuille, puis je lui tendis la boîte de crayons.

— A toi! Tu sais dessiner une maison?

Vénus ne baissa pas les yeux vers la table. Je lui pris doucement le menton et orientai sa tête, de façon à ce qu'elle vît la feuille.

Pas de réaction.

Elle savait certainement ce qu'était une maison. Elle avait sept ans. Elle avait fréquenté le jardin d'enfants. Peut-être était-elle handicapée mentale, comme sa sœur? Peut-être lui en demandais-je trop en lui suggérant de dessiner une maison?

— Bon. Prends un crayon.

Je dus me lever, contourner la table, soulever sa main et refermer ses doigts autour du crayon. Elle ne le lâcha pas, mais sa main retomba sur la table, comme un poisson mort.

Je pris un autre crayon et traçai un trait.

— Tu peux faire ça? Là, juste à côté de mon trait?

Je l'observai. Peut-être n'était-elle pas droitière... A aucun moment elle n'avait saisi quelque chose, aussi l'avais-je seulement présumé. Tendant le bras, je pris le crayon et le plaçai dans sa main gauche. Comme elle ne le serrait pas très bien, je me levai de nouveau, fis le tour de la table, modifiai sa position et reposai sa main sur la table, puis je retournai m'asseoir.

— Moi, je suis gauchère! dis-je d'une voix aussi enjouée que si j'avais déclaré «je suis milliardaire!»

Non. Elle n'allait pas coopérer. Elle restait là, à braquer sur moi ses yeux sombres et insondables.

— Bon. On dirait que ça ne marche pas, hein? fis-je gentiment. Essayons autre chose.

Je me levai pour prendre un livre. Soulevant ma chaise, je la plaçai près de celle de Vénus, m'assis et ouvris le livre.

— Jetons un œil là-dedans.

Elle me fixait.

C'était un dictionnaire en images et la page à laquelle je l'avais ouvert était pleine de dessins colorés montrant de petits animaux conduisant des voitures et exerçant toutes sortes de métiers.

— Regarde ces images. Ils sont tous dans un autobus, mais de quels animaux s'agit-il? Ce sont des souris, tu ne crois pas? Là, c'est une voiture de police conduite par un lion. Et l'autre policier, quel animal est-ce?

Elle me fixait.

— Eh! Baisse les yeux, s'il te plaît!

Je posai la main sur sa tête et l'orientai de façon à ce qu'elle pût voir le livre.

— Quel est cet autre animal? Quelle sorte d'animal est-ce?

Pas de réponse.

— Qu'est-ce que c'est?

Pas de réponse.

— Qu'est-ce que c'est?

Pas de réponse. Absolument rien. Elle restait immobile.

— Là! dis-je en tapotant l'image. Quelle sorte d'animal est-ce?

Je persistais pendant plusieurs minutes, reformulant rapidement la question, mais m'y tenant toujours, sans laisser le silence s'installer assez longtemps pour que cela ressemblât à du silence, soutenant une pseudo-conversation à moi toute seule et m'en tenant toujours à la même question : «Quelle sorte d'animal est-ce?»

Bang!

Je frappai la table du plat de la main, de façon à produire un bruit fort et soudain. C'était une technique brutale, mais elle avait fait ses preuves. En la prenant par surprise, j'espérais la débloquer, comme je l'avais fait avec d'autres enfants. Dans le cas de Vénus, je voulais aussi vérifier si je pouvais provoquer la moindre réaction. J'attendais un sursaut ou, du moins, un battement de paupières.

Vénus leva simplement la tête et me regarda.

— Est-ce que tu as entendu? demandai-je. Quand je frappe la table avec ma main, est-ce que tu entends le bruit que je fais?

— Moi oui! cria Billy, de l'autre côté de la salle. Tu veux nous faire faire pipi dans nos culottes?

Vénus restait assise, le regard fixe.

Je pris le livre et le feuilletai.

— Très bien. Voyons si nous trouvons autre chose. Une histoire, par exemple. Tu veux que je t'en lise une?

Les yeux posés sur moi, elle se contentait de me fixer. Pas de hochement de tête. Pas le moindre signe d'acquiescement. Rien n'indiquait que cette enfant était autre chose qu'une poupée de cire, oubliée par hasard dans la classe.

— Bon, dis-je, j'ai une meilleure idée. Qu'est-ce que tu dirais d'une petite récréation?

Cette suggestion ne suscita aucune réaction.

3

— Très bien, dis-je en me servant une tasse de café dans la salle des professeurs. Les plaisanteries les plus courtes sont les meilleures. Qu'est-ce qui ne va pas chez Vénus Fox?

Bob avala une gorgée de café.

— Tu es ici pour le découvrir et m'en faire part, dit-il.

— J'en suis encore à me demander si elle est vivante.

— Oh, elle l'est!

Le silence s'installa entre nous. Julie, près de l'évier, tourna vers nous un regard interrogateur.

— Ma première impression est qu'elle est sourde, dis-je.

Bob sirotait son café.

— Est-ce qu'elle a passé des tests auditifs? demandai-je. Parce que ce serait honteux de placer un enfant malentendant dans le genre de classe qui est la mienne.

— On l'a envoyé en service ORL, à l'hôpital, l'an dernier, répondit Bob. Apparemment, ils ont eu tellement de mal à tester son audition qu'ils lui ont fait passer un PEATC.

— Un quoi?

— Cela signifie «Potentiels évoqués auditifs du tronc cérébral», traduisit Julie.

— C'est un test qui permet de savoir si le cerveau enre-

25

gistre les sons, reprit Bob. Un appareil mesure les réponses du cerveau à cette stimulation, si bien qu'on peut déterminer si quelqu'un entend, même s'il ne parle pas.

— Et alors?

— Et alors, Vénus a l'air de très bien entendre.

— Ah!

J'étais déçue. Après avoir travaillé avec elle, je m'étais persuadée que les problèmes de Vénus provenaient d'un déficit auditif que je serais capable de gérer. Je lui aurais fait passer des tests, elle aurait été appareillée et aurait éventuellement été placée dans une classe adaptée aux malentendants. Mes yeux allèrent de Julie à Bob. Vraiment, je ne m'étais pas attendue à cette réponse.

Une institutrice du nom de Sarah leva les yeux vers moi.

— Je crois que ce que nous sommes en train de découvrir, c'est que nous n'obtiendrons rien de plus de Vénus, si vous voyez ce que je veux dire, dit-elle en posant son index sur sa tempe. Vénus a l'air vide, parce qu'elle est vide. C'est de famille. Tous les enfants Fox sont...

Elle s'interrompit, mais elle n'avait pas besoin de poursuivre, j'avais compris.

Bob soupira.

— J'espère que tu te trompes, mais ce n'est pas une famille très brillante, en effet.

A cet instant, un bruit terrible monta de la cour de récréation. Tous les enseignants se précipitèrent vers la fenêtre pour voir ce qui se passait.

Moi pas. Je savais que c'était l'un des miens. Les enfants perturbés se distinguent par leurs cris, comme j'avais eu l'occasion de le remarquer. Les enfants ordinaires peuvent hurler, crier ou piailler, mais, en groupe, ils sont trop éduqués ou socialisés pour émettre ce genre de hurlement strident et désespéré. Aussi je ne m'attardai pas à regarder par la fenêtre. Posant brusquement ma tasse sur la table, je me ruai vers la porte et dévalai l'escalier.

Sous les platanes qui déployaient leur feuillage, de l'autre côté de la cour, je vis deux surveillantes s'interposer entre des enfants. Reconnaissant la chemise colorée de Billy, je me mis à courir. Outre Billy, il y avait Théo (ou Phil) et... comme les deux surveillantes se trouvaient au milieu de la mêlée, je ne compris pas tout de suite que le troisième enfant était... *Vénus*!

Vénus... une masse confuse de bras et de jambes, sifflant farouchement contre Billy. Plus surprenant encore, c'était elle qui faisait le plus de bruit. Et quel bruit affreux! Un ululement surnaturel, si fort et strident que j'en eus les tympans molestés. Elle ne cessa pas de crier et de se débattre, jusqu'à ce qu'elle parvînt à échapper aux surveillantes pour se ruer sur Billy, qui saignait déjà du nez. Mais lorsqu'il vit qu'elle arrivait sur lui, il se libéra à son tour et se mit à courir. Vénus se lança à sa poursuite.

Je courus derrière eux, ainsi que Julie, qui venait de sortir du bâtiment avec Bob et les autres instituteurs. Quand Billy eut atteint le mur opposé, Vénus le coinça et se mit à le bourrer de coup de poing avec une sauvagerie inouïe. Elle avait conscience de notre présence, pourtant, car dès que je parvins jusqu'à elle, elle grimpa sur le mur et passa de l'autre côté.

«Spider Man, c'est bien elle», me dis-je.

Je fis un saut fort peu gracieux et me hissai sur le mur que je franchis à mon tour, laissant Bob et Julie ramasser ce qui restait de Billy sur le sol et le ramener à l'intérieur.

Vénus avait l'avantage de savoir où elle allait, ce qui n'était pas mon cas. Elle coupa à travers les broussailles et une arrière-cour, et courut le long d'une allée. Je me lançai à sa poursuite, faisant de mon mieux pour la rattraper. Elle était d'une souplesse surprenante lorsqu'il s'agissait de sauter par-dessus les obstacles ou de se glisser en dessous, mais j'avais de plus longues jambes qu'elle. A environ un pâté de maisons de l'école, je réussis à agripper sa robe.

— Arrête-toi immédiatement!

Elle tenta de m'échapper, mais j'avais une bonne prise. De mon autre main, je la pris par le bras.

Pendant quelques instants, nous restâmes sans bouger, haletantes. Hormis ses genoux écorchés, Vénus ne semblait pas avoir souffert de son altercation avec Billy. Elle m'examina soigneusement, et je crus discerner dans son regard un peu plus de vie qu'auparavant.

— Les choses ne se passent pas ainsi quand on est dans ma classe, dis-je. Allez! On retourne à l'école.

Elle enfonça ses pieds dans l'herbe.

— Nous retournons à l'école, répétai-je fermement. A cette heure-ci les enfants sont en classe et tu dois y être aussi.

Vénus ne semblait pas décidée à obtempérer. Je n'avais pas d'autre choix que de la porter de force. Comprenant ce que j'avais l'intention de faire, elle se défendit bec et ongles, lançant ses bras et ses jambes de tous côtés. Le résultat fut que nous progressâmes très lentement jusqu'à la cour de récréation. La distance totale ne devait pas excéder deux pâtés de maisons, mais elle s'arrangea pour que je ne puisse pas la porter plus de quelques mètres à la fois, car il me fallait sans cesse réajuster ma prise. Finalement, Bob se porta à mon secours. Voyant que je remontais la rue à grand-peine, il me rejoignit et empoigna Vénus de l'autre côté. Ensemble, nous la traînâmes vers l'école.

Vénus détestait le traitement que nous lui infligions. Dès que Bob posa la main sur elle, elle émit le même ululement aigu et strident et se débattit de plus belle.

Finalement, nous parvînmes à entrer dans le bâtiment et à monter l'escalier.

— Ce n'était peut-être pas une si bonne idée, de vous installer au dernier étage, haleta Bob.

Devant la porte de la classe, Bob lâcha prise mais je ne

desserrai pas la mienne. Julie était dans la salle avec les autres enfants, qui nous observèrent avec une certaine circonspection. Voyant que la situation était plus ou moins sous contrôle, Bob nous quitta, me laissant le soin de régler le conflit.

Il n'y avait pas de verrou sur la porte, aussi demandai-je à Julie de barrer la sortie, puis je traînai Vénus à travers la salle et la fis s'asseoir sur une chaise que je nommai, d'un coup de pied, «chaise-à-se-calmer».

— Assieds-toi là !

Elle hurla et se débattit, mais je la maintins en place.

— Tu dois rester là jusqu'à ce que tu te contrôles et que tu ne résistes plus. Tu en as besoin.

Je la lâchai avec précaution, m'attendant à ce qu'elle sautât sur ses pieds et se ruât vers la porte, mais elle fit exactement le contraire. Dès que je ne la retins plus, elle se tut immédiatement et s'affaissa sur le siège, comme si elle était très fatiguée.

— Ici, nous ne faisons pas de mal aux autres et nous ne nous faisons pas de mal à nous-mêmes. C'est la règle de la classe.

— Ça fait deux règles, remarqua Billy depuis sa table.

— Cela n'en fait qu'*une*, Billy, rectifiai-je fermement. Et la voici : nous ne faisons de mal à *personne*.

— Pas même aux mouches? demanda Billy. Nous n'avons pas le droit de tuer les mouches, ici?

Sachant reconnaître une impasse, Julie intervint très vite et ordonna à Billy de rejoindre les autres, qui travaillaient de l'argile.

Je me tournai vers Vénus. Elle n'avait pas bougé et me fixait d'un regard impénétrable, presque vide.

— Je règle la minuterie sur cinq minutes, lui dis-je. Quand tu entendras la sonnerie, tu auras le droit de nous rejoindre.

Je pris le minuteur sur une étagère, en face de la chaise, et lui tournai lentement le dos, m'attendant un peu à ce qu'elle en profite pour s'enfuir.

Mais non. Vénus ne bougea pas.

La sonnerie retentit. Vénus ne bougea toujours pas.

— Tu peux te lever, maintenant, lui dis-je depuis la table à laquelle je travaillais avec Jesse.

Pas de réponse.

Je m'excusai auprès de Jesse et me levai pour aller vers elle.

— Ceci est la chaise-à-se-calmer. Elle est utile quand on s'énerve et qu'on a besoin de rester tranquille un instant pour redevenir soi-même. Dès que l'on s'est calmé, on n'a plus besoin de rester assis dessus. Viens travailler l'argile avec nous. Tu l'as déjà fait, avant?

Venus me regarda. A son air de totale incompréhension, je compris que j'aurais aussi bien pu parler hindi. Je glissai une main sous son coude et l'encourageai à se lever, puis je la conduisis jusqu'à la table sur laquelle les autres malaxaient l'argile.

— Prends cette chaise.

Elle resta debout.

Je lui pressai doucement l'épaule, de façon à ce qu'elle s'assît, puis je m'installai auprès d'elle. Prenant une boule d'argile, je la lui montrai.

— Regarde! Qu'est-ce que c'est? De l'argile. Et regarde! Regarde ce que fait Jesse. Tu n'as qu'à prendre cette boule dans tes mains...

Les yeux de Vénus ne se posèrent pas sur la terre, mais restèrent fixés sur mon visage, comme si elle ne m'avait pas entendue.

Entendait-elle? Cela semblait difficile à croire. Je m'étais occupée de nombreux enfants présentant des difficultés de langage, mais jamais aussi peu réceptifs. Ce test auditif était-il fiable? Il manquait peut-être une connexion entre les oreilles et le cerveau, et personne ne l'avait remarqué.

Je me levai.

— Viens, Vénus.

Bien entendu, elle n'obéit pas. Une fois de plus, je dus

la lever et la pousser dans un autre coin de la classe. Je m'assis par terre et examinai les jouets dont nous disposions. Je possédai assez mal le langage des signes, et sûrement pas assez pour exprimer des concepts aussi abstraits que «famille» ou «sœur». Mais il y avait un mot concret que je connaissais, «poupée». Je fis les signes correspondants, en lui montrant un nourrisson de plastique. Vénus me contemplait, les sourcils légèrement froncés, comme si je me conduisais de façon vraiment bizarre.

De nouveau, mes mains exécutèrent lentement le signe «poupée». Tendant le bras, je soulevai sa main. Je la posai sur le baigneur et fis courir ses doigts sur le visage de plastique. Puis, de nouveau, je fis les signes correspondants : «poupée».

Les vingt dernières minutes de cette journée se passèrent ainsi. Pas une seule fois Vénus ne réagit.

La sonnerie retentit, marquant la fin de la classe. Julie accompagna certains enfants à l'arrêt de bus, tandis que d'autres rentraient chez eux à pied. Je me rendis au secrétariat afin de feuilleter les dossiers de mes élèves. Je sortis tout d'abord celui de Vénus, et m'assis pour le lire.

Julie me rejoignit, deux tasses de café à la main. Elle prit un siège et prit place de l'autre côté de la table.

— Eh bien! fit-elle. Dure journée, vous ne trouvez pas?

Je levai les yeux vers elle.

— J'aime à croire qu'il ne s'agissait que de l'excitation du premier jour et que demain tout ira mieux. Est-ce que Vénus s'était déjà attaquée à d'autres enfants, auparavant?

Il y eut un silence, comme si Julie hésitait à répondre, puis elle hocha la tête.

— Oui. Je crois qu'on l'a mise dans votre classe davantage pour sa violence que pour son mutisme. L'année der-

31

nière, elle n'arrêtait pas de se battre pendant les récréations.

— Super! Cinq gamins ayant tous le meurtre pour mission!

— On se croirait presque à OK Corral dans votre classe, vous ne trouvez pas? fit Julie d'une voix enjouée.

De nouveau, je la regardai.

— Vous n'avez pas remarqué que les garçons ont des prénoms de cow-boys? continua-t-elle. Billy... comme Billy le Kid. Jesse... comme Jessie James. Evidemment, en ce qui concerne Théo et Phil, c'est moins probant. Mais ils tirent sur tout ce qui bouge, conclut-elle en riant.

— Je ne me souviens pas d'un cow-boy nommé Vénus.

Julie réfléchit un instant.

— C'est vrai.

— Ce prénom n'est pas adapté, dis-je.

Julie haussa les épaules.

— L'enfant non plus.

Le dossier de Vénus était déprimant. Elle était la plus jeune de neuf enfants conçus par trois hommes différents. Le père des quatre aînés, parmi lesquels Wanda, avait été incarcéré à la suite de voies de fait. Après sa libération, il avait cambriolé une banque et s'était fait prendre. Jeté de nouveau en prison, relâché de nouveau, il était mort sous les verrous trois ans plus tard, alors qu'il purgeait une peine pour trafic de drogue.

Le père des deux enfants suivants avait battu sa femme enceinte avec tant de violence que le bébé qu'elle portait était mort. Inculpé pour sévices sur trois des enfants, il avait été libéré, puis incarcéré de nouveau pour cruauté envers les animaux après avoir jeté un chiot sur une route, du haut d'un pont.

Le troisième homme avait conçu les trois derniers enfants, y compris Vénus. Il avait été déclaré coupable de vol qualifié ainsi que d'autres délits liés à la drogue et à l'alcool, mais il avait aussi été accusé de pédophilie. Il était sorti de prison et vivait ailleurs, n'ayant plus le droit d'approcher les enfants.

La mère de Vénus avait un long passé de prostitution, elle avait suivi plusieurs cures de désintoxication pour abus de drogue et d'alcool. Elle vivait aujourd'hui avec sept de ses neuf enfants, dont trois étaient déclarés handicapés mentaux. Tous avaient bénéficié, d'une façon ou d'une autre, de l'éducation spécialisée. L'aîné, qui avait un an de plus que Wanda, était en prison. L'un des fils, âgé de quinze ans, se trouvait dans un centre pour délinquants. La seconde fille, qui avait dix-sept ans, avait fait une attaque d'apoplexie alors qu'elle se trouvait en garde à vue. Elle en avait gardé des séquelles cérébrales. Deux garçons, âgés respectivement de neuf et douze ans, étaient signalés comme ayant de sérieux problèmes de communication et étaient suivis par des orthophonistes.

Peu d'éléments concernaient directement Vénus dans ce dossier. Je crois que l'opinion générale était qu'étant donné ses antécédents familiaux, ses problèmes allaient de soi. On ne signalait aucune complication à l'accouchement, et rien n'indiquait si son développement avait été normal ou non durant ses premiers mois et ses premières années. Elle n'avait attiré l'attention des services sociaux que lorsqu'elle avait été inscrite à la maternelle, à l'âge de cinq ans. Il avait été mentionné, à cette époque, qu'elle était presque mutique, quasiment sans réaction la plupart du temps.

Sauf dans la cour de récréation. Sauf quand on la défiait ou qu'on la menaçait... Alors, Vénus semblait puiser dans des forces intérieures et acquérir les pouvoirs d'un personnage de bande dessinée. Elle criait, elle hurlait. Certains pensaient même qu'elle jurait. L'idée qu'une petite fille de six ans, silencieuse et asociale, pouvait se muer en machine à tuer était presque risible... mais j'avais assisté à cette transformation.

Je refermai le dossier d'un coup sec.

4

Quand j'arrivai à l'école, le lendemain matin, Billy était déjà dans la classe.

— Que se passe-t-il ? demandai-je avec étonnement. Il n'est que huit heures trente.

— Mon putain de bus ne passe pas plus tard.

Je ne relevai pas la grossièreté.

— Pourquoi n'es-tu pas dans la cour de récréation ? La sonnerie ne retentit qu'à huit heures trente-cinq.

— Y a cette putain de fille, dehors.

Cette fois, je posai un doigt sur mes lèvres.

— Rappelle-toi que tu es l'aîné de cette classe. Je compte sur toi pour servir d'exemple aux autres.

— Je m'en fiche. Cette putain de fille est dehors et je ne vais pas m'approcher d'elle. Il n'y a aucun maître pour nous surveiller, et cette putain de fille va encore me taper dessus.

— Elle te l'a dit ?

Billy ne répondit pas.

— Est-ce qu'elle t'a dit qu'elle allait te frapper ? insistai-je.

La tête baissée, Billy se contenta de hausser les épaules.

— J'ai vu une lueur bizarre, dans ses yeux. Cette fille est une putain de psychopathe, ou quelque chose comme ça. Ouais! Comme dans les films! Peut-être que c'est la petite sœur de Freddy.

— Bon. Pour cette fois, je t'autorise à rester ici. Mais pas tous les matins, Billy. Le règlement de l'école précise que tout le monde doit rester dehors jusqu'à la sonnerie.

— Tu n'es pas dehors.

— Tous les *enfants* doivent rester dehors. Tu sais très bien ce que je veux dire. Nous ferons en sorte que tu ne te sentes plus menacé.

Billy s'affala sur sa table et laissa échapper un soupir désespéré.

— Je déteste cette école. Je déteste être ici. Pourquoi est-ce qu'on m'a mis ici, de toute façon? Pourquoi je n'ai pas pu rester dans mon autre école? Mes frères y sont. Mes frères ne me laisseraient jamais me faire frapper par une psychopathe. C'est la pire chose au monde qui pouvait m'arriver. Je suis malheureux. Je suis le garçon le plus malheureux du monde.

— Si tu travailles bien et si tu parviens à tenir ta langue, Billy, peut-être pourras-tu retourner dans ton ancienne école.

— C'est vrai? C'est tout ce que j'ai à faire? fit-il avec une surprise heureuse, comme si personne ne lui avait jamais reproché sa conduite. Je peux faire ça! Je serai aussi sage qu'une image.

— Ce serait formidable et je serais très fière de toi. Pour l'instant, je serais déjà contente si tu voulais bien te redresser et t'asseoir normalement. Prends ta chaise et…

Très souriant, Billy sauta sur ses pieds, s'empara de sa chaise et la brandit au-dessus de sa tête.

— Prendre ma chaise? Tout ce que tu veux, maîtresse! Où veux-tu que je la mette?

Jesse fut le deuxième enfant à se présenter dans la classe. Il était accompagné par une femme, en qui je reconnus l'une des conductrices des bus scolaires. Elle le tenait par le col et le poussa devant elle dans la classe.

— Ce gamin ne va pas faire long feu! annonça-t-elle.

— Que s'est-il passé?

— Dans mon bus, on doit s'asseoir à une place, rester tranquille et ne pas toucher les autres... trois choses qu'il est incapable de faire.

— Je parie qu'il passait la tête par la fenêtre pour injurier les gens, enchaîna Billy.

— Tu n'y étais pas, Billy, alors je te prie de te taire!

— Mais c'est bien ce qu'il faisait! dit la femme. Et, bien entendu, il ne restait pas à sa place. Ce gosse ne peut pas faire ce qu'on lui dit plus de trois secondes. Je le lui ai dit, je lui ai dit de s'asseoir, de se taire et de cesser d'embêter tout le monde. Il a fait un croc-en-jambe à une petite de CP qui montait dans le bus, et quand elle a voulu se relever, il s'est arrangé pour la faire tomber une deuxième fois. Je lui ai dit : «Si tu continues comme ça, mon gars, tu vas terminer le trajet à pied.» Mais j'oserais pas vous répéter ce qu'il m'a répondu.

Je hochai la tête.

— Très bien. Assieds-toi là, Jesse.

Là-dessus, Théo et Phil entrèrent en fanfare.

— Putain! s'écria Billy. Revoilà les dalmatiens.

Théo ne s'arrêta même pas pour poser ses affaires. Il traversa la salle comme une fusée et abattit la boîte qui contenait son déjeuner sur la tête de Billy. On entendit un craquement sourd, puis Billy se mit à hurler.

— Espèce de... *fille*! siffla Jesse, comme si c'était l'insulte suprême.

Phil se porta au secours de son frère et se mit à frapper violemment Billy. Jesse se leva d'un bond, afin de se joindre à la petite fête. Comprenant alors que la discrétion s'imposait, la conductrice de bus cessa de se plaindre et s'en alla.

Les quatre garçons n'étaient plus qu'une masse confuse de bras et de jambes et, le temps que je parvienne jusqu'à eux, le bruit était absolument indescriptible. Je criais plus fort que tout le monde. Me jetant dans la mêlée, j'attrapai l'un des jumeaux par une jambe et l'extirpai. Je lui ôtai ses chaussures, parce qu'ainsi ses ruades risquaient moins de blesser quelqu'un, puis je l'assis sur sa chaise.

— Reste là !

Billy fut le suivant. Il criait de rage et de douleur à la fois. Je le jetai sur une chaise.

— Retire tes chaussures.

Il poussa un hurlement de bête blessée.

— Je t'ai dit de retirer tes chaussures.

Ensuite, j'agrippai le second jumeau par la ceinture et le soulevai au-dessus du sol. Après l'avoir débarrassé de ses chaussures, je le posai sans ménagement sur une chaise.

Le dernier était Jesse. Il était tellement hors de lui que je n'eus pas d'autre moyen que de le maintenir par terre jusqu'à ce qu'il se calmât. Une fois qu'il eut cessé de se débattre, je lui retirai ses chaussures, à lui aussi.

Je me relevai. Trois des garçons étaient assis en un demi-cercle approximatif. Jesse était toujours par terre.

— Ecoutez-moi, tous les quatre ! A partir d'aujourd'hui, avoir ses chaussures aux pieds, dans cette classe, devient un privilège, mais ce n'est plus un droit !

— Qu'est-ce que ça veut dire ? demanda Billy.

— Cela veut dire que je ne tiens pas à être couverte de bleus. Les chaussures ne sont pas faites pour blesser. Jusqu'à ce que tout le monde sache comment on doit se comporter quand on a des chaussures, plus de chaussures !

— Tu gardes bien les tiennes ! remarqua Billy.

— Exact. Pour la bonne raison que je ne m'en sers pas pour faire du mal aux autres. Pour récupérer les vôtres, vous devrez me montrer que vous ne les utilisez plus pour donner des coups de pied.

— Tu ne peux pas faire ça ! dit Jesse.

Ses tics faciaux avaient commencé : clignement de pau-

37

pière, re-clignement, re-re-clignement, strabisme, mouvements saccadés de la tête... Tout cela gênait considérablement son élocution.

— Regarde-moi bien, lui dis-je.

Je pris une grande caisse de plastique, traversai la pièce et ramassai toutes les chaussures, puis les jetai dedans.

— J'vais le dire à maman! cria Phil. J'lui dirai que tu prends nos chaussures et elle t'obligera à nous les rendre.

— J'ai l'intention de vous les rendre quand vous rentrerez chez vous. Mais, ici, vous ne les porterez pas, elles resteront dans la caisse.

Sur ces mots, je plaçai la caisse au sommet d'une grande armoire.

— Elle t'obligera à les rendre! hurla Phil. C'est *mes* chaussures. Ma maman les a achetées pour moi.

— Elles sont toujours à toi. Et ta maman comprendra que j'ai pris la bonne décision.

Phil se leva de son siège.

— Non, Phil, tu restes assis, lui ordonnai-je. Et toi, Jesse, relève-toi et va t'asseoir.

Phil hésita, se demandant visiblement si j'allais lui faire quelque chose de déplaisant s'il n'obéissait pas. Mon expression devait parler pour moi car il retomba lourdement sur sa chaise. Quant à Jesse, il se leva et s'installa sur la chaise que je lui désignais, mais son attitude, ses gestes et même l'air qui l'entourait étaient lourds de la colère qu'il parvenait difficilement à maîtriser.

Je m'assis à mon tour à la table la plus proche. Une minute passa, puis une autre, et encore une autre.

— Combien de temps allons-nous rester comme ça? demanda Théo.

— Jusqu'à ce que vous soyez tous calmés.

— Je suis déjà calme, affirma-t-il. Nous allons rester assis toute la journée?

— Moi, enchaîna Billy, j'ai jamais été énervé. C'est cette face de rat, ce sale type noir qui a tout fait. C'est lui qu'il faut punir.

38

— Je t'ai jamais tapé, répliqua Jesse. C'est lui qui a commencé, dit-il en désignant Théo.

— Vous êtes tous des emmerdeurs, grommela Billy. Je voudrais ne pas être dans cette classe de merde. Je voudrais ne jamais y avoir mis les pieds.

— Moi aussi, dit Jesse.

— Moi aussi, dit Théo.

— Et moi aussi, dit Phil.

— Eh bien, au moins on est tous d'accord sur une chose, fis-je remarquer.

— C'est pas vrai, dit Billy, et puis tu fais pas partie de la classe.

— Si tu veux le savoir, Billy, je ne me plais pas beaucoup dans cette classe, pour le moment. Moi aussi, je préférerais n'y avoir jamais mis les pieds.

Billy leva les sourcils, l'air sincèrement étonné.

— Mais t'es obligée d'être dans cette classe. C'est *ta* classe !

— Oui. Et c'est la tienne aussi.

— Mais toi, t'es la maîtresse.

— Sans doute, mais cela ne m'amuse pas beaucoup. Tout comme vous, je n'apprécie pas vraiment la façon dont les choses se passent.

Mes propos semblaient troubler les garçons. Théo et Phil échangèrent un coup d'œil étonné. Billy, le porte-parole de la classe, résuma la situation.

— Peut-être qu'on t'a fait tourner en bourrique.

— Où est la fille ? demanda soudain Jesse.

C'est alors que je me souvins de Vénus. Elle n'était pas dans la classe. La sonnerie avait retenti pendant notre petit pugilat, c'est-à-dire une quinzaine de minutes auparavant.

Je me levai et me dirigeai vers la fenêtre, sans jamais tourner le dos aux garçons. Bien entendu, Vénus était sur son mur. Je savais qu'il m'était impossible d'aller la chercher. Si je n'osais pas quitter les garçons du regard, je pouvais encore moins quitter la classe. Il ne restait plus qu'à espérer qu'un membre de l'administration la remarque et l'oblige à quitter son perchoir, parce que je devais avant toute chose m'assurer que le calme était rétabli à l'intérieur. Je retournai à ma place.

— Eh bien, dis-je. Qu'allons-nous faire pour que les choses aillent mieux?

— Et la fille? s'enquit Jesse.

— Elle est dehors, et vous, vous êtes ici. Je te parle, ainsi qu'à toi, toi et toi. Je ne veux pas que chaque jour ne soit qu'un long combat. Je ne veux pas être obligée de vous maintenir assis comme je le fais maintenant. Billy a raison : ce n'est pas drôle! Personne ne voudrait se trouver dans une classe comme celle-ci, même la maîtresse. Alors... Comment allons-nous faire pour que cela change?

— Débarrassons-nous de cet horrible nègre! s'exclama Billy.

— Débarrassons-nous plutôt de toi, espèce de fille!

— Débarrassons-nous de tout le monde, dit Théo. Débarrassons-nous du monde entier!

— Ouais! s'écria joyeusement Phil en levant les bras au ciel.

— Garde ton postérieur collé à ta chaise, Phil, lui dis-je.

— De la colle, de la colle! Il nous faut de la colle! cria Billy en sautant.

— Billy!

Au bout d'une dizaine de minutes épuisées en vains efforts pour créer une discussion avec mes élèves, la porte s'ouvrit et Wanda parut, traînant Vénus derrière elle.

— Il faut qu'elle retire ses chaussures! hurla Billy. Retire tes chaussures, psychopathe! On n'a pas le droit d'en avoir, ici, c'est la maîtresse qui l'a dit.

Wanda paraissait interloquée. Vénus resta impassible.

Je me dirigeai vers la porte.

— Entre, ma chérie. Et merci, Wanda, de l'avoir amenée jusqu'ici.

— Elle pas vouloir aller à l'école, expliqua Wanda.

— Moi non plus! clama Billy. On est en prison, ici!

— Tu peux pas te taire, tête de nœud? grommela Jesse.

Il m'arrachait les mots de la bouche. Mais Billy n'était pas du genre à se laisser impressionner.

— Retire-lui ses chaussures, maîtresse. Tu vas lui retirer ses chaussures, hein? Cette fille est une psychopathe.

— Billy, quand as-tu appris ce mot, «psychopathe»? demandai-je en refermant la porte derrière Wanda.

Il haussa les épaules.

— Je l'connais, c'est tout! J'suis calé, tu sais? Mais cette fille est une psychopathe, ça, j'en suis sûr! Alors, faut qu'elle retire ses chaussures.

La matinée fut effroyable. Rien ne semblait pouvoir empêcher les garçons de se battre. Dès que je baissais la garde, c'était la bagarre. J'aurais voulu que chacun réfléchît au moyen de maîtriser son agressivité, mais je ne pus faire autre chose que les obliger à rester sur leurs chaises. D'habitude, j'avais une chaise-à-se-calmer pour apaiser les plus indisciplinés, mais, dans cette classe, il m'en aurait fallu quatre. A dix heures du matin, j'avais été obligée de placer quatre tables aux quatre coins de la salle, et deux au milieu. La seule façon de maintenir la paix était de séparer physiquement les garçons. Quant à Vénus, elle renouvela sa performance de la veille : elle resta assise, complètement indifférente au monde extérieur.

Quand la sonnerie retentit, marquant le début de la récréation, les quatre garçons se levèrent d'un bond et se ruèrent vers la porte avant de s'apercevoir qu'ils étaient en chaussettes.

— C'est pas possible! cria Billy. Qu'est-ce qu'on va faire?

Je descendis la caisse contenant leurs chaussures et tendit les siennes à Théo.

— Je sais pas nouer les lacets, me dit-il.

Je regardai Billy.

— S'il te plaît, noue-lui ses lacets.

— Quoi ?

— Je veux pas qu'il touche mes chaussures ! hurla Théo.

— Toi, Jesse, tu t'occuperas de Phil.

— Pas question !

— Eh bien... Je pense que personne ne descendra en récréation, dis-je en replaçant la caisse sur l'armoire.

Un concert de protestations s'éleva.

— On peut pas sortir, si on n'a pas nos chaussures.

— C'est pas juste ! cria Billy. J'ai rien fait !

— Moi non plus !

— Ni moi !

— En ce cas, vous vous arrangez entre vous. Personne ne sortira tant que Théo et Phil n'auront pas leurs chaussures aux pieds.

— T'as qu'à le faire, dit Jesse. C'est toi, la maîtresse !

— Non. Moi, je vais aider Vénus à se chausser. Quand vous aurez trouvé une solution, dites-le-moi, répondis-je en sortant les chaussures de Vénus de la boîte.

— On n'a qu'à sortir en chaussettes, suggéra Théo.

— C'est complètement exclu, précisai-je.

— Et puis merde ! fit Billy d'une voix résignée. Donne-moi ces putains de godasses.

Je posai un doigt sur mes lèvres.

— Je m'en fous ! Merde, merde, merde !

Sans répondre, je montrai l'horloge du doigt. Le temps de la récréation était en train de s'écouler...

— D'accord, donne-moi ces putains de godasses, alors, dit Billy. Viens ici, face d'abruti, je vais attacher tes crétins de lacets.

Je sortis les chaussures de Théo et les tendis à Billy, puis je pris celles de Phil.

— Jesse ?

Avec un grand soupir, Jesse accepta de les prendre.

Vaincus, les garçons ne disposaient plus que de six minutes de récréation. Mais tout n'était pas fini. Comme nous descendions l'escalier, Théo heurta Vénus sans le faire exprès. *Grosse* erreur... Se métamorphosant immédiatement en furie, elle l'attrapa par la chemise et le balança au bas des marches, après quoi elle lui sauta dessus avec la grâce féline du léopard. Par bonheur, nous étions presque arrivés au rez-de-chaussée, si bien que Théo ne se blessa pas en tombant. Un maître de cours moyen m'aida à maîtriser Vénus et à la pousser dans le secrétariat, où elle resta pendant tout ce qui restait de la récréation, assise sur une chaise, aussi immobile qu'un caillou.

Quand nous remontâmes en classe, un peu plus tard, je récupérai toutes les chaussures, les mis dans la caisse devenue «caisse à chaussures», et la posai en haut de l'armoire. Aucune activité de groupe n'était envisageable, aussi entrepris-je de montrer à chaque enfant son classeur personnel. Parce que j'avais travaillé avec des élèves de tous niveaux, j'avais pris l'habitude de placer leurs travaux de la journée dans un classeur que je leur remettais chaque matin. Pendant qu'ils travaillaient, je circulais parmi eux et les aidais en fonction de leurs besoins. Le système fonctionnait bien, une fois que chacun savait ce que j'attendais de lui, mais souvent, durant les premières semaines, j'avais du mal à le faire comprendre à ceux qui éprouvaient des difficultés à travailler de façon autonome.

Ce jour-là, j'expliquai donc mes méthodes aux enfants et les laissai feuilleter leur classeur. Mais je ne souhaitais pas mettre en péril le semblant de calme qui régnait dans la classe depuis les dix minutes qui avaient suivi la récréation. C'est pourquoi je leur suggérai d'inscrire leur nom sur la première page de leur classeur, puis de la décorer comme ils l'entendaient pour que je sache à qui les classeurs appartenaient.

43

Les garçons se livrèrent à cette activité avec un plaisir visible. Comme je les avais séparés, ils s'exécutèrent paisiblement, mais non sans bruit. Vénus, en revanche, se contenta de rester assise. Je m'approchai de sa table et m'agenouillai auprès d'elle.

— Tu as compris ce que tu dois faire?

Yeux vides. Elle ne se tourna même pas vers moi, cette fois-ci, et continua de regarder droit devant elle, comme lorsqu'elle était juchée sur son mur.

— Vénus?

Pas de réponse.

Qu'est-ce qui n'allait pas, chez cette enfant? Si elle entendait, pourquoi ne répondait-elle pas? Elle ne réagissait même pas lorsqu'on prononçait son prénom... Avait-elle subi un traumatisme cérébral? N'avait-elle pas les moyens intellectuels de décrypter ce qu'on lui disait? Comprenait-elle sans pour autant pouvoir répondre? Ou bien, comme je commençais à le penser, était-elle si handicapée sur le plan intellectuel qu'elle n'était pas vraiment capable de formuler une réponse?

— Toi et moi, nous allons travailler sur quelque chose d'autre, suggérai-je en m'asseyant auprès d'elle.

Je mis un crayon rouge dans sa main, mais Vénus ne fit aucun effort pour le prendre, si bien qu'il glissa de ses doigts et roula sur la table. Je m'en emparai.

— Allez, Vénus, essaie de tenir ça.

Je refermai ses doigts autour du crayon puis, sans lâcher sa main, je lui fis esquisser un trait sur la feuille qui se trouvait devant elle.

— Tu peux faire ça? demandai-je.

Vénus lâcha le crayon, qui tomba une seconde fois sur la table. Je le repris et traçai un second trait.

— A toi, maintenant.

Vénus garda sa posture de statue. Je me penchai de façon à ce que nos deux visages se frôlent.

— Réveille-toi! dis-je très fort.

— Waou! Tu peux le refaire, dis? cria Billy en se tor-
tillant sur sa chaise.

— Je parle à Vénus.

— T'as pas besoin de hurler, elle est juste en face de
toi.

— Je voudrais qu'elle s'en aperçoive.

— Je peux faire ça! s'écria gaiement Billy.

Sans me laisser le temps de répondre, il se leva et se
précipita vers nous.

— Aaaaaaaaaaaaaaaaaah! hurla-t-il sous le nez de
Vénus, tout en sautant sur place, tel un chimpanzé.

— Retourne immédiatement à ta place, Billy!

— Eh, toi, la psychopathe, regarde-moi! Regarde-
moi! Aaaaaaaaaaaaaaaaaah! cria-t-il de toute la force de
ses poumons, en faisant d'horribles grimaces.

La réaction ne se fit pas attendre. Vénus jaillit de sa
chaise et s'abattit en travers de la table, tandis que Billy
piaillait de peur et reculait précipitamment. Excités par
cette agitation, les autres garçons se levèrent à leur tour.
Théo et Phil se mirent à courir en poussant des hurlements stridents, lançant leurs membres en tous sens de
façon désordonnée et sauvage. Saisissant l'occasion de se
venger, Jesse attrapa Billy au moment où ce dernier passait à sa portée. En un éclair, il l'écrasa sur le sol tout en
le martelant de coups de poing. Quelques secondes plus
tard, Vénus les chevauchait tous les deux, les doigts
accrochés au T-shirt de Jesse, mordant ses cheveux.

Je séparai difficilement les belligérants et les ramenai
de force jusqu'à leurs chaises.

5

Le reste de la semaine s'écoula dans le chaos et je passais mon temps à empêcher que les enfants se fissent du mal plutôt qu'à enseigner. Chaque fois qu'ils entraient dans la classe, ils devaient ôter leurs chaussures. Bien entendu, dans la mesure où seuls Billy et Jesse étaient capables de se chausser tout seuls, cela rendait les choses plus difficiles au moment des récréations et à la fin de la journée. Pourtant, ce fut pour moi l'occasion d'établir entre eux un lien, même fragile, puisque Billy et Jesse devaient aider les jumeaux et que personne ne pouvait sortir tant que tout le monde n'était pas prêt. Heureusement, les chaussures de Vénus étaient dépourvues de lacets, car je n'aurais permis à personne de l'aider.

Pour la première fois de ma carrière, je dus prévoir non pas une, mais cinq chaises-à-se-calmer, une par enfant, parce qu'ils avaient en commun un fâcheux penchant pour la bagarre. Il ne se passa pas un seul jour, cette semaine-là, où je ne fusse contrainte de les y asseoir tous les cinq simultanément. Pire encore, ils passèrent la majeure partie des trois premiers jours «collés sur leurs chaises», selon les mots de Billy.

Profitant de ce que deux d'entre eux portaient des noms de cow-boys, je décidai de saisir cette occasion de les constituer en groupe... Nous devenions une bande de cow-boys. Nous allions nous trouver un nom, un code de valeurs, des lois internes et quelques idées pour signer notre appartenance. Ce serait le début de l'harmonie.

Malheureusement, aucun des enfants ne connaissait le sens de ce mot. Je compris très vite mon erreur. Si appartenir à une bande de cow-boys signifiait respecter un certain code moral, se montrer loyal et solidaire, cela impliquait aussi avoir un revolver, un fusil et se comporter en macho. En un mot, être un hors-la-loi. Ce n'était pas exactement la direction dans laquelle je souhaitais les engager ! Ce fut Jesse qui s'en avisa le premier et proposa que nous soyons une bande de brigands. Je refusai, arguant que ce n'était pas le but que je recherchais. Nous ne serions pas des hors-la-loi.

Toujours égal à lui-même, Billy s'exclama joyeusement :

— Oh ! Alors, ça veut dire qu'on est des dans-la-loi ?

J'en profitai pour chasser tout fantasme de comportement violent. Les garçons devaient réfléchir à ce qui nous différencierait des autres bandes. Ils choisirent de se nommer «gang des Ecureuils», ce qui me sembla étonnamment pacifique, mais ils furent heureux de définir les lois qui feraient d'eux de bons Ecureuils. Billy se prit au jeu. Il voulait que nous gardions le secret, qu'une poignée de main particulière marque notre appartenance au clan. Jesse suggéra alors qu'il nous faudrait d'autres signaux, pour nous faire reconnaître les uns par les autres. A la fin de la semaine, nous n'avions plus rien à envier aux francs-maçons.

Pendant ce temps, Vénus restait dans sa bulle. Elle ne faisait rien. D'une inertie presque catatonique, elle devait être déplacée en fonction des activités. Mais un heurt accidentel suffisait à lui rendre la vie, comme si quelqu'un avait appuyé sur le bouton «marche». Alors Vénus se muait en harpie et tapait sans discrimination sur tout ce qui passait à sa portée. Sa rage semblait aveugle. Elle ne s'attaquait à personne en particulier, mais visait tout le monde, ce qui la rendait particulièrement menaçante.

Je tentai de l'intéresser à ce que nous faisions. Chaque fois que nous disposions les chaises en cercle, pour discuter, il fallait déplacer Vénus pour l'installer avec nous. L'après-midi, pendant que Julie surveillait les garçons, je m'efforçais de passer un peu de temps avec elle. Pour faire quoi ? Je n'étais jamais fixée. Je cherchais surtout à susciter une réaction. Un jour, j'essayai le coloriage, mais elle ne faisait rien par elle-même. Un autre, je tentai de la faire danser. Je mis de la musique, la soulevai de terre et la traînai sur une piste de danse improvisée. « Traîner » est le mot approprié. Une autre fois, j'empilai des cubes les uns sur les autres, de façon à construire ce que j'estimais être une tour très tentante. Elle ne demandait qu'à s'effondrer. Vénus accepterait-elle de la renverser ? Pas de réponse. Je levai la main de Vénus et balayai la tour. Les cubes dégringolèrent, mais Vénus ne cilla pas. Je reconstruisis en partie ma tour et mis un cube dans la main de Vénus. Allait-elle le déposer au sommet ? Pas le moins du monde. Ses doigts mous retenaient à peine le cube. Je terminai ma construction. Et encore. Et encore. Chaque fois, je soulevais la main de Vénus et détruisais mon œuvre. Elle ne montrait pas le moindre signe d'agacement.

Perplexe et frustrée, je me répandais en lamentations dans la salle des professeurs. Je n'espérais pas que l'un d'entre eux me donnât une réponse aux questions que je me posais. En fait, je n'étais pas fâchée, seulement frustrée. Etant d'un naturel plutôt expansif, c'était ma façon de me défouler. J'en profitais pour réfléchir. En formulant mes problèmes devant mes collègues, j'avais souvent trouvé des solutions.

Ce comportement semblait troubler Julie.

— Vous êtes vraiment fâchée contre Vénus ? me demanda-t-elle un jour, après que tous les enfants étaient rentrés chez eux.

48

J'ouvris des yeux étonnés.

— Pas du tout! Pourquoi?

— C'est la façon dont vous parlez d'elle. Vous vous plaignez tout le temps.

— Je ne me plains pas, j'évacue la pression, voilà tout. C'est très différent de la colère. Je ne suis pas fâchée du tout.

Julie ne parut pas convaincue par mes explications.

Je dus bientôt admettre que je m'étais trompée au sujet de Julie. Sa petite taille, son doux visage, ses longs cheveux nattés, ses tenues vestimentaires donnaient l'impression qu'elle était jeune, naïve et impressionnable. Avec une certaine prétention, j'avais vu en elle ma protégée, quelqu'un que je pourrais former à l'éducation spécialisée, dont je serais le mentor, un peu comme Bob l'avait été pour moi. Il avait suffi d'une semaine pour que des failles menacent ce beau raisonnement.

Par exemple, le mercredi, Théo prit le bocal à poissons rouges posé sur le rebord de ma fenêtre et le porta jusqu'à sa table. Il avait déjà tenté de le faire deux ou trois fois, mais je l'avais intercepté et lui avais expliqué qu'il était formellement interdit de changer le bocal de place, parce qu'il était lourd et difficile à transporter. En outre, le poisson n'appréciait pas ces déménagements. Mais cette fois, Théo avait réussi à s'emparer du bocal à mon insu, et l'accident eut lieu. De l'eau jaillit et l'éclaboussa. Il fut surpris et lâcha le bocal. Eau, verre brisé et poisson se dispersèrent. Théo se mit à brailler. Julie était la plus proche de lui. Elle sourit, s'agenouilla et prit le garçon dans ses bras.

— Pauvre de toi, fit-elle de sa voix la plus douce, tu as eu peur, n'est-ce pas? Ne pleure pas, ce n'est qu'un accident. C'est fini, ajouta-t-elle en lui essuyant les joues avec un mouchoir de papier. Tu n'avais pas l'intention de lâcher ce bocal, je pense? Cela arrive à tout le monde.

En l'écoutant, je me sentis honteuse. J'avais été plutôt contrariée par l'incident et sans doute ne me serais-je pas montrée aussi compatissante envers Théo. Je lui aurais dit sèchement que ce qui venait de se passer était la conséquence de sa désobéissance. Je ne l'aurais certainement pas réconforté. Je lui aurais demandé de m'aider à éponger l'eau répandue sur le sol et à ramasser le pauvre poisson. La réaction de Julie était tellement plus humaine !

C'était mon problème avec Julie. Je la trouvais presque pathologiquement compatissante. Rien de ce que faisaient les garçons ne semblait la faire sortir de ses gonds. Si quelqu'un se montrait parfaitement odieux, elle disait «ce n'est pas grave» d'une voix douce et égale. Ou bien : «Je suis certaine que tu n'avais pas l'intention de mal faire. Tu ne l'as pas fait exprès, n'est-ce pas ?», alors que le petit démon la regardait droit dans les yeux. Elle se comportait ainsi avec Vénus. Bien entendu, celle-ci ne lui répondait pas plus qu'à moi, mais tout allait bien. «Je suis sûre qu'elle a besoin de temps pour s'adapter, disait Julie. C'est un environnement bruyant, agité. Si nous lui permettons de progresser à son rythme, elle se détendra et nous fera suffisamment confiance pour se joindre à nous. Il ne faut rien forcer. Il suffit d'attendre.»

Instinctivement, je n'étais pas d'accord avec la théorie de Julie, mais je lui reconnaissais une certaine logique. Le seul problème, c'était que je n'étais pas patiente. Mon credo était : «Ici et maintenant», ou encore : «Il doit bien y avoir une solution.» Mes succès reposaient en grande partie sur le fait que je ne m'avouais jamais vaincue et revenais sans cesse vers ce qui me résistait jusqu'à ce que j'aie obtenu ce que je voulais. Laisser Vénus se comporter en statue était au-delà de ce que je pouvais supporter. Mais je ne dis rien de tout cela. Face au visage serein et patient de Julie, j'eus seulement honte d'éprouver ce besoin constant d'intervenir.

Après mes échecs successifs auprès de Vénus, je décidai d'en revenir aux bonnes vieilles valeurs. Aussi, le lundi matin, j'apportai un sac de Smarties.

— Tu te rappelles? demandai-je à Bob en passant prendre mon courrier au secrétariat.

Comme je lui montrai mes bonbons, Bob eut un sourire nostalgique. Du temps que nous travaillions ensemble, Bob avait fait scandale, à l'école, en utilisant des friandises pour récompenser ses élèves. Nous étions au début des années soixante-dix, le comportementalisme était considéré comme une méthode hardie et les cours se déroulaient de façon très traditionnelle. Dans notre secteur semi-rural et tranquille, personne n'avait pensé à associer l'apprentissage et les sucreries. Bob avait innové tout cela. Comme beaucoup de jeunes gens de sa génération, il voulait refaire le monde. En l'occurrence, il souhaitait démontrer que ces jeunes sans foi ni loi, cette racaille, pouvaient s'élever au-dessus des étiquettes qu'on leur accolait, au-dessus de leur environnement défavorisé, pour apprendre et progresser. Il avait commencé par leur offrir des bonbons lorsqu'ils coopéraient et travaillaient. Et, bien entendu, il avait rapidement obtenu des résultats impressionnants. Il avait eu aussi rapidement le conseil d'administration de l'école sur le dos. On lui reprochait d'acheter les élèves pour qu'ils travaillent. A partir de ce jour, l'expression « se servir de Smarties » était devenue un code, parmi le personnel de l'école, qui désignait les méthodes subversives.

J'avais été très impressionnée par la stratégie de Bob, parce qu'elle s'était révélée très efficace. Les enfants étaient sollicités à un niveau si élémentaire que la plupart d'entre eux répondaient positivement, d'une façon ou d'une autre, alors qu'ils avaient été étiquetés « irrécupérables ». Et, à mon avis, la fin justifiait les moyens. J'appréciais par-dessus tout l'aspect pratique de la démarche. En conséquence, même si je savais peu de chose du comportementalisme, j'y avais participé avec bonheur pendant la période où j'avais travaillé avec Bob. En prenant de l'âge et de l'expérience, j'avais décelé les failles de cette méthode et je n'utilisais plus ces techniques que rarement, sous des formes aménagées. Je savais que, employées judicieusement, elles pouvaient constituer des atouts efficaces, et je n'étais pas du genre à négliger quelque chose d'utile.

Quand Julie arriva, en début d'après-midi, je lui confiai les garçons pendant que je m'installais avec Vénus. Cela impliquait qu'il fallait la pousser jusqu'à la table et l'asseoir sur une chaise. Elle ne faisait rien par elle-même.

Je m'assis en face d'elle. Soulevant le sac de Smarties, je le balançai sous son nez.

— Tu sais ce que c'est?

— Moi, je sais ce que c'est, maîtresse! cria Billy, de l'autre côté de la salle.

Du coup, les autres garçons levèrent les yeux.

— Oui, répondis-je, et si tu travailles bien, tu en auras, tout comme Vénus. Mais *à la condition* que le travail que je t'ai donné, dans ton classeur, soit fait. Pour l'instant, j'ai besoin de quelques instants en tête à tête avec Vénus, aussi je te prierai de ne pas nous interrompre.

Julie s'efforça de détourner l'attention des garçons. Tendant le bras par-dessus la table, je forçai Vénus à me regarder, puis je secouai de nouveau de sachet.

— Tu sais ce que c'est?

J'avais espéré entrevoir une lueur d'intérêt, dans ses yeux, mais je n'y décelai rien. Elle fixait un point au-delà de moi.

— Tu aimes les sucreries?

Rien.

J'ouvris le sac et fit rouler quelques Smarties colorés sur la table.

Pas de réponse.

Je pris l'un des bonbons et le glissai entre ses lèvres. Je

l'avais fait avec précaution et douceur, car je ne voulais pas qu'elle prît peur ou qu'elle se sentît menacée par mon geste. Le Smarties resta là, à moitié enfoncé dans sa bouche.

— Ouh! cria joyeusement Billy. Regardez la psycho! Elle sait même pas quoi faire de ça! C'est un bonbon, imbécile! Tu es censée le manger! J'en veux, maîtresse! Je vais lui montrer comment on fait!

Et, sans attendre ma réponse, Billy traversa la salle au triple galop.

— Moi aussi! Moi aussi! crièrent Théo et Phil, presque d'une même voix.

Ils jaillirent de leurs chaises. Seul Jesse restait en place.

— Je ne dois pas manger de sucreries, déclara-t-il avec une certaine emphase. Cela me rend hyperactif.

Entre-temps, Billy avait saisi une poignée de bonbons qu'il fourrait avec délice dans sa bouche.

— Je les adore! Tu as vu, la fille? Tu les manges! Crunch, crunch, crunch, comme ça.

Il ouvrit une bouche énorme pour bien montrer à Vénus comment il fallait mastiquer. Il ne l'avait pas touchée. Il n'était même pas près d'elle, mais quelque chose dans son comportement avait dû effrayer la petite fille, car elle entra littéralement en éruption. Elle poussa un long ululement perçant, puis elle bondit sur ses pieds. Saisissant Billy à la gorge, elle le fit tomber à terre et s'abattit sur lui. Des morceaux de Smarties à moitié mâchés jaillirent en tous sens. Billy se débattit, parvint à se libérer et se leva en criant de terreur. Vénus l'imita et se lança à sa poursuite, tout en continuant d'émettre son hurlement strident.

Julie et moi nous mîmes à courir derrière eux. Des chaises valsèrent. Les pieds des tables crissèrent sur le sol alors qu'elles étaient poussées de côté. Les jumeaux, gagnés par l'excitation, se joignirent à la chasse en criant plus fort que tout le monde. Agité de tics, Jesse grimpa sur une bibliothèque.

— Elle va me tuer ! Elle va me tuer ! hurlait Billy.

— Arrête de courir, Billy, et viens ici. Tu ne fais qu'empirer les choses.

— Pas question que je m'arrête !

— Assieds-toi, Théo. Phil !

Le bruit ambiant aurait couvert le décollage d'un avion à réaction. A cet instant précis, je me réjouis que notre salle ne fût pas située au rez-de-chaussée, près du secrétariat d'où on aurait pu nous entendre.

Finalement, Julie attrapa Billy et Vénus vint les heurter de plein fouet. Je la saisis à bras le corps et la tirai en arrière. Elle réagit violemment à mon action, se balançant vite et fort, cognant sa tête plusieurs fois contre ma poitrine. En même temps, elle me donnait de méchants coups de pied dans les tibias. En m'efforçant de l'asseoir pour qu'elle ne puisse plus me faire mal, je tombai à genoux. Bien que je fusse plus grande et plus lourde qu'elle, j'avais du mal à la maintenir en position assise.

— Aide-moi, Julie !

Laissant les garçons effrayés près de la fenêtre, Julie s'approcha de l'endroit où Vénus et moi luttions sur le sol.

— Il faut empêcher ses jambes de bouger. Attrape-les.

Julie avança une main hésitante.

— Il faut y mettre un peu plus d'acharnement, haletai-je. Attrape-les et appuie dessus jusqu'à ce qu'elles soient étendues par terre.

De nouveau, Julie fit ce que je lui demandais avec une certaine mollesse.

— Aide-moi ! Je vais lâcher prise dans une minute. Assieds-toi sur ses jambes, s'il le faut. Il faut qu'elle cesse de ruer.

Julie parvint à saisir les jambes de Vénus. Elle se pencha en avant et les immobilisa au sol. La manœuvre empira la situation. Vénus hurla plus fort et se débattit encore plus violemment.

— Calme-toi, lui dis-je à l'oreille.

Elle émit un cri strident.

— Calme-toi, Vénus. Dès que tu te tairas, je te libérerai. Mais, jusque-là, je ne te lâche pas.

Ses cris redoublèrent de puissance, au point que je sentais mes tympans vibrer.

— Non. Tu dois cesser de crier. Quand tu arrêteras, je te lâcherai.

Elle continuait d'émettre son insupportable hurlement.

— Calme-toi. Tout doux. Tout doux.

— Je ne peux pas faire ça, marmonna Julie.

J'ignorais ce que cela signifiait au juste, mais je supposai qu'elle ne parvenait pas à assurer sa prise sur les jambes de Vénus.

— Tiens bon ! Pour l'instant, ça peut aller.

— Je lui fais mal.

— Mais non ! C'est parfait. Continue de maintenir ses jambes contre le sol.

Pendant tout cet échange, Vénus n'avait pas cessé de crier.

— Allons, ma chérie, lui murmurai-je à l'oreille. Calme-toi, maintenant. Tout doux, tout doux. Ensuite, je te lâcherai.

Mais je ne tardai pas à m'apercevoir que la décision ne m'appartenait plus.

— Je ne peux pas faire ça, Torey, dit Julie. Je sais que je lui fais mal et ce n'est pas bien.

Tout en parlant, elle avait libéré les jambes de Vénus, puis elle se leva et s'éloigna. C'était tout ce que Vénus attendait. Ce fut suffisant pour qu'elle parvînt à se libérer de mon étreinte. En quelques secondes, elle fut sur ses pieds, à la porte, partie.

Pendant un long moment de stupeur, je me contentai de regarder dans cette direction, puis je jetai un coup d'œil à Julie.

— Surveille-les, lui dis-je.

Je sortis en courant de la salle.

6

Prise de panique à l'idée de perdre Vénus alors qu'elle se trouvait aussi énervée, je courais le long des couloirs, guettant les bruits qu'elle pouvait produire. Après ce ululement assourdissant, j'avais du mal à entendre correctement. Mais, de fait, tout ce que je percevais, c'était le brouhaha habituel d'une école : voix étouffées, raclements de pied, toux et bruits de chaise. Il n'y avait rien d'anormal. J'ouvris la porte qui donnait sur la cour de récréation. Venus était perchée sur le mur, mais elle ne se tenait pas dans sa pose, habituelle, de reine détendue. L'air inquiète, elle semblait prête à sauter. En dessous d'elle se tenait Wanda.

Je m'approchai avec précaution, craignant que Vénus ne s'enfuît si elle me voyait trop près d'elle. Mais ce qui me frappa le plus — ce qui m'intrigua le plus, devrais-je dire —, ce fut son expression. Vénus n'était pas «ailleurs», elle était bien présente et me fixait avec intensité. L'autre détail intéressant était qu'elle ne semblait plus hors d'elle. Elle s'était remarquablement bien remise de sa crise.

— Bonjour, Wanda, fis-je.

Wanda tenait contre son cœur un baigneur de plastique. Elle arborait un large sourire.

— Belle Enfant.

Je ne savais pas si elle faisait allusion à la poupée ou à

56

Vénus, qui n'était pas vraiment belle à cet instant précis. Il y avait dans l'attitude de la petite fille quelque chose d'archaïque. Elle était accroupie, pieds et mains sur le mur, comme prête à bondir à la moindre menace. Avec son regard sauvage et intense, elle me fit penser à une image représentant un enfant de Neandertal penché au-dessus de sa proie.

— Vénus est fâchée, dis-je à Wanda. Tu crois qu'elle descendrait du mur si tu le lui demandais?

Wanda se détourna de sa poupée et leva les yeux vers sa sœur.

— Elle pas aller à l'école, dit-elle.

— Elle y est venue aujourd'hui. Elle est en colère parce que nous nous sommes disputées, mais cela arrive à tout le monde, tu ne crois pas? On peut ne pas être d'accord sur quelque chose, mais personne ne se fâche pour autant. J'aimerais que Vénus revienne dans la classe.

Wanda se concentra de nouveau sur sa poupée, la serrant contre son cœur.

— Vénus? demandai-je. Tu veux bien descendre?

Tendue, muette et sur ses gardes, elle ne bougea pas.

— Si je t'ai contrariée, je suis désolée.

Elle me regardait.

— Retournons en classe.

— Elle pas aller à l'école, intervint Wanda.

Je lui jetai un coup d'œil, comprenant soudain qu'elle faisait allusion à la poupée, non à Vénus. Du moins le pensais-je. Soulevant la poupée, elle la serra très fort et la retourna maladroitement. Le baigneur glissa hors de sa couverture et tomba, la tête la première, sur le sol.

— Mon Dieu! s'exclama Wanda.

Sans réfléchir, je me baissai et ramassai la poupée. Quand je me relevai, Vénus avait disparu de l'autre côté du mur.

— *Mon Dieu!* m'exclamai-je. Elle est partie.

— Belle Enfant partir à la maison, répondit Wanda souriant vaguement.

57

Il semblait inutile de poursuivre Vénus. Les enfants allaient quitter l'école environ un quart d'heure plus tard et nul doute que toute tentative de ma part pour la ramener en classe ne ferait qu'empirer les choses. Aussi laissai-je Wanda la suivre jusque chez elles et retournai-je à l'école. Les efforts de Julie pour calmer les garçons, visiblement troublés par l'incident, avaient été vains. Quand je pénétrai dans la salle, je les trouvai en train de courir de tous côtés. Frustrée d'avoir laissé partir Vénus, agacée par la responsabilité de Julie dans cette histoire, j'étais trop irritable pour parvenir à les calmer. Je décidai donc que nous ferions aussi bien de nous détendre après les moments d'intense émotion que nous venions de vivre.

— Faisons un peu de musique! suggérai-je.

Je sortis d'une caisse des cymbales, des triangles et des tambourins, puisque, justement, j'avais envie de taper sur quelque chose.

La fin de la journée se passa sans heurts, mais j'avais l'impression de marcher sur des œufs. Les garçons se conduisirent remarquablement bien et ne profitèrent même pas de l'occasion que je leur donnais de faire du bruit pour se montrer turbulents. Au contraire, ils s'assirent sagement et s'efforcèrent de suivre les instructions pour interpréter le morceau que je leur avais proposé — une infâme chansonnette narrant les mésaventures d'un Mexicain amoureux — avec le sérieux d'un orchestre de chambre.

Après la sonnerie, quand les garçons furent partis, je retournai dans la classe, où Julie était restée pour faire un peu de rangement. Lorsque j'entrai, elle replaçait des livres dans la bibliothèque.

— Ecoutez... Je suis vraiment désolée, dit-elle aussitôt.

— Oui... Nous avons un petit problème, tu ne crois pas?

— Je n'arrivais pas à tenir Vénus comme ça, Torey. Elle semblait tellement hors d'elle !

— Je sais que cela semblait inquiétant, dis-je. Tu as pu croire que j'étais violente avec elle, mais ce n'était pas le cas. Elle ne se maîtrisait plus et, en tant qu'adultes chargées d'elle, notre rôle est de remettre de l'ordre dans le chaos. C'était le chaos.

Julie me fixait. Je ne souhaitais pas me justifier, mais ce n'était pas évident. Le problème était qu'en ce qui concernait Vénus je raisonnais avec mes tripes. J'étais certaine d'avoir raison au moment où j'agissais. Mon instinct me disait qu'il s'agissait d'une épreuve de force. Vénus semblait n'exercer aucun contrôle sur elle-même et, au niveau conscient, c'était certainement vrai. Je ne pensais pas qu'elle se disait : « Je veux imposer ma volonté à cette femme et maîtriser la situation. » Pourtant, j'étais profondément convaincue que Vénus utilisait son absence de réactions et sa violence pour imposer sa loi aux autres. Quelles que fussent ses raisons, les moyens qu'elle utilisait étaient inadéquats et inefficaces. Il relevait de ma responsabilité de l'aider à en trouver d'autres, plus bénéfiques pour elle. Malheureusement, pour y parvenir, je devais lui imposer ma volonté. Mais cela semblait abominable. Et inexplicable. Comment pouvais-je ouvertement fonder mon comportement sur mon instinct, qui ne constituait en aucun cas une preuve ?

Julie baissa la tête.

— Je suis vraiment navrée, Torey. Je sais que je vous ai laissé tomber. Mais j'avais si peur que nous lui faisions mal ! Elle se débattait si fort !

— C'était violent, mais nous ne la brutalisions pas. C'était physique, mais nous... toi et moi... nous savions ce que nous faisions, aussi nous ne risquions pas de la blesser. C'est la différence entre nous et elle. A aucun moment, je n'ai failli franchir la limite et lui faire mal, mais elle n'exerçait pas sur elle-même la même maîtrise. C'est pour cette raison qu'il fallait tenir ses jambes. Parce que je ne voulais pas qu'elle nous blesse ou qu'elle se blesse.

Julie ne répondit pas tout de suite. Elle baissait la tête, mais je pouvais voir son expression maussade.

— Je sais que vous allez me reprocher ma franchise, dit-elle en levant les yeux, mais je ne pense pas que ce que vous faites est bien. Je suis mal à l'aise parce que je ne suis pas d'accord avec la façon dont vous agissez.

— Que devrions-nous faire, à ton avis ?

— Je ne sais pas. Mais pas ça, en tout cas. Nous l'avons tellement effrayée... je n'arrive pas à croire que ce soit bien.

— Tu as raison, nous l'avons effrayée, en effet. A dire vrai, cela me fait peur à moi aussi, mais... parfois, nous devons accomplir et assumer des actes difficiles. Ici, c'est à moi d'imposer mon autorité, Julie. C'est à moi qu'il revient de fixer les limites, non aux enfants. Jusqu'à maintenant, Vénus a utilisé son comportement pour imposer sa loi, mais cela ne l'a pas rendue heureuse. Ma tâche est de l'aider à trouver d'autres modes de comportement. Mais je n'y parviendrai pas tant que je ne maîtriserai pas la situation. Et pour cela, je dois me salir les mains.

— Pourquoi ne pas attendre, tout simplement, et lui donner le temps de s'adapter ? Après tout, ce n'est que la deuxième semaine de classe, Torey. Vous ne pouvez pas lui donner du temps ? Je veux dire... la plupart de ces gamins viennent de foyers où sévit la violence. Comment pouvez-vous justifier l'utilisation de la violence dans votre classe ?

— Je ne pense pas que c'était de la violence. Je la contenais, mais c'était parfaitement contrôlé. Je posais seulement des limites à ne pas dépasser.

Julie hocha faiblement la tête, visiblement peu convaincue.

Il y eut un silence.

Julie laissa échapper un gros soupir.

— D'accord. C'est vous qui êtes compétente, qui avez l'expérience. Je ne suis rien, seulement une assistante...

Elle poussa un autre soupir et poursuivit :

— Mais je me sens vraiment mal à l'aise, j'ai du mal à admettre que la fin justifie les moyens. Vous voyez ce que je veux dire ? Cette enfant vit un cauchemar quotidien chez elle. Je le sais parce que je travaille ici depuis un certain temps et je sais quel genre d'existence mène sa famille. Nous n'avons pas le droit de la maltraiter, nous aussi.

— Je ne pense pas l'avoir « maltraitée », dis-je, mais je prends note de tes remarques. A l'avenir, il vaudra mieux que tu me préviennes un peu à l'avance quand tu ne voudras pas faire quelque chose plutôt que d'abandonner à mi-parcours. Comme ça je m'en sortirai mieux.

— Je suis vraiment navrée, Torey, mais c'est une question de principes. J'espère que vous me comprenez.

Le pire était que je comprenais, en effet. Au fond de moi, j'étais d'accord avec Julie. Dans un monde idéal, personne ne devrait imposer sa volonté à un enfant comme Vénus. Mais, dans un monde idéal, il n'y aurait pas d'enfants comme Vénus. Dans le monde réel, ignoble et pathétique, où nous étions empêtrés, je ne voyais pas d'autre façon de remettre de l'ordre dans le chaos. Avant de pouvoir faire quoi que ce soit pour Vénus — ou pour les garçons, d'ailleurs —, des limites devaient être posées de façon à leur assurer la sécurité dont ils avaient besoin pour grandir. Ces enfants étaient malheureux et incontrôlables, c'était pourquoi ils avaient été affectés dans ma classe. Ils devaient être certains que j'étais plus forte que leurs pires impulsions ou leurs plus horribles instincts. Je devais les persuader que je ne céderais pas, que jamais je ne les abandonnerais à ces forces, en eux, qu'ils étaient incapables de contrôler. Cette sécurité seule leur permettrait de prendre un risque : celui de changer. Entre cette nécessité théorique et sa réalisation pratique, il y avait un abîme. En outre, la frontière était horriblement ténue entre une fermeté légitime et une contrainte excessive. Sans oublier que les enfants étaient tous différents, que les circonstances variaient. Impossible de trouver une formule qui valût pour tous.

Au fond de moi, je souhaitais être le genre de personne en qui Julie croyait, le genre qui changeait le monde par la seule force de son amour. Je sentais qu'il était crucial de conserver certains idéaux, comme de croire que le bon triomphe du mal, que l'amour peut tout conquérir, qu'il faut toujours garder espoir... Parce que, même si le monde ne fonctionne pas ainsi, la seule chance de le changer, c'est de croire que cela est possible. C'est pourquoi je terminai cette journée avec le moral au plus bas et rentrai chez moi plus contrariée par mon désaccord avec Julie que par mes démêlés avec Vénus. Ma position était difficilement défendable. En vérité, j'étais du côté de Julie, non du mien.

7

Le lendemain matin, Vénus ne vint pas à l'école. Pendant la récréation, je me rendis au secrétariat pour appeler chez elle.

«Allo?» fit une voix ensommeillée. Je dis qui j'étais et pourquoi j'appelais. Vénus était-elle là? «Quoi? Je ne sais pas», fit la voix. Puis on raccrocha. Je rappelai, et la même voix empâtée me répondit. Je n'aurais pu dire si elle appartenait à un homme ou à une femme. En tout cas, ce n'était pas Wanda. Une fois de plus, j'expliquai que j'étais l'institutrice de Vénus et que j'étais inquiète parce qu'elle n'était pas venue à l'école. Je précisai que nous avions eu un désaccord, la veille, et que je craignais que Vénus fût encore fâchée. «Vous êtes la mère de Vénus?» demandai-je. Mais la personne qui se trouvait à l'autre bout du fil ne pouvait me répondre. Peut-être était-elle ivre? Quoi qu'il en fût, je ne pus rien tirer de ce coup de fil.

Je décidai donc de rendre visite à Vénus après la classe. Normalement, je ne le faisais jamais sans avoir averti les parents auparavant, mais j'étais plus que contrariée de l'avoir laissé quitter l'école dans l'état où elle était et je voulais m'assurer qu'elle allait bien. Par ailleurs, je tenais à ce que chacun sût, dans la maison de Vénus, qu'à moins d'être malade, la petite fille était tenue d'aller à l'école.

Le choix n'appartenait pas à Vénus ou à Wanda. C'était la loi.

Julie m'accompagna. Vénus et sa famille vivaient à environ cinq pâtés de maisons de l'école, en bas d'une des rues miteuses situées entre les voies de chemin de fer et les abattoirs. Le quartier était connu pour abriter des délinquants et des dealers, mais, un siècle auparavant, quand la ville avait été fondée, il y avait eu là de larges trottoirs et de belles avenues bordées d'ormes et de peupliers. Les ormes avaient depuis bien longtemps succombé à la maladie et on les avait coupés, mais les peupliers avaient poussé, soulevant les trottoirs pourris et plongeant tout le secteur dans une ombre épaisse. La plupart des maisons avaient été construites entre les deux guerres. Elles n'étaient pas très spacieuses, mais nombre d'entre elles avaient de grandes vérandas et de larges pelouses. Aujourd'hui, ces vérandas étaient en partie effondrées, leurs peintures s'étaient effritées. Les fenêtres étaient souvent condamnées et les pelouses, jamais arrosées et trop ombragées, avaient fait place à la terre battue.

La maison de Vénus était en réalité une caravane installée sur un lotissement libre. Elle était vieille et définitivement stabilisée sur des fondations de ciment. La porte était ouverte et un homme était assis sur le seuil. Je garai ma voiture.

L'homme était petit et maigre, probablement plus petit que moi de six ou sept centimètres. Ses cheveux étaient d'une couleur indéfinissable, entre le blond foncé et le brun clair, et ils étaient plutôt ébouriffés, emmêlés comme s'il n'avaient pas été peignés de la journée. Il était barbu et une toison épaisse recouvrait sa poitrine, visible entre les pans de sa chemise ouverte. Il tenait une cigarette entre ses lèvres en nous regardant monter l'allée qui menait à la caravane.

— Bonjour. Je suis l'institutrice de Vénus.

— Salut! fit-il d'une voix traînante, dont l'intonation égrillarde me fit me féliciter d'avoir amené Julie avec moi.

— Vénus est là?

Il réfléchit un instant, comme si je lui posais une question très compliquée, puis il sourit.

— Ça se pourrait. Vous voulez vous asseoir?

— Elle est là?

Il haussa les épaules avec une nonchalance insolente.

— Je suppose.

— Vénus n'est pas venue à l'école aujourd'hui. Je m'inquiète pour elle. Il est très important qu'elle vienne tous les jours, sauf si elle est malade. Alors elle est là?

— Pourquoi? Vous voulez la voir?

Sans me laisser le temps de répondre, il cria par-dessus son épaule :

— Teri! Il y a quelqu'un qui veut voir Vénus!

Personne ne répondit. L'homme me sourit avec indifférence.

— Vous êtes le père de Vénus?

— Vous croyez que ces bâtards noirs sont à moi?

Une femme d'un peu moins de quarante ans, apparemment, parut sur le seuil derrière lui. Ses cheveux, qui devaient lui arriver aux épaules, étaient tressés en petites nattes bien alignées et elle avait l'air de sortir du lit, bien que ce soit le milieu de l'après-midi. Elle cligna des yeux devant le brillant soleil de cette fin d'été.

De nouveau, j'expliquai qui j'étais et pourquoi j'étais venue.

— Oh, merde! fit la femme, d'un air soucieux. Wanda! cria-t-elle. Wanda, putain, qu'est-ce que tu as fait? Tu n'as pas amené Vénus à l'école, encore une fois?

Wanda trébucha sur le seuil de la porte. La femme se tourna.

— Qu'est-ce que tu as fait, espèce d'idiote? Pourquoi tu l'as pas amenée à l'école?

— Belle Enfant, dit Wanda, avec un gentil sourire.

65

— C'est ça! Je vais te *bellenfanter*, un de ces jours!
Pourquoi tu l'as pas amenée à l'école?

— Elle pas aller à l'école, répliqua plaintivement
Wanda.

— Si, elle aller à l'école, putain d'idiote! Combien de
fois faudra-t-il que je te le dise? Tu n'es bonne à rien.

Elle leva la main comme pour frapper Wanda, mais
celle-ci recula précipitamment. La femme se tourna alors
vers moi.

— Ecoutez, je suis désolée, mais ça ne se reproduira
plus.

— Vous êtes la mère de Vénus?

— Ouais.

Elle passa les mains dans ses cheveux, repoussant ses
petites nattes en arrière. Elle était plutôt belle femme, du
genre fatigué.

— Je pourrais vous parler un instant de Vénus?

— Pourquoi? Qu'est-ce qu'elle a fait?

— Elle n'a rien fait. Je me demandais seulement... si
nous pourrions bavarder un peu. J'espérais que vous me
fourniriez quelques informations à son propos.

La femme se frotta le visage avec lassitude.

— Bon. Entrez, si vous voulez.

Je passai prestement à côté de l'homme, toujours assis
devant la porte. Julie, qui portait une jupe, la serra contre
ses jambes pour ne pas le frôler. De nouveau, l'homme
grimaça un sourire.

A l'intérieur, nous vîmes deux adolescentes et un jeune
garçon devant la télévision, affalés sur un canapé. Au fond
de la pièce, il y avait une table aux pieds encastrés dans
le sol et deux bancs. Wanda était assise sur l'un des deux.
Elle ne faisait rien d'autre que fixer ses mains.

— Dégagez de là, les garçons, dit la femme. Eteignez
ce foutu poste. Cela fait une demi-heure que je vous ai
dit d'éteindre la télé.

— La ferme, salope! fit le garçon, qui devait avoir
douze ou treize ans.

66

La femme lui donna un grand coup de pied dans le tibia.

— Bouge-toi de là !

Le gamin grommela quelques mots entre ses dents, mais il se leva et sortit.

— Teri ? appela l'homme depuis le seuil. Donne-moi une autre bière, pendant que tu y es !

— Va la chercher toi-même, répondit-elle.

— Frenchie ? Eh, Frenchie, apporte-moi une bière !

Je ne sus pas lequel était Frenchie, car personne ne réagit.

— Wanda ? Apporte-moi une bière !

Se levant péniblement, Wanda se traîna jusqu'au réfrigérateur. Elle ouvrit la porte si violemment que les canettes de bière roulèrent sur le sol. Teri et l'homme l'injurièrent. Laissant échapper un soupir découragé, Teri s'affala sur le canapé et nous fit signe de nous asseoir.

— Ne me dites pas que vous venez pour trouver une solution, dit-elle d'une voix lasse, parce que je ne peux rien faire. Vous n'avez qu'à regarder autour de vous pour voir que j'ai déjà suffisamment de soucis. Alors, s'il vous plaît, ne me dites pas que vous êtes ici parce qu'il y a un problème.

Je sentais qu'elle disait la vérité, qu'elle n'avait vraiment plus l'énergie nécessaire pour en supporter davantage. A cet instant, j'éprouvai une certaine sympathie pour elle.

— Est-ce que Vénus est là ? demandai-je.

— J'sais pas, dit Teri.

Elle était visiblement fatiguée et passa une main sur son visage.

— Vous pensez qu'on pourrait la trouver ? demandai-je. Je voudrais bien la voir.

Teri leva la tête et balaya l'intérieur de la caravane du regard, comme si elle avait pu ne pas voir l'enfant, puis elle se tourna de nouveau vers Wanda.

— Wanda ? Où est Vénus ?

67

Wanda se leva sans se presser et erra un instant dans l'étroit corridor, puis dans l'une des chambres, à l'extrémité de la caravane. Plusieurs minutes s'écoulèrent, dans une attente silencieuse. Julie et moi nous dévissions la tête pour voir où Wanda était partie. Teri se pencha et prit une cigarette dans le paquet qui était posé sur la table basse. Elle l'alluma et aspira une longue bouffée, puis laissa échapper un soupir de contentement.

Wanda émergea de la chambre, portant quelque chose. Lorsqu'elle s'approcha de nous, je pus voir que c'était le baigneur de plastique, enveloppé dans une couverture. Elle l'avait habillé avec de vieux vêtements de bébé. Elle me sourit timidement, tout en berçant la poupée.

— Belle Enfant, dit-elle.

— Wanda! cria Teri d'une voix exaspérée. Vénus, espèce de trou-du-cul! Je t'ai dit d'aller chercher Vénus, pas ta putain de poupée!

Mais Wanda ne ramena jamais Vénus. Wanda partit avec sa poupée dans une autre partie de la caravane. Quant à moi, je compris brusquement que Wanda avait au moins autant besoin d'aide que Vénus.

Le lendemain, Vénus revint à l'école comme si de rien n'était. Je décidai donc de repartir du point où nous en étions la fois précédente. Avant la sonnerie, j'avais déplacé les meubles, de façon à me ménager un petit espace dérobé aux regards. De cette façon, je pourrais travailler avec Vénus sans être constamment interrompue par les garçons.

L'après-midi, quand ils furent installés devant leurs classeurs, sous la garde de Julie, je pris Vénus par la main et lui fis contourner l'armoire métallique derrière laquelle se trouvait ma petite alcôve. J'y avais mis une table et deux chaises. Je la fis asseoir sur l'une d'entre elles et pris place sur la seconde, de l'autre côté de la table. J'avais ressenti chez Vénus une légère inquiétude quand je l'avais entraînée dans ce coin protégé, mais ce n'était qu'une intuition. Aucun trait de son visage n'avait frémi et je n'avais pas dû insister beaucoup pour qu'elle s'assît. Cependant il y avait eu ce bref coup d'œil lancé autour d'elle, et ce mouvement d'épaules que j'avais appris à reconnaître comme précurseur de l'action. Elle ne bougea pourtant pas. Pendant une minute ou deux, nous restâmes face à face, aussi rigides que des statues.

Ouvrant le sachet de Smarties, j'en pris une petite poignée et les montrai à Vénus.

— Tu te rappelles ? Nous les avions déjà, avant-hier. Tu te rappelles ?

Mouvement des yeux uniquement, pour regarder les friandises. Quand je les éparpillai sur la table, les bonbons s'entrechoquèrent, produisant un bruit agréable à l'oreille. Colorés et brillants, ils roulèrent sur la table, entre nous. Pendant quelques instants, je n'y touchai pas, espérant que Vénus serait suffisamment tentée pour en prendre un de son propre gré, ou bien qu'elle manifesterait au moins de l'intérêt pour eux.

Rien à faire.

— Tu aimes les sucreries ? demandai-je. La plupart des enfants les adorent.

Elle demeurait en face de moi, le visage figé.

— On les mange, dis-je en en portant un à ma bouche. Mmm... Vraiment délicieux, ce chocolat.

Elle ne me quittait pas des yeux et j'eus le sentiment qu'elle se demandait si je ne devenais pas folle. Cette idée me fit sourire.

— Tiens !

Je pris un bonbon rouge et le glissai entre ses lèvres, puis je le poussai du doigt de façon à ce qu'il disparût dans sa bouche.

Rien.

— Essaie de mâcher.

Vénus demeura immobile.

— Mâche.

69

Je tendis la main et bougeai son menton, tout en mastiquant moi-même de façon exagérée. Cela me rappela une scène de la série *Star Trek*, où un membre de l'équipage tentait d'apprendre l'art subtil de l'alimentation à une femme qui avait passé les trois quarts de sa vie à vivre comme une sorte de machine. Elle n'était pas très différente de Vénus. Mais mes tentatives n'eurent pas l'effet souhaité. Le chocolat allait fondre, cependant, et elle en savourerait le goût, qu'elle le voulût ou non. Je la regardais, attendant de la voir avaler. Ce qui finit par arriver.

— C'est bon ? demandai-je. Tu en veux un autre ?

Cette fois, je mis un Smarties vert dans sa bouche. Vénus et moi pâssames quarante minutes à nous livrer à cette activité. Durant ce temps, je glissai un total de vingt-deux Smarties entre ses lèvres. La procédure se répétait, inchangée. Elle me regardait pendant que je poussais le bonbon dans sa bouche, attendais qu'il fondît, attendais qu'elle l'avalât, recommençais... Elle ne baissa jamais les yeux vers les sucreries, ne les mâcha apparemment jamais, n'essaya jamais d'accélérer la cadence, ne parut même jamais s'apercevoir de leur existence. Pendant tout ce temps, je poursuivis un monologue tranquille, qui portait essentiellement sur le goût des Smarties et les sensations que l'on éprouvait en les mangeant. Mais Vénus ne réagit pas plus à mes paroles qu'aux friandises.

Quand la sonnerie retentit, marquant la fin de la journée, je me levai, rangeai les bonbons et entraînai Vénus hors de l'alcôve. Wanda était devant la porte, attendant de ramener sa sœur à la maison. Julie pressa le pas, s'efforçant de rester au niveau des garçons qui se précipitaient vers leurs cars scolaires.

Je m'adressai à Wanda :

— Je voudrais discuter un peu avec toi, Wanda.

— Pas parler aux étrangers.

— On t'a dit ça ? On a eu raison, je pense, mais je ne suis pas une étrangère. Je suis l'institutrice de Vénus. Je suis venue chez toi, tu te rappelles ? Je t'ai vue hier, après l'école.

Wanda serrait sa poupée, enveloppée dans une couverture, contre son cœur.

— Je souhaite te parler de Vénus. Tu veux bien entrer et t'asseoir ?

— Pas aller dans une maison étrangère.

— Assieds-toi là. Tu veux un Smarties ?

C'était mal de ma part, parce que je déjouais sans doute les précautions prises pour qu'elle évite les mauvaises rencontres, mais cela marcha. Toute contente, Wanda entra dans la salle, tandis que je faisais rouler quelques bonbons sur une table.

— Belle Enfant, dit-elle en caressant le crâne de plastique.

— Oui. Tu aimes bien t'occuper de ta poupée, je crois ?

— Belle Enfant. Elle pas aller à l'école.

— Non, ta poupée ne va pas à l'école, hein ? Mais Vénus, elle va à l'école, n'est-ce pas ?

Wanda caressa encore son baigneur.

— Belle Enfant.

— Prends encore des Smarties.

Contrairement à sa sœur, Wanda n'avait pas d'inhibitions concernant la nourriture. Elle fourra une poignée de bonbons dans sa bouche et les mâcha bruyamment.

— Quand je suis venue chez toi, l'autre jour, où était Vénus ?

— Elle pas aller à l'école.

— Non, je sais. Mais qu'est-ce qu'elle fait, à la maison ? Tu peux me le dire ?

— Manger.

— Vénus mange ?

— Manger, répéta Wanda avec plus d'insistance.

Je compris qu'elle voulait d'autres bonbons. Le sac était presque vide. Je vidai ce qui restait sur la table. Wanda s'en empara des deux mains et les porta à sa bouche. Je regardai, au-delà d'elle, Vénus qui se tenait sur le seuil de la classe. Elle ne nous prêtait aucune attention. Son regard était vague.

— Rentrer à la maison, maintenant, dit Wanda lorsqu'il n'y eut plus de bonbons.

— Attends ! dis-je.

Wanda se leva.

— Rentrer à la maison, maintenant. Belle Enfant. Rentrer à la maison, Belle Enfant, dit-elle à Vénus.

Avant que je puisse l'arrêter, elle fut à la porte et sortit de la classe, poussant Vénus devant elle. Ce ne fut qu'après leur départ que je découvris la poupée abandonnée sur le sol, toujours enveloppée dans sa couverture.

8

Dans mes classes, je m'étais toujours livrée à une activité que j'avais également utilisée en thérapie individuelle.
Je suis sûre qu'elle porte un nom et est soumise à des
règles bien définies, mais ma version est née du désespoir,
pendant une récréation pluvieuse alors que j'étais professeur stagiaire. Les enfants qui se trouvaient sous ma
responsabilité ne pouvaient sortir dans la cour en raison
de l'averse et ils avaient de l'énergie à revendre. J'avais
donc décidé de les entraîner dans un voyage imaginaire.
Nous nous étions assis par terre, en cercle, et avions fermé
les yeux. Je leur avais alors proposé de regarder en
eux-mêmes et de se représenter un scaphandre, car j'allais les entraîner dans un voyage sous la mer.

J'avais eu un succès fantastique. Les enfants avaient
d'abord imaginé leur scaphandre, à quoi il ressemblait,
comment on s'y sentait à l'intérieur, quelle odeur on y
respirait... Ensuite, ils avaient raconté leur descente dans
la mer. Puis nous avions commencé à regarder ce qu'il y
avait tout autour et j'avais demandé à quelques-uns de
décrire ce qu'ils voyaient. Si leur vision était trop pauvre,
je leur demandais de la compléter. Je n'obligeais personne
à participer, mais tout le monde l'avait fait.

Nous restions en cercle, les yeux fermés, et nous pro-
menions sous la mer pendant une quinzaine de minutes.

Quand nous émergions enfin, les enfants étaient ravis. Nous faisions des dessins de ce que nous avions vu, nous les accrochions aux murs, dans le couloir, et nous parlions longtemps de notre voyage. De fait, pour beaucoup de mes élèves, c'était devenu leur meilleur souvenir de mon passage dans leur classe en tant que professeur stagiaire.

Par la suite, j'avais souvent proposé aux enfants des voyages imaginaires. Avec l'expérience, j'avais compris tout ce que je pouvais en tirer. Si les élèves avaient besoin de se détendre ou de se calmer, nous visitions des lieux tranquilles et passions un certain temps à écouter ou à sentir l'atmosphère. S'ils avaient besoin d'un changement de décor, comme pendant cette récréation pluvieuse, nous nous rendions au cirque, au zoo ou au carnaval. Une fois, nous avions imaginé une réception d'anniversaire. A Noël, nous partions pour le pôle Nord. Cette activité se révélait particulièrement profitable aux enfants qui avaient du mal à maintenir leur attention. Les mêmes, souvent, qui avaient du mal à se calmer. Le seul fait de s'asseoir ensemble par terre, les yeux fermés, semblait les aider à bloquer les autres stimuli, si bien qu'ils parvenaient à se concentrer.

Cela me parut donc convenir merveilleusement à mes Ecureuils. Je pensais que Jesse, en particulier, en tirerait profit. Comme il souffrait du syndrome de Tourette, il lui arrivait souvent de faire involontairement des mouvements brusques et désordonnés. Il pouvait aussi produire des bruits soudains. Contrairement à une idée toute faite, répandue par les médias à propos du syndrome de Tourette, il ne criait pas de grossièretés — tic fort rare, en réalité. En revanche, il émettait souvent un jappement bref, comme un aboiement d'effroi. Ses tics faciaux s'accompagnaient aussi d'un reniflement très particulier et bruyant, qui ressemblait au grognement d'un porc. Tout bien considéré, les autres se montraient fort tolérants vis-à-vis de ces tics, qui ne servaient jamais de prétexte pour

74

les bagarres. Néanmoins, ils étaient en quelque sorte explosifs, inquiétants et surprenants. Je pensais donc que ces voyages pouvaient être bénéfiques pour Jesse, parce que ces tics étaient d'autant plus nombreux qu'il était stressé. J'espérais que cette activité serait pour lui l'occasion de se détendre dans la journée, en stoppant momentanément le bruit et l'agitation environnants.

J'espérais aussi que cela aiderait Billy. Je souhaitais qu'il prît conscience de ses pensées *avant* d'agir, ce qui lui permettrait éventuellement de se retenir. Pour l'instant, Billy agissait, puis récoltait les conséquences de son comportement. Selon moi, il ignorait qu'il y eût une pensée antérieure à ses actes. Un emploi constructif de ces voyages imaginaires me semblait pouvoir l'aider à comprendre que les pensées étaient quelque chose qu'il produisait lui-même et avait la possibilité de contrôler.

Donc, le lundi, après la récréation, je dis :

— Très bien, les Ecureuils, nous allons faire quelque chose de différent. Une fois que vous aurez déposé vos chaussures dans la caisse, je veux que vous vous asseyiez en cercle, par terre.

Cette proposition suscita une excitation immédiate. Bien que quelque peu incontrôlable et désorganisé, ce groupe se montrait souvent enthousiaste, et nous avions plaisir à travailler avec eux lorsqu'ils ne s'entre-tuaient pas.

— Parfait ! Asseyez-vous dans une position confortable. Théo, arrête de gigoter, s'il te plaît. Vénus, assieds-toi.

Je dus me lever pour diriger Vénus jusqu'à sa place.

— Phil ? J'ai dit : assis. Non, assis ! Tout le monde est prêt ? Très bien. Puisque nous sommes des écureuils, je voudrais que nous allions dans les bois. Prêts ?

Tous les garçons acquiescèrent.

— Fermez les yeux, alors. Ne pressez pas les paupières, baissez-les doucement et gardez-les fermées, sans faire d'effort.

Au début, je baissai moi aussi les paupières et me penchai en avant, les avant-bras posés sur les genoux.

— Maintenant, continuai-je, nous marchons dans la forêt. Vous voyez? Regardez devant vous.

J'ouvris les yeux.

— Non, Phil, garde les yeux fermés. Regarde à l'intérieur de ton esprit. Tu vois les arbres? Tout le monde plonge très profond dans sa tête. Vous voyez les arbres?

— Ouais! cria Billy avec enthousiasme.

— Est-ce que vous pouvez préciser de quel type d'arbre il s'agit? Quelqu'un le sait-il?

— Ouais! répondit immédiatement Billy. Des sapins!

— Tu vois des sapins. Est-ce que tout le monde voit des sapins? Ou est-ce que quelqu'un voit autre chose dans sa forêt?

— Je vois des arbres avec de grandes feuilles plates, dit Théo.

— Bien! Des sapins et un genre d'arbres à grandes feuilles plates. Le genre d'arbres qui perdent leurs feuilles, et que nous appelons «caduques». Examinez bien vos arbres. Quelles sortes d'arbres y a-t-il dans votre forêt?

— Moi, dit Jesse, je vois des arbres avec des feuilles *et* des sapins. Ma forêt contient les deux.

— Moi aussi, dit Billy, qui ne voulait pas être en reste.

— Est-ce que ce sont de grands arbres? demandai-je. Est-ce que leurs troncs sont épais? Regardez bien autour de vous. Y a-t-il aussi de jeunes arbres?

— Les miens sont énormes! cria Billy.

— Est-ce que tu peux entourer l'un d'entre eux de tes bras, Billy? Allons, tout le monde! Approchez-vous d'un arbre et entourez-le de vos bras. Sentez l'écorce. Tâtez-la avec vos doigts. Posez votre visage contre l'arbre, aussi. Vous essayez d'étirer le plus possible vos bras et vous me dites ce que vous ressentez.

Je soulevai légèrement les paupières pour voir les garçons. Ils tendaient tous les bras devant eux, serrant contre leur cœur des troncs imaginaires. Je jetai un coup d'œil en direction de Vénus. Elle aussi gardait les yeux bien fermés. Ses mains n'étaient pas en l'air, comme celles des garçons, mais ses doigts écartés sur ses genoux frémissaient légèrement. Peut-être se représentait-elle son arbre, elle aussi.

— Y a plein de bosses, sur mon tronc ! cria très fort Billy.

— Doucement, Billy, lui dis-je, tu vas effrayer les animaux.

— Plein de bosses, chuchota-t-il.

— Et toi, Phil ? A quoi ressemble ton arbre ?

— C'est un sapin. Il est rugueux.

— Tu peux le sentir ?

Phil sourit légèrement, les yeux toujours fermés.

— Ouais !

— Je peux sentir le mien ! fit un peu trop fort Billy.

— La ferme, Billy, dit Jesse. Tu fais peur aux bêtes.

— Regardez ! s'écriai-je. Quelque chose bouge derrière les arbres. Qu'est-ce que c'est ? Regardez bien, au loin, avançant parmi les arbres... Vous le voyez, vous aussi ?

— Un cerf ! hurla Billy.

— Espèce d'imbécile ! cria Jesse. Tu n'arrêtes pas de faire du bruit et tu l'as fait fuir !

Et avant que j'aie eu le temps d'anticiper son geste, il envoya son poing sur la bouche de Billy. Arraché brutalement à son trajet imaginaire dans la forêt et totalement pris au dépourvu, celui-ci fondit en larmes. Jesse de leva d'un bond et se mit à trépigner, en proie à des tics convulsifs.

Théo et Phil se levèrent à leur tour en criant :

— Ce n'est pas juste ! Ils ont gâché notre voyage ! On n'avait pas terminé et ils ont tout gâché ! Ils devraient aller sur la chaise-à-se-calmer.

J'étais navrée pour Billy, innocente victime de son propre enthousiasme, parce que je savais qu'il n'avait voulu ruiner ni le plaisir des autres, ni le sien. Simplement, comme toujours, il n'avait pas su maîtriser sa joie. D'un autre côté, je pouvais difficilement blâmer Jesse ou le punir, parce que lui aussi s'était laissé emporter par son imagination. J'allai donc vers lui et entourai ses épaules de mon bras. Je lui dis ensuite que j'étais désolée que Billy ait gâché son plaisir, que je comprenais sa colère, mais qu'il ne devait pas frapper les autres, ce que je lui avais répété un bon million de fois. Voulait-il bien ne plus l'oublier?

Théo et Phil se tenaient toujours debout, l'air désespéré.

— On peut recommencer? Ce n'est pas juste. Ils ont tout gâché. S'il te plaît, on peut recommencer? demanda Théo.

— Oui, mais pas maintenant, répondis-je. Demain, on refera un voyage imaginaire.

— Nooooon, grommela Théo. Je veux que ce soit maintenant!

— Tu es déçu, je le sais. Demain, on recommencera.

— S'il te plaît!

— Demain.

— Cet après-midi, d'accord? supplia Phil. S'il te plaît!

— Ce n'est pas possible, cet après-midi. Julie va venir et nous accueillons une nouvelle camarade. Demain, après la récréation du matin.

Dégoûtés, les jumeaux regagnèrent leurs tables en traînant les pieds. Je me tournai vers Vénus. Elle était toujours assise par terre, les paupières closes. Je l'observai un instant. Pourquoi était-elle ainsi? De nouveau, j'avais le sentiment qu'elle était sourde et que c'était la raison pour laquelle elle n'avait pas compris que nous cessions le voyage imaginaire. Mais, si elle n'entendait pas, elle n'aurait pas su non plus que nous l'avions commencé. Pas plus qu'elle n'aurait su ce que nous faisions au début de l'exercice. Alors, pourquoi demeurait-elle assise, les yeux fermés? Une partie de son cerveau n'avait-elle pas enregistré que nous avions arrêté? Ou ne voulait pas enregistrer que nous avions fini? Etait-ce uniquement de la désobéissance?

Je me plantai devant elle.

— Vénus?

Pas de réponse.

J'hésitai à la toucher, au cas où elle ne s'y serait pas attendue.

— Ouvre les yeux, Vénus. Nous avons terminé notre voyage imaginaire. Nous faisons autre chose, maintenant.

Elle souleva lentement les paupières. Je lui souris.

— Tu es restée dans la forêt un peu plus longtemps que les autres, non?

Elle me fixa. Je la fixai. Son expression était si énigmatique que j'aurais pu m'imaginer qu'il s'agissait d'une petite extraterrestre.

Ce jour-là, nous devions accueillir les élèves à temps partiel. Jusqu'alors, nous n'avions pas constitué un groupe très cohérent, puisque le chaos nous guettait en permanence. Cependant, l'arrivée des «autres enfants», comme les garçons les appelaient, fit naître un esprit collectif.

Le matin, j'organisai une petite discussion pour les préparer à la venue de la première enfant.

— Ils feront pas partie du gang des Ecureuils, hein? demanda Théo.

— Non! cria Billy. Non, maîtresse, ils peuvent pas être des Ecureuils. D'accord? S'il te plaît? Y a que nous qui pouvons être des Ecureuils.

— Qu'en penses-tu, Jesse?

— Ouais! Seulement nous, les garçons d'ici.

— Très bien, alors, répondis-je.

— On devrait avoir un signal spécial, dit Billy, comme s'il s'agissait d'une société secrète. Vous savez, quelque chose qui nous ferait nous reconnaître. Quelque chose pour nous remonter le moral quand il faudra supporter ces zigotos.

— Pourquoi pas « hip, hip, hip », suggéra Phil.

— Ce n'est pas très discret, remarquai-je.

— Qu'est-ce que ça veut dire, « discret » ? demanda Billy.

— La discrétion, c'est quand tu ne tiens pas à ce que tout le monde soit au courant de quelque chose, expliquai-je. Il me semble qu'un signe de main conviendrait mieux.

La conversation se poursuivit ainsi pendant quelques minutes, tandis que les garçons proposaient divers gestes ou attitudes qui leur semblaient pouvoir servir de signe de reconnaissance. Pendant qu'ils discutaient, je surveillais Vénus du coin de l'œil. Elle était assise à sa table personnelle, comme chacun des garçons, puisqu'ils n'étaient toujours pas capables de rester assis paisiblement les uns à côté des autres. Bien qu'ils fussent éparpillés aux quatre coins de la salle, je n'avais aucun mal à me faire entendre, et les garçons avaient des personnalités si fortes et si expansives que la distance aidait les échanges plutôt qu'elle ne les contrariait. Ils pouvaient bondir sur leurs pieds, lancer leurs bras en tous sens et donner libre cours à leur exubérance sans risquer de se cogner mutuellement. Pour la même raison, je ne craignais pas que Vénus explosât sans crier gare parce que quelqu'un avait par inadvertance envahi son espace. D'un autre côté, cela favorisait son enfermement. Je savais qu'elle était complètement en dehors de cette discussion. Légèrement penchée en avant, les bras croisés sur la table, les yeux vides, elle était aussi immobile que les meubles. Et, d'ailleurs, les garçons la considéraient ainsi. A tous égards, Vénus était absente.

— Voilà ce que je pense, dit Phil, on devrait agiter nos doigts de pieds comme ça, puisque nous n'avons pas de chaussures. Ceux qui n'ont pas de chaussures sont des Ecureuils, non ?

— Eh, c'est cool ! cria Billy.

Joignant le geste à la parole, il ôta une chaussette douteuse et, après avoir posé son pied nu sur la table, il agita ses doigts de pied.

— Billy, ôte ton pied de là, lui dis-je sèchement.

Loin d'obéir, Billy entonna spontanément une chansonnette enfantine : «J'ai fourré ma tête dans le trou d'un putois! Le petit putois m'a dit : "Miséricorde! Ote-la de là! Ote-la de là! Ote-la de là!"» Théo et Phil se joignirent à lui : «Ote-la de là!»

L'un des enfants qui venait bénéficier d'un soutien extrascolaire était une petite fille du nom de Gwen, mais que tout le monde appelait Gwennie. Agée de huit ans, Gwennie était une jolie petite fille aux cheveux mi-longs, raides, blonds et brillants, aux yeux étonnamment sombres. A l'origine, elle avait été classée comme souffrant du syndrome d'Asperger[1]. Comme beaucoup d'enfants autistes, Gwennie était une élève brillante et très scolaire. Elle lisait bien, était bonne en mathématiques. En revanche, ses rapports avec les autres s'avéraient problématiques. Car Gwennie prenait tout au pied de la lettre. Elle était incapable d'interpréter les nuances du langage, l'expression d'un visage ou le comportement de ses camarades, pas plus qu'elle n'était susceptible de s'adapter à son environnement social. Par conséquent, elle était très impopulaire parmi les élèves de sa classe ; elle disait souvent des choses blessantes de façon brutale ou bien intervenait maladroitement dans les jeux ou les activités collectives.

Ses centres d'intérêts renforçaient cette insociabilité. Il n'est pas rare que des enfants parfaitement normaux aient des passe-temps favoris, cela semble même faire partie

_____
1. Syndrome d'Asperger ou autisme de haut niveau : comportement proche de l'autisme dans l'interaction sociale et la communication chez des enfants qui ont un développement normal de l'intelligence et du langage.

d'un bon développement. Je pense en particulier à l'âge des collections durant lequel bien des enfants se passionnent pour l'acquisition de cartes ou de jouets. Comme il est fréquent parmi les enfants autistes, ces obsessions prenaient chez Gwennie une importance démesurée. Par exemple, elle collectionnait les crayons. De nombreux enfants en font autant, surtout si ce sont de jolis objets, brillants ou de forme bizarre. Mais Gwennie était fascinée par de vulgaires crayons jaunes. Elle en avait toujours une vingtaine sur elle et, bien qu'ils nous paraissaient tous semblables, elle les distinguait individuellement. Elle aimait les toucher, les examiner régulièrement, les étaler sur sa table et ensuite les aligner du plus petit au plus grand. Chaque fois qu'elle entrait dans une classe, elle voulait savoir s'il y avait d'autres crayons jaunes et ne pouvait s'installer tant qu'elle n'avait pas vérifié leur nombre et leur état. Chaque fois qu'elle en apercevait un, ses petits yeux scintillaient.

Tout cela n'était rien, pourtant, comparé à la *grande* obsession de Gwennie : les pays étrangers. Elle avait acquis des connaissances encyclopédiques, à ce sujet, et n'aimait rien tant que se plonger dans la géographie de l'Indonésie ou la démographie de la Belgique. Le problème était qu'elle ne voulait plus parler d'autre chose. Lorsque j'avais parcouru son dossier, j'avais été étonnée par ses bonnes notes. Mais, après l'avoir écoutée pendant une demi-heure, je compris que, si on me l'envoyait, ce n'était pas tant pour faire bénéficier ma classe de sa présence que pour faire bénéficier l'instituteur de Gwennie d'une petite pause. Nous devions bientôt découvrir combien elle pouvait être fatigante.

Elle arriva le mardi, juste après le déjeuner.

— Bonjour, Gwennie, lui dis-je. Je vais te montrer où tu dois t'asseoir.

— La superficie totale de la Suède est de quatre cent

quarante-neuf mille neuf cent soixante-quatre kilomètres carrés. Sa capitale est Stockholm, qui est aussi la plus grande de ses villes. La Suède a des frontières communes avec la Norvège, à l'ouest, et la Finlande, à l'est. C'est l'un des cinq pays scandinaves. Les autres sont la Finlande, la Norvège, le Danemark et l'Islande. La population est en majorité d'origine germanique et en minorité finnoise. Les autres grandes villes sont Göteborg, Uppsala, Sundsvall, Ostersund.

— Très bien, Gwennie, et merci. Tu veux bien t'asseoir, s'il te plaît?

— Tu es allée en Suède?

— Non. Voici ton classeur.

— Tu es allée en France? La superficie de la France est de cinq cent quarante-trois mille neuf cent soixante-cinq mètres carrés et sa capitale est Paris. Environs trente-quatre pour cent du sol français est cultivé.

— Ouh! fit Billy entre ses dents. Elle a perdu la boule!

Jesse leva un pied et agita ses orteils dans sa chaussette.

Comme Gwennie devait venir trois après-midi par semaine, je décidai qu'elle serait une partenaire idéale pour Vénus. Elle et Vénus pourraient améliorer leur sociabilité ensemble, ce qui était un travail de longue haleine puisque, dans ce domaine, les deux filles partaient de zéro. Mais je sentais qu'il valait mieux que je m'occupe des deux ensemble plutôt qu'individuellement. Elles pourraient se faire évoluer mutuellement bien mieux que je ne pourrais le faire moi-même.

Le premier jour, je les assis ensemble, c'est-à-dire que je manœuvrai Vénus comme une poupée avant de prendre quasiment Gwennie de force alors qu'elle imposait à Jesse un exposé sur la Corée du Sud. Je choisis l'activité la plus simple possible. J'avais découpé des photographies dans des magazines et je les avais collées sur des cartons. Chacune d'entre elles représentait une personne

83

dont l'expression était bien définie : sourire, rire, pleurs ou froncement de sourcils. J'avais trouvé quatre personnages par expression.

Je montrai à Gwennie une petite fille souriant avec ravissement, un chiot dans les bras.

— Est-ce que tu peux me dire ce qu'elle ressent? lui demandai-je.

Gwennie regarda la photographie.

— Qu'est-ce qu'elle éprouve, à ton avis? Regarde bien son visage. Tu vois ce que font ses lèvres? Qu'en penses-tu?

— Tu connais la capitale de la Belgique?

— Gwennie, pour l'instant, nous ne parlons pas des pays. Regarde cette photographie, s'il te plaît. Quelle est l'expression de cette enfant? Elle sourit, non? Qu'est-ce que cela nous apprend, à propos de cette petite fille? Sur ses sentiments?

— La plupart des gens, en Belgique, sont catholiques. Tu es catholique?

— Gwennie, nous ne nous occupons pas de cela maintenant. Regarde cette photographie, s'il te plaît. Qu'est-ce que ce sourire nous apprend sur les sentiments de la petite fille?

Gwennie se pencha et examina la photographie avec attention.

— Alors?

Gwennie leva vers moi des yeux vides.

— Elle est peut-être Finnoise?

Quand je montrai la même photographie à Vénus, ce fut encore plus hilarant.

— Tu vois cette petite fille?

Vénus me fixa de ses yeux vides. Je posai ma main sur sa tête et la forçai doucement à se pencher sur le portrait.

— Par ici, Vénus. Tu vois? Elle tient un petit chien dans ses bras. Observe son visage. Tu vois comme les coins de sa bouche sont relevés? Elle sourit. Il est clair

qu'elle aime serrer son chiot contre son cœur, c'est pourquoi elle sourit si largement. Tu peux me sourire?

Vénus me regardait à sa façon inexpressive. J'étirai les
lèvres de façon exagérée.

— Là! Tu vois? Tu peux le faire?

— Moi, je peux! intervint Gwennie.

— Bravo! Regarde Gwennie. Elle peut sourire. Comment te sens-tu, quand tu souris?

— Pas très bien, répliqua Gwennie.

— Tu ne te sens pas très bien? demandai-je, étonnée.

— «Comment te sens-tu? Pas très bien», reprit Gwennie.

Elle me jeta un coup d'œil interrogateur et je compris
qu'elle ne faisait qu'imiter comme un perroquet une
réponse qu'elle avait entendue quelque part. Pour elle, à
toute question correspondait une réponse spécifique et
invariable.

— Tu peux me sourire comme ça, Vénus?

Pas de réponse. Gwennie se pencha vers Vénus, un
sourire plaqué sur les lèvres.

— Regarde! Comme ça!

Je n'aurais pu affirmer que Vénus se préparait à l'attaque. Toujours est-il qu'elle remua sur son siège lorsque
Gwennie se rapprocha d'elle. Je tendis le bras pour les
séparer.

— Pas trop près, Gwennie! Vénus est nerveuse lorsque
quelqu'un l'approche alors qu'elle ne s'y attend pas.

— Elle est esquimaude?

— Non.

— Les Esquimaux vivent dans l'Arctique. En fait, ils
s'appellent Inuits. Cela veut dire «les hommes». Ils parlent plus de six dialectes différents.

— Non, Vénus est américaine, comme toi. Simplement, elle n'a pas toujours envie de parler.

— Elle est peut-être carmélite? s'empressa de suggé-
rer Gwennie.

9

Le lendemain, l'après-midi débuta plutôt mal. Pendant la pause du déjeuner, Billy se battit avec un enfant d'une autre classe et fut condamné à rester dans le bureau du directeur. Bob le sermonna, puis il le fit asseoir sur l'une des chaises qui étaient alignées dans le couloir, devant sa porte. C'est là que devaient attendre les « mauvais sujets » jusqu'à ce que Bob leur permît de regagner leur classe. Billy était exaspéré. Comme d'habitude, rien de ce qui était arrivé n'était sa faute, et lorsqu'il rentra dans la classe, après que la sonnerie eut retenti, son visage était rouge d'indignation, sa voix tremblante de larmes contenues. *Tout le monde* le détestait. *Tout le monde* était injuste avec lui. C'était une école idiote et, de toute façon, pourquoi était-il obligé de la fréquenter ? Il voulait rentrer à la maison *tout de suite*. Il voulait son frère. Il voulait retourner dans la même école que son frère parce que là, au moins, les gens ne seraient pas tout le temps sur son dos.

Heureusement, Julie était là et elle put s'occuper des autres enfants, car je voulais consacrer un peu de temps à Billy. Je devinais que ce dont il avait le plus besoin, c'était de sympathie et d'un câlin, mais, si je lui témoignais de la compassion, il allait pleurer. Je souhaitais lui épargner l'humiliation de craquer devant les autres, et en particulier Jesse qui, quelles que soient les circonstances, ne se montrait pas très patient envers Billy.

Cela aurait pu fonctionner si je n'avais pas oublié que Gwennie allait arriver. J'étais dans le couloir avec Billy lorsqu'elle arriva en haut de l'escalier.

— Bonjour, dit-elle. Pourquoi est-ce qu'il pleure?

— C'est pas tes oignons, répliqua Billy.

— Pourquoi est-ce qu'il crie? Qu'est-ce qui s'est passé? Il est tombé? Moi, je suis tombée. Hier. J'étais sur ma bicyclette et ma bicyclette a dérapé.

Tout en parlant, elle montrait ses genoux écorchés.

— Fais-la partir! supplia Billy.

— J'ai une belle bicyclette! Elle vient d'Angleterre. L'Angleterre est l'un des...

— Gwennie, tu veux bien rentrer en classe, s'il te plaît? Je suis en train de parler avec Billy.

— Ouais! renchérit ce dernier, c'est une conversation privée.

Loin de bouger, Gwennie continua de nous fixer.

— Qu'est-ce qui lui arrive? demanda-t-elle. Il a attrapé quelque chose?

— Oui, toi! cria Billy en lançant son poing dans la direction de Gwennie.

Mais celle-ci devait-être moins «ailleurs» qu'il n'y paraissait car elle recula gracieusement, de façon à être hors de sa portée. Puis elle se remit à nous observer.

— Sois gentille, Gwennie, Julie t'attend.

Voyant que je perdais mon temps, j'ouvris la porte et poussai les deux enfants dans la salle. Julie était en difficulté. Théo et Phil se disputaient pour savoir lequel d'entre eux était censé utiliser le magnétophone en premier, et Jesse aboyait sans pouvoir se contenir.

— Je me rappelle, quand j'étais bébé, déclara brusquement Gwennie, je me rappelle que ma mère me promenait en poussette.

— Fantastique! dis-je très vite. Tu veux bien t'asseoir,

87

maintenant? Toi aussi, Billy, prends ton classeur. Regagne ta chaise, tant qu'on y est.

— Oh! Depuis quand ma chaise est perdue? demanda-t-il.

— Je veux dire assieds-toi dessus.

— J'étais assise dans ma poussette quand j'ai vu un oiseau, continua Gwennie. Un troupiale babillard. Les troupiales babillards habitent dans les Grandes Plaines. On en trouve quelques-uns au Canada. La capitale du Canada est Ottawa. Le Canada est un très grand pays...

— Gwennie!

Je lui montrai sa chaise. Je m'aperçus alors que Vénus n'étais pas assise sur la sienne.

— Où est Vénus? demandai-je à Julie.

Julie, qui semblait harassée, regarda très vite autour d'elle.

— Elle doit être aux toilettes. Elle était *là*. Je suis sûre qu'elle était là.

Je me penchai par la fenêtre. Vénus était perchée sur son mur. J'ignorais totalement si elle était rentrée en classe après le déjeuner.

— On ne peut pas tolérer ça, dis-je. On ne peut accepter que cette enfant s'absente de la classe sans que personne s'en aperçoive. Je vais la chercher.

— Non, dit Julie avec une conviction inattendue. C'est *moi* qui vais la chercher.

Je perçus une certaine supplication dans sa voix : elle ne voulait pas que je laisse les autres sous sa seule responsabilité. Je commençais d'ailleurs à comprendre que j'en demandais un peu trop à Julie. Bien qu'elle eût une certaine expérience du travail scolaire, elle n'était pas éducatrice spécialisée et n'aspirait pas à l'être. Elle avait dû éprouver un choc en entrant dans ma classe alors qu'auparavant elle s'occupait seulement de Casey qui, bien qu'il fût confiné dans un fauteuil roulant, était un petit garçon travailleur et gentil. Aussi, pendant que Julie descendait dans la cour pour tenter de persuader Vénus de descendre de son mur, je mis tout le monde au travail. Julie essayait de persuader Vénus... Les minutes passèrent. Cinq. Dix. Je regardai par la fenêtre. Julie se tenait au pied du mur et parlait à Vénus, qui paraissait l'ignorer totalement. Environ vingt minutes plus tard, Julie revint. Elle ne dit rien, mais son air vaincu parlait pour elle.

— J'y vais, dis-je. Tout le monde est occupé. Ils peuvent faire l'activité de leur choix quand ils auront terminé le travail que j'ai prévu pour eux dans le classeur. Si tu rencontres le moindre problème, appelle Bob.

Je sus, en disant cela, que je ne pensais pas être de retour avant un long moment.

Je traversai la cour déserte et me plantai au pied du mur.

— Vénus, il est l'heure de rentrer en classe. Quand tu entends la sonnerie, tu dois monter avec les autres.

Pas de réponse. Telle une princesse lointaine et langoureuse, elle était à moitié étendue sur le dos, tout le poids de son corps reposant sur ses bras repliés derrière elle, la tête rejetée en arrière, les yeux clos, une jambe pendant le long du mur, ses longs cheveux au vent.

— Vénus?

Le mur devait faire un mètre quatre-vingts, ce qui était un peu trop haut pour songer à la tirer en bas. Elle m'ignorait superbement.

— Tu m'entends, Vénus? Tu dois retourner en classe, c'est l'heure!

Je savais que j'avais franchi le Rubicon. En venant la chercher, j'étais entrée dans son jeu. La seule façon de l'attirer dans le mien était de la ramener en classe. Je ne pouvais plus faire marche arrière ni abandonner. En même temps, je savais que je devais bien calculer mes actes. Si je sautais et la manquais, ou ne parvenais pas à trouver une prise, elle bondirait de l'autre côté du mur comme elle l'avait déjà fait.

Je restai un moment sans bouger, cherchant le meilleur moyen d'agir. Je ne voulais pas la perdre, mais je ne souhaitais pas non plus lui faire de mal. Ou m'en faire.

Avait-elle conscience de ma présence? C'était la question qui me trottait toujours dans la tête. D'un côté, je sentais qu'elle exerçait sur elle-même un contrôle et qu'il y avait dans son comportement une grande part de volonté. En tout cas, pendant des moments comme celui-ci. Elle ne *voulait pas* rentrer en classe, et elle avait l'habitude de ne pas faire ce qu'elle ne voulait pas faire. Si elle faisait le mort suffisamment longtemps, on la laissait tranquille. D'un autre côté, cette absence totale de réaction donnait le sentiment qu'il y avait quelque chose qui n'allait pas sur le plan physique, quelque chose qui échappait à son contrôle, comme un problème cérébral, ou bien une surdité ou un QI extrêmement bas. Et, parce que j'ignorais quelle était la bonne réponse, parce que je n'avais jamais rencontré d'enfant comme Vénus, je craignais de mal faire.

Mais l'inaction n'a jamais mené nulle part. Je sautai brusquement, et attrapai sa jambe pendante d'une main et sa robe de l'autre. Elle ne s'y attendait pas. Je lui fis perdre l'équilibre, elle tomba du mur dans mes bras. Revenant immédiatement à la vie, elle se mit à lutter comme un beau diable pour m'échapper en poussant des hurlements perçants. Je tins bon. Je tentai de m'asseoir par terre pour l'empêcher de me donner des coups de pied avec ses chaussures.

Vénus hurlait sans cesse. Instituteurs et élèves se massèrent aux fenêtres. De l'autre côté de la rue, quelqu'un sortit de sa maison pour regarder par-dessus sa haie. Enveloppant Vénus dans mes bras serrés, je m'assis sur le sol. Elle tomba lourdement sur mes genoux sans cesser de se débattre et de crier.

Bob sortit en courant de l'école.

— Tu as besoin d'aide?

— Tiens ses jambes. Je veux seulement la maîtriser.

Bob saisit les jambes de Vénus et les plaqua contre l'asphalte.

— Calme-toi, fis-je doucement à son oreille.

Elle hurla et lutta plus fort. Elle détestait que Bob lui tînt les jambes et elle consacrait toute son énergie à tenter de se libérer de son étreinte.

— Calme-toi, répétai-je. Je te lâcherai quand tu seras calme.

Elle continua à se débattre farouchement. Les minutes passaient et elle poussait toujours ses cris stridents et frénétiques. D'interminables minutes. Il était difficile de la maîtriser. Le visage crispé, Bob tenait bon. J'avais mal aux bras à cause de la tension nécessaire pour la maintenir serrée contre ma poitrine. Ce devait être encore pire pour elle.

Tout le monde pouvait nous entendre. C'était ennuyeux, et je ne l'avais pas prévu. Normalement, ce genre de débordements a lieu derrière les portes closes.

— Calme-toi, continuais-je de lui murmurer à l'oreille. Calme-toi et je te lâcherai.

Et je répétai les mêmes mots, encore et encore. Une petite éternité s'écoula dans la cour de récréation. Je n'avais aucune idée du temps qui passait parce que je ne pouvais pas soulever mon bras pour regarder ma montre, mais je craignais la récréation. Les autres instituteurs penseraient-ils à éloigner leurs élèves de nous? Je détestais l'idée que d'autres enfants pourraient nous entourer, nous observer. J'avais hâte que tout ceci prît fin, d'autant que je me rappelais ce qui s'était produit la fois précédente, avec Julie, quand Vénus était parvenue à se libérer. Je devais parvenir à mes fins si je voulais que Vénus jouât mon jeu et non le sien.

Elle était enrouée à force de crier. Et puis, soudain, elle hurla :

— Laisse-moi partir!

Bob et moi échangeâmes un regard surpris.

— Calme-toi. Je te lâcherai quand tu seras calmée.

— Non! Non, non, non!

— Si. Ne crie pas. Parle doucement.

— Non! Laisse-moi partir!

Ainsi, pensai-je, elle *pouvait* parler.

Une vingtaine de minutes passèrent avant que Vénus ne commence à se calmer, vaincue par l'épuisement. Elle n'avait quasiment plus de voix. Ses muscles frémissaient sous mes mains. Les miens aussi, d'ailleurs.

— Lâche-moi! cria-t-elle une dernière fois.

— Plus bas, ordonnai-je.

— Lâche-moi, dit-elle très bas, avec des larmes dans la voix.

Je desserrai mon étreinte et me levai. Bob cessa de maintenir les jambes de Vénus et je la hissai sur ses pieds, mais sans lâcher son poignet parce que je craignais qu'elle ne s'enfuît.

Bob épousseta son pantalon.

— Waou! murmura-t-il. Cela faisait un bail que je n'avais pas fait ça!

Vénus pleurait toujours, mais c'étaient des larmes d'enfant. M'agenouillant sur l'asphalte, je la pris dans mes bras et la serrai un instant contre moi. Elle pleura et pleura encore. Ensuite, je la soulevai de terre et l'emportai dans le bâtiment. Nous commençâmes à gravir l'escalier. Lorsque je fus sur le premier palier, cependant, je ne continuai pas plus haut mais l'emmenai dans la salle des professeurs. Ainsi que je l'espérais, elle était vide. Je refermai la porte derrière nous et, cette fois, je pris le risque de lâcher la main de Vénus.

— Pourquoi ne pas t'asseoir ici, suggérai-je en lui montrant le canapé.

Elle obéit. Je sortis quelques pièces de monnaie et les mis dans le distributeur de boissons.

— Tu dois avoir soif, après tout ça, non? Tu aimerais boire un Coca?

Vénus me regardait. Elle acquiesça peut-être d'un hochement imperceptible du menton, peut-être pas. Peut-être l'illusion naquit-elle de mon désir. Je pris la cannette et l'ouvris.

— Tiens.

Pour la première fois, Vénus répondit de son propre gré à une sollicitation. Elle prit le Coca de mes mains et but à longues gorgées.

Je m'assis à côté d'elle.

— On a passé de durs moments. Je parie que tu es fatiguée, parce que moi je le suis.

Elle me regarda attentivement.

— Ne recommençons jamais ça, tu veux bien? Quand tu entends la sonnerie, tu rentres en classe, s'il te plaît. La sonnerie nous avertit qu'il est l'heure d'aller en classe, alors tu dois faire comme les autres. Je ne souhaite pas avoir à t'y obliger encore comme je viens de le faire.

Vénus baissa les yeux et fixa sa cannette de Coca pendant un long moment, puis elle se pencha pour la poser sur la table basse. L'espace de quelques instants, elle ressembla à n'importe quel autre enfant, puis elle se redressa, poussa un long soupir et, de nouveau, l'ombre l'enveloppa. Je pus l'observer presque comme s'il s'agissait de quelque chose de tangible. Vénus redevint inexpressive. En posant son Coca, elle avait accompli le dernier geste spontané de sa journée.

10

La journée avait été épuisante, pourtant, ce soir-là, je rentrai chez moi pleine d'entrain. Tout semblait possible, soudain. Vénus *pouvait* parler. Vénus *pouvait* répondre. Restait à trouver le moyen de la sortir d'elle-même, de l'amener à *vouloir* communiquer avec nous. Mais quel moyen serait-ce?

Je passai la soirée entière à réfléchir. Je fouillai mon appartement, en quête de quelque idée efficace, de quelque chose qui fût susceptible de stimuler Vénus. J'ouvris l'armoire qui contenait mon matériel d'enseignement et les travaux que mes élèves avaient produits les années précédentes. J'en oubliai de dîner et, assise par terre, je feuilletai mes classeurs un par un, cherchant l'inspiration.

Pendant que je travaillais, deux souvenirs bien distincts me revinrent. Le premier concernait la première enfant avec qui j'avais travaillé. Elle s'appelait Mary et elle avait quatre ans. J'étudiais encore à l'université et j'étais assistante dans une structure qui prenait en charge les enfants en difficulté, avant l'entrée dans le système scolaire. Mary constitua ma première expérience de mutisme sélectif, c'est-à-dire lorsqu'un enfant est capable de parler, mais refuse de le faire pour des raisons psychologiques. Mary avait subi un traumatisme grave, je pense aujourd'hui qu'il s'agissait d'abus sexuel, mais on répugnait encore, à l'époque, à reconnaître ce genre de choses. Quelle que fût l'étiologie de son trouble, les hommes la terrorisaient et elle passait le plus clair de son temps à l'école cachée sous le piano. J'étais censée engager et développer une relation affective avec Mary. Tout comme Vénus, elle ne répondait pas aux sollicitations, mais à un degré moindre que Vénus. Elle avait refusé de s'intégrer aux activités que les éducateurs proposaient dans les classes. J'étais dépourvue d'expérience et idéaliste, aussi n'avais-je jamais envisagé que Mary fût trop lourdement handicapée ou eût un QI trop bas pour répondre. J'avais rampé sous le piano, jour après jour, et je lui avais parlé. Malgré son mutisme, je lui avais lu des histoires, quand j'étais moi aussi à court de mots. Cela m'avait pris des mois, mais, à la fin, Mary avait noué avec moi un lien privilégié et elle avait commencé à parler.

Je ressassai ce souvenir, revivant ces longues heures passées sous le piano, qui avait marqué ma mémoire en raison de son coloris inhabituel... Il paraissait éclaboussé de mille points blancs ressortant sur un fond turquoise, tels des flocons de neige étincelant dans le crépuscule hivernal.

Je me rappelais aussi les yeux de Mary, qui brillaient dans la pénombre. Mon succès auprès d'elle m'avait procuré une grande joie. Toute l'équipe m'avait soutenue, puis félicitée chaudement quand Mary avait commencé à parler. Nul doute qu'un début aussi prometteur avait joué un grand rôle dans ma future carrière. Mais, en fait, je m'étais sentie un peu coupable quand j'avais bénéficié de toute cette attention. Pourquoi ? Parce que, en vérité, je n'avais rien *fait*. Je n'avais pas utilisé de techniques particulières, je n'avais pas fait preuve d'une intuition extraordinaire. J'avais simplement passé du temps avec elle. En fait, j'étais heureuse de passer du temps avec elle même si nous ne faisions pas grand-chose et même si, dans ma vie, il y avait bien d'autres choses importantes. Et c'était tout cela qui avait aidé Mary.

Le second souvenir qui me revint en mémoire, ce soir-là, fut celui d'une amie très proche dont le fils avait été heurté par une voiture, ce qui lui avait valu un grave traumatisme crânien. Je me rappelai qu'elle utilisait une brosse à cheveux très douce, pour bébés, et qu'elle la passait doucement sur ses membres alors qu'il était dans le coma, sur son lit d'hôpital. Je ne pus me rappeler exactement si elle appliquait une théorie quelconque concernant la réactivation des terminaisons nerveuses — théorie qui m'aurait laissée sceptique. En revanche, l'idée qu'elle ramenait son enfant à la vie en le stimulant doucement avait pour moi un sens.

Au cours de la soirée, mes deux souvenirs commencèrent à se compléter. J'avais fait la lecture à Vénus. Bien entendu, il m'était impossible de m'y consacrer tout entière comme je l'avais fait pour Mary, du moins pendant le temps scolaire. Ces séances auraient donc lieu en dehors des heures de classe. Cela ne me posait aucun problème et je l'avais déjà fait avec des enfants dont j'avais la charge. Ce serait tactile, même si je ne savais pas très bien comment. La brosse à cheveux pour bébés me paraissait un moyen extrême, ou du moins un peu bizarre, parce que je ne croyais pas que Vénus eût subi de traumatisme crânien. Pourtant, j'avais la nette impression que Vénus avait besoin de contact. Lorsqu'elle se «retirait», que ce soit physiquement, sur son mur, ou mentalement, assise dans ma classe, je sentais qu'elle se tenait «hors de portée», dans tous les sens du terme, au propre comme au figuré.

Je commençai à fouiller parmi mes livres pour enfants. J'en sélectionnai quelques-uns. Puis, comme je prenais un classeur posé en haut de ma bibliothèque, une bande dessinée tomba par terre. Je la ramassai. *Sheera, princesse du pouvoir.* Je ne me rappelais pas à quelle occasion j'avais acquis cette bande dessinée. Sans doute l'un de mes élèves l'avait-il apportée et oubliée. Sheera était la sœur de Musclor, un jouet massivement commercialisé dans les années quatre-vingt. Lancés par un dessin animé, *Les Maîtres de l'univers,* ces personnages n'avaient pas conquis le monde, mais, pendant quelques années, ils avaient été très présents dans mes classes. Le samedi matin, que ce fût dans les bandes dessinées ou sous forme de figurines en plastique, Musclor, ses amis et ses ennemis avaient dominé le temps libre des garçons, engendré un million de jeux dans la cour de récréation et suscité les collections obsessionnelles ainsi que des tractations sans fin.

A mes yeux, Musclor était une pâle copie de héros tels que Superman ou Batman, dont il s'inspirait honteusement, jusque dans l'attribution d'une identité secrète. En outre, j'étais irritée par l'habileté de ceux qui commercialisaient ce personnage. Cependant, bien qu'il fût simpliste, je trouvais Musclor et ses compagnons plutôt attachants et, somme toute, sympathiques. Par ailleurs, je ne pouvais nier que les petits garçons adoraient suivre ses aventures ou les vivre dans la cour de récréation. C'est pourquoi je cohabitai paisiblement avec Musclor quand il fut à l'apogée de son succès. Je connaissais même tous les détails de sa vie et de ses démêlés avec son pire ennemi, Skeletor — autant qu'un lecteur de la presse à scandale peut en savoir sur la vie privée de ses stars préférées.

En revanche, je restais plus réservée à l'égard de Sheera, la sœur de Musclor. Il semblait trop évident, en effet, qu'on cherchait à séduire les petites filles puisque les fabricants de jouets avaient déjà gagné le cœur, l'esprit et le porte-monnaie des petits garçons. Elle était la réplique exacte de son frère. Comme lui, elle avait une identité secrète, des ennemis et des super pouvoirs, sous la forme d'une épée magique. Sheera ne s'était jamais implantée dans mes classes. Les filles étaient à cette époque sous l'influence d'autres personnages de fiction.

J'ouvris la bande dessinée et la feuilletai. J'éprouvai une certaine nostalgie en reconnaissant les personnages familiers des *Maîtres de l'univers.* Ils avaient occupé une grande partie de ma vie quotidienne, autrefois, pourtant je n'avais plus pensé à eux depuis des années. Les souvenirs m'envahirent et j'eus le sentiment d'être exposée à une grande chaleur. Je respirai l'odeur du linoléum chauffé par le soleil, je perçus sa brûlure à travers des vitres, sans doute parce que l'année où *Les Maîtres de l'univers* avaient connu leur grand succès, j'enseignais dans une classe dont les fenêtres donnaient à l'ouest. Peut-être par nostalgie du «bon vieux temps», je déposai la bande dessinée parmi les livres que je comptais apporter à Vénus.

Nous découvrîmes bientôt que Gwennie était très sensible aux bruits soudains. C'était assez ennuyeux, à cause des fréquents aboiements de Jesse. Gwennie mettait alors les mains sur ses oreilles.

— Dis-lui d'arrêter, me demanda-t-elle, un après-midi.

— Je suis désolée que cela te dérange, Gwennie, mais Jesse ne peut pas s'en empêcher.

Mais Gwennie ne parvint pas à l'ignorer. Les mains sur les oreilles, elle se mit à se balancer d'avant en arrière.

— Julie? demandai-je. Est-ce que tu peux emmener Gwennie dans le couloir, s'il te plaît. Cela nous aiderait, du moins un moment.

Je me mis à travailler avec Jesse, tandis que Julie entraînait Gwennie hors de la salle. Jesse paraissait traverser une période de stress : ses tics avaient empiré depuis plusieurs jours. Je pensais que j'allais devoir appeler sa grand-mère pour savoir comment les choses se passaient chez lui quand j'entendis un grand vacarme provenant du couloir. Je me levai et sortis pour voir ce qui arrivait.

Gwennie était en prise à un terrible accès de colère. J'ignorais ce qui l'avait provoqué. Peut-être avait-elle reçu une charge sensorielle trop forte et ne pouvait se maîtriser plus longtemps. Quelle qu'en fût la cause, elle s'était jetée à plat ventre sur le sol, ruant et hurlant comme un enfant de deux ans.

— Relève-la et ramène-la dans la classe, dis-je à Julie.

Julie se balança d'un pied sur l'autre, hésitant ou répugnant à saisir Gwennie. Je fis quelques pas et attrapai l'enfant par le bras.

— Viens, ma chérie. Nous ne pouvons pas rester ici, cela fait trop de bruit.

Elle ne voulait pas être touchée. J'avais découvert que Gwennie était extrêmement sensible aux stimuli, qu'ils soient auditifs, visuels ou cinétiques et, ce jour-là, elle avait atteint ses limites. Mais je devais la faire partir du couloir où ses hurlements pouvaient déranger les autres classes. Déjà, j'entendais des portes s'ouvrir et se refermer. Aussi, mi-poussant, mi-tirant, je l'attirai dans la classe, jusqu'au coin réservé à la lecture.

— Assieds-toi un instant. Tiens, voici le livre qui contient des photographies de l'Allemagne. Tu t'en souviens, Gwennie ? Quand tu te sentiras mieux, tu pourras le regarder tranquillement.

Elle était trop énervée pour m'entendre, aussi je la laissai hurler sur le tapis. Gwennie n'était pas portée aux colères, mais, quand elle en faisait une, c'était quelque chose ! Sa position manquait de confort : elle était à genoux, le derrière en l'air et le front sur le sol, comme un musulman en prière. Les mains crispées sur sa tête, elle criait de toute la force de ses poumons.

Tous les enfants, sans exception, détestaient cela, et plusieurs d'entre eux restaient assis, les mains collées aux oreilles. Julie, elle aussi, détestait clairement cette situation et arpentait nerveusement la salle.

— Ne peut-on faire quelque chose pour elle ? me demanda-t-elle. Je pourrais essayer de la prendre dans mes bras ?

Je secouai négativement la tête.

— Non. Je pense qu'elle a déjà reçu trop de stimulations. Probablement avait-elle déjà son compte lorsqu'elle est arrivée, et elle n'a pas pu supporter davantage de bruit. Souvent, les enfants de type autiste ressentent les stimuli sensoriels de façon plus intense que la moyenne...

les bruits leur paraissent plus forts, les odeurs plus prégnantes. C'est la même chose pour les contacts physiques, c'est pourquoi je pense qu'elle ne veut pas être touchée. Elle a juste besoin d'évacuer la pression. Pourquoi ne pas travailler avec Phil ? suggérai-je. Tiens, prends donc les fiches pédagogiques de mathématiques.

Après la récréation, nous devions faire de la cuisine. C'était une activité à laquelle j'avais souvent recours car elle permet d'enseigner la lecture, le calcul et la patience. La plupart des enfants adorent cela, parce que c'est une façon d'apprendre, amusante et conviviale. Par ailleurs, la nourriture constitue un puissant moteur.

Je n'envisageais pas d'élaborer des plats compliqués, du moins les premiers temps, aussi avais-je confectionné chez moi des petits gâteaux, et je les avais apportés. Tout ce que les enfants avaient à faire, c'était le glaçage et la décoration. Nous avions projeté d'admirer nos œuvres — avant de les déguster, évidemment.

A mes yeux, la séance se déroula plutôt bien, si l'on tenait compte du comportement habituel de mes marmitons. Phil écrasa rageusement un gâteau parce qu'il ne parvenait pas à obtenir un glaçage qui lui convenait. Jesse en lança un au visage de Billy, après quoi ils roulèrent sur le sol, mais Jesse et Billy se seraient battus à un moment ou à un autre, quelle que fût l'activité. J'aidai Gwennie à réintégrer le groupe. Encore un peu nerveuse, elle exigea d'être seule et que personne ne regardât ce qu'elle faisait. Elle réussit cependant son glaçage et se réfugia ensuite dans le coin-lecture, où elle dévora son gâteau. Julie était chargée de Vénus, ce qui impliquait les difficultés habituelles : il fallait la guider jusqu'à sa table, lui soulever une main pour qu'elle prenne la pelle à glaçage, puis l'autre, pour le gâteau.

Je remarquai que Julie luttait pour retenir la fillette.

— Non, lui dis-je, tu dois l'empêcher de reculer.

Place-toi derrière elle. Fais en sorte qu'elle reste près de la table, puis tu prends sa main et tu lui fais faire les gestes.

Après avoir échoué auprès de Gwennie, j'ignorais si Julie craignait d'énerver Vénus ou si elle n'était pas d'accord pour la forcer à participer, mais elle hésitait beaucoup. J'avais du mal à la comprendre. Elle hésitait chaque fois qu'il s'agissait de pousser un enfant à faire quelque chose. Ce n'était pas une initiatrice. J'avais découvert, en outre, qu'elle ne parvenait pas non plus à se montrer ferme quand l'un des enfants manifestait bruyamment son opposition. Cependant, nous parvenions à faire face. Nos méthodes avaient beau être différentes, je lui étais si reconnaissante de l'aide qu'elle m'apportait que je pouvais accepter nos divergences. Avec des enfants comme Vénus ou Gwennie, qui avaient besoin d'une surveillance de tous les instants, la présence d'un autre adulte était inestimable.

Nous survécûmes à la séance de cuisine et la plupart des enfants adorèrent cette activité. En fin d'après-midi, j'étais presque contente de moi. La journée avait été épuisante, mais, malgré les rebondissements, j'avais l'impression d'avoir maîtrisé la situation et que l'atmosphère générale était à la bonne humeur.

Pendant que je raccompagnais les enfants jusqu'au car, Julie avait entrepris de nettoyer la salle, où régnait un joyeux désordre. L'évier était plein d'eau mousseuse et d'assiettes sales.

— Ne t'ennuie pas avec ça, lui dis-je. Nous allons tout mettre dans une caisse, et je l'emporterai à la maison. Mon lave-vaisselle se chargera de la besogne.

C'était une remarque innocente, due à mon désir de lui épargner une fatigue inutile. J'avais bien conscience que, tout comme Gwennie, Julie avait eu son compte d'émotions pour la journée. Et, tout comme pour Gwennie, l'innocente remarque fut la goutte d'eau qui fit déborder le vase.

101

Il y eut un long silence, durant lequel le visage de Julie se crispa. Elle ne bougeait pas, toute son énergie tendue pour ne pas craquer. Ce fut l'un de ces moments qui semblent durer un siècle, alors qu'ils sont très courts. J'avais conscience qu'elle était en proie à une forte émotion, mais je me sentais incapable de faire quoi que ce fût pour l'aider. Julie jeta l'éponge dans la bassine et sortit de la salle.

Je la suivis. Elle n'alla pas bien loin, mais demeura de l'autre côté de la porte, s'efforçant de réprimer ses larmes grâce à de profondes inspirations.

— Eh, mon chou! lançai-je.

C'en fut trop pour Julie, qui fondit en larmes.

Je passai un bras autour de ses épaules.

— Reviens dans la classe.

Parvenue à la table du milieu, où nous travaillions d'ordinaire après la classe, elle s'effondra sur une chaise. Je pris une boîte de mouchoirs, là posais devant elle et m'assis à mon tour.

— Je n'y arrive pas! dit-elle.

Et elle se remit à pleurer, plus fort. Les coudes sur la table, elle enfouit son visage dans ses mains et se détourna légèrement de moi.

— Tu y arrives très bien, au contraire, dis-je doucement. La journée a été difficile, voilà tout.

— *Toutes* les journées sont difficiles pour moi, Torey! Je n'y arrive pas! Je n'arrive pas à être ce que vous attendez que je sois.

— Je n'attends rien de particulier, Julie. Tu t'y prends très bien et je suis contente de l'aide que tu m'apportes.

— Vous attendez autre chose, même si vous l'ignorez vous-même. Vous voudriez que je sois aussi bonne que vous. Vous voudriez que je *sois* vous, et je ne peux pas.

Je savais déjà que nous avions un problème. Je savais que Julie trouvait notre quotidien chaotique et désordonné — *trop* chaotique et désordonné, parfois. Et j'avais conscience de me reposer un peu trop sur elle, étant donné son inexpérience. En revanche, je ne m'étais pas aperçue que je voulais faire d'elle mon clone, ainsi qu'elle semblait l'affirmer. Ces propos me prenaient au dépourvu, car j'avais l'impression que ce qui allait suivre, serait : «Je démissionne.»

— Qu'est-ce qui, dans mes propos ou mes actes, te le fait penser?

— Vous voulez que je *sois* vous.

— De quelle façon?

Elle renifla et s'essuya les yeux avec les doigts.

— Vous souhaiteriez que je pense comme vous, que je fasse les choses comme vous. Si je ne m'y prends pas comme vous et si j'échoue, je crève de peur à l'idée que vous vous disiez : «Si elle avait suivi mes conseils...»

— Ce n'est pas vraiment ce qui me passe par l'esprit, Julie. Si tu échoues, je me demande seulement comment nous allons régler la situation.

Julie ne répondit pas, mais s'essuya de nouveau les yeux.

Malheureusement, en y réfléchissant, je fus forcée de constater qu'il y avait une part de vérité dans les propos de Julie. Je trouvais sa permissivité envers les enfants incompatible avec ma méthode et, lorsqu'elle se trouvait en difficulté, il m'arrivait de penser qu'elle allait enfin admettre le bien-fondé de mon approche. Oui, il y avait bien quelque chose de cet ordre. Mais il s'agissait de pensées normales, naturelles, qui surviennent lorsque deux personnes ont des points de vue différents. Je n'avais jamais eu d'intention malveillante ou manipulatrice.

Le pire, dans cette discussion, était que Julie ne faisait aucune allusion à ses difficultés avec les enfants. Elle ne parlait que de ses difficultés avec moi. Je me sentais à la fois coupable et, bizarrement, sur la défensive.

— Qu'est-ce qui pourrait améliorer la situation, à ton avis? demandai-je.

— Rien, répliqua-t-elle avec pessimisme.

Du coup, les larmes lui montèrent de nouveau aux

yeux. Le visage figé, elle s'efforça un instant de les réprimer.

En la regardant, je me fis une fois de plus la réflexion qu'elle paraissait très jeune. On lui aurait donné quinze ou seize ans. Je réprimai l'envie furieuse de lui demander son âge, ce qui n'était pas vraiment le moment. Mais cela me fit penser qu'il n'était pas facile d'établir son autorité lorsqu'on avait l'air d'une adolescente, que ce fût avec des enfants ou avec des adultes. Il me vint aussi à l'esprit qu'une telle jeunesse apparente suscitait en moi une réaction maternelle. J'aurais voulu la prendre dans mes bras, lui promettre que j'allais mieux m'y prendre avec elle. Mais je ne souhaitais pas non plus lui laisser croire qu'elle avait raison et que nous allions tenter d'appliquer ses méthodes.

— C'est très différent du travail que j'accomplissais auprès de Casey Muldrow, dit-elle avec conviction.

— J'en suis bien persuadée, et je suis navrée d'avoir trop attendu de toi. Je n'aurais pas dû le faire.

— Ce n'est pas votre faute, c'est la mienne. Je pensais que ce serait amusant. J'y voyais un défi à relever et je me sentais prête pour cela...

Sa voix se brisa.

— Je me suis comportée comme si tu évoluais en terrain connu, comme si tu avais reçu une formation, répliquai-je. C'est moi, qui ai commis une erreur, pas toi. Je suis très satisfaite de ton travail. Je sais qu'on se croirait à «Chaos City», ici, la plupart du temps, mais je t'assure que nous nous en tirons plutôt bien. Les garçons commencent à former un groupe.

Elle pencha la tête en avant et l'appuya sur ses mains.

— Ecoute, continuai-je, j'ai bien conscience que nos approches sont différentes, mais ce n'est pas une mauvaise chose. En tout cas je m'en accommode fort bien et je ne souhaite pas que tu changes.

Julie prit un mouchoir et s'essuya le nez.

— Ouais... D'accord...

104

Elle poussa un long soupir, haussa les épaules et conclut :

— C'est sûrement que la journée a été difficile.

J'acquiesçai du menton.

— Je ne voulais pas craquer, dit-elle. C'est certainement la dernière chose dont vous ayez besoin. D'abord les enfants, et moi ensuite.

— Ne t'inquiète pas pour cela.

Elle se leva.

— C'est sûrement moi qui déraille... Je crois que je vais rentrer chez moi. J'ai eu mon compte pour aujourd'hui.

— Très bien.

J'aurais réellement préféré qu'elle restât. Elle était encore visiblement très émue et j'étais certaine qu'elle allait fondre en larmes dans sa voiture. J'aurais voulu que nous poursuivions la discussion jusqu'à ce que tous les malentendus fussent dissipés et que, même si nous ne parvenions pas à nous mettre d'accord, nous admettions nos différences. Mais je devais admettre qu'elle ne souhaitait certainement pas recevoir un quelconque réconfort de ma part. En revanche, elle avait certainement hâte d'être le plus loin possible de moi.

Après son départ, je restais assise à broyer du noir. Du moins n'avait-elle pas parlé de démission.

11

La tempête se déchaîna deux jours plus tard. Je m'étais absentée de l'école pendant la pause du déjeuner. Je m'étais éclipsée durant une demi-heure pour fêter devant un double cheeseburger l'anniversaire d'une amie qui enseignait dans une école toute proche. Quand je me garai sur le parking de l'école, je vis tout d'abord une ambulance, puis je remarquai l'agitation qui régnait dans la cour de récréation. Vu le nombre de gens qui se ruèrent dans ma direction dès que j'eus posé le pied sur le sol, je compris immédiatement que ça concernait un de mes élèves. Et bien entendu, point n'était besoin d'être grand clerc pour deviner qu'il s'agissait de Vénus.

Les explications que l'on me fournit n'étaient pas très claires, mais, apparemment, Vénus était entrée dans l'une de ses rages et s'en était prise à un petit garçon du cours préparatoire. Pour lui échapper, ce dernier avait escaladé les espaliers. Dans sa hâte, il avait raté un échelon, était tombé, s'était cassé le bras et souffrait d'un traumatisme crânien.

Dire que tout le personnel était sur les dents serait un euphémisme. Habituellement placide, Bob était sorti de ses gonds, en partie, sans doute, parce que la victime était issue d'une famille aisée, le genre à fréquenter les

106

hommes de loi. Bob avait immédiatement envisagé des suites judiciaires.

— Cette enfant doit partir ! criait-il. Nous ne pouvons plus la garder ici. Elle est dangereuse. Tôt ou tard, elle finira par tuer quelqu'un, et je ne tiens pas à ce que cela se passe ici.

La panique régnait parmi les surveillants. L'instituteur du petit garçon était furieux au point de me crier dessus, comme si mon absence était à l'origine de l'accident et que j'étais personnellement responsable de ce qui était arrivé. Il hurlait que jamais je n'aurais dû quitter Vénus des yeux.

Vénus avait été emmenée à l'intérieur du bâtiment. J'entendais ses cris perçants à travers les portes et les murs. Je voulus m'écarter des gens qui se trouvaient dans la cour pour la rejoindre, mais Bob me retint.

— Non, dit-il, c'est inutile.

Je le regardai sans comprendre.

— Ne t'occupe pas d'elle. Monte dans ta classe.

— Qu'est-ce que tu veux dire ?

— Elle ne reviendra pas. C'est terminé pour elle, ici. Nous avons appelé sa mère.

— Mais...

Il me coupa la parole :

— Non. Cet accident est trop grave. Elle recevra un enseignement à domicile, ou... je ne sais pas. Et franchement, ce n'est pas mon problème.

Nos regards se croisèrent. Il y eut un silence, puis il haussa les épaules.

— De toute façon, tes gosses t'attendent déjà, là-haut. Mieux vaut que tu les rejoignes.

J'étais en état de choc. Tout était arrivé trop vite. Avant le déjeuner, Vénus faisait partie de mes élèves. Après le déjeuner, elle était partie.

Les garçons étaient assis, les yeux écarquillés. Julie

n'avait même pas fait l'effort de les occuper. Probablement n'y aurait-elle pas réussi si elle avait essayé, car le vacarme qui montait de la cour était trop énorme pour qu'on pût l'ignorer.

Dès que je franchis le seuil de la salle, Billy se mit à crier :

— Qu'est-ce que j'avais dit ? J'avais dit que la psychopathe finirait par tuer quelqu'un un jour, non ? Je l'ai dit, hein ? J'avais raison !

— Assieds-toi, Billy, répliquai-je en ôtant mon manteau. Tout le monde regagne sa chaise.

— Je n'ai pas perdu la mienne, dit Billy.

Je lui lançai un regard noir.

— Je passe des moments difficiles, Billy, et il n'en faudrait pas beaucoup plus pour que je me mette *vraiment* en colère.

Billy rentra la tête dans les épaules.

— Très bien. Ecoutez-moi, les garçons, vous allez rapprocher vos chaises et les disposer en cercle parce que vous avez certainement des réactions à exprimer après ce qui s'est passé, et des questions à poser. On va discuter un peu, d'accord ?

A cet instant précis, Gwennie arriva.

— Toi aussi, Gwennie, lui dis-je. Nous allons commencer l'après-midi par une discussion au lieu de nos activités habituelles.

— Ouais ! Nous allons raconter comment la psychopathe a massacré un pauvre petit de cours préparatoire, ajouta Billy.

Par rapport à leur comportement habituel, ils se montrèrent très coopératifs. Je n'avais pas trop resserré le cercle de façon à ne pas empiéter sur l'espace de chacun, mais les chaises étaient disposées au centre de la salle. C'était la première fois que je le faisais et, au début, aucune agression ne se produisit. Je plaçai Julie entre Billy et Jesse et je m'assis de l'autre côté de Billy, espérant qu'entre Julie et moi, il se contiendrait. Gwennie n'apprécia pas ce changement dans ses habitudes et elle fut la plus difficile à installer.

— Assieds-toi Gwennie, s'il te plaît.

— C'est l'heure de travailler dans mon classeur.

— Aujourd'hui, nous procédons différemment. Mais ensuite, nous reviendrons aux classeurs. Assieds-toi, s'il te plaît.

Elle obéit, mais, deux secondes plus tard, elle était sur ses pieds.

— Assise, espèce de dingue! fit Billy.

— Qui a dit que tu étais le patron? marmonna Théo en se levant.

Je fendis l'air de la main d'une façon suffisamment expressive pour qu'il se rassît sur le champ. Gwennie me regarda un long moment avant de l'imiter.

— Parfait. Merci. Je sais que ce qui vient de se passer est effrayant...

Billy sauta sur ses pieds et se mit à boxer un ennemi imaginaire.

— Ce n'est pas effrayant, c'est excitant! cria-t-il. La psychopathe massacre un petit de cours préparatoire. Bing! Bang!

— La ferme! vociféra Jesse.

En une fraction de seconde, il bondit de sa chaise et se jeta sur Billy qu'il plaqua sur le sol avant de le marteler de coups de poing. Cette nouvelle algarade découragea Julie, dont les épaules se voûtèrent. Elle leva les yeux vers moi et j'y lus la défaite. Je dus admettre que mon moral n'était pas au plus haut à cet instant précis. Je ne me donnai même pas la peine de me lever. Après tout, s'ils avaient envie de régler leurs comptes...

— Les garçons? Les garçons?

Ils restèrent encore une ou deux minutes agrippés l'un à l'autre, mais mon manque de réaction parut les surprendre. Il y eut une hésitation. Billy jeta un coup d'œil

109

dans ma direction et Jesse profita de cette seconde d'inattention pour le clouer au sol.

— Vous avez terminé? demandai-je.

Jesse était assis sur le dos de Billy qui se mit à pleurer lorsqu'il découvrit qu'il ne pouvait pas se redresser.

— J'ai demandé si vous aviez terminé.

Jesse leva les yeux vers moi et hocha la tête.

— Je voulais juste qu'il se taise, expliqua-t-il.

— Je te comprends, dis-je, mais ce n'est pas une raison pour te comporter ainsi.

Billy fut indigné.

— Vous êtes censée me protéger! Vous ne devez pas laisser ce sale nègre me taper dessus.

— Elle est aussi censée te faire taire, rétorqua Jesse.

— Assieds-toi sur ta chaise, Billy, et tiens-toi tranquille. Toi aussi, Jesse.

Les deux garçons obtempérèrent. Combien de temps s'écoulerait-il avant la prochaine altercation? Trente secondes?

— Qui est au courant de ce qui s'est passé dans la cour? demandai-je.

— Moi! dit Théo.

— Moi aussi, dit Phil.

— Moi! Moi! Moi! Interroge-moi, maîtresse!

Billy avait bondi et trépignait, le doigt en l'air. Jesse regardait Billy. Je regardais Jesse.

— Tu as vu ce qui s'est passé, Jesse?

Il acquiesça.

— Raconte-nous ce que tu as vu.

— Cette fille...

— Elle a un nom, Jesse. Elle fait partie de la classe depuis la rentrée, alors appelle-la par son nom.

— Qu'est-ce que ça fait? intervint Billy. De toute façon, elle ne reviendra plus. J'ai entendu M. Christianson le dire. Elle va avoir un éducateur à domicile. J'en ai eu un, moi aussi. C'est chiant parce qu'on ne peut plus rien faire, sauf rester à la maison. Et mon frère qui disait que j'avais de la chance! Il aurait voulu rester à la maison tout le temps.

J'allongeai le bras pour asseoir Billy qui s'était de nouveau levé.

— Jesse?

Il haussa les épaules.

— Elle a fait ce qu'elle fait toujours. Elle s'est mise à marcher autour de la cour sans regarder personne. Et puis ce mioche est arrivé. Je pense qu'il a dû lui rentrer dedans, ou quelque chose comme ça. J'sais pas. Je regardais pas de ce côté-là. Alors, elle s'est mise à courir derrière lui et elle a continué jusqu'à ce qu'il grimpe sur la cage à poules et ensuite, elle l'a fait tomber. Ça c'est passé comme ça. Elle a fait ce qu'elle fait toujours... taper les autres.

— Ben moi, je suis content qu'elle soit partie, dit Billy d'un air convaincu. Je suis content que M. Christianson l'ait fait partir. Parce que c'était une psychopathe, même si tu dis que c'en était pas une. J'aimais pas qu'elle soit dans notre classe.

— Tu aimerais que quelqu'un dise cela de toi, Billy, si tu étais renvoyé?

— Ben, si j'étais une psychopathe comme elle, ouais, ça me serait égal. Elle était *mauvaise*, maîtresse. Tu faisais tout le temps semblant de la trouver normale, mais t'es pas un enfant. Si t'étais un enfant, tu saurais qu'elle est *mauvaise*.

Après l'école, en rangeant mes affaires dans mon cartable, je tombai sur les livres d'enfants et la bande dessinée que j'avais apportée pour Vénus. J'étais triste. C'était fini avant même d'avoir commencé. Mais cela arrive parfois. Je déposai les deux autres livres dans le coin-lecture, pour les autres enfants. Je ne voyais pas l'utilité d'y laisser la bande dessinée. Les personnages étaient démodés et pas suffisamment excitants pour en tirer quelque chose.

Aucun des enfants ne serait intéressé. Je me penchai en avant et la jetai dans un tiroir de mon bureau. Elle y tomba avec un bruit sourd.

La vie reprit donc son cours sans Vénus. Huit semaines s'étaient écoulées depuis la rentrée. Désormais, j'allais concentrer mes efforts sur un objectif : rapprocher les uns des autres mes petits renégats. A dire vrai, je souhaitais principalement pouvoir leur rendre leurs chaussures, à l'approche de l'hiver, puisque j'étais encore obligée de les leur faire retirer en entrant en classe.

J'avais découvert que le sentiment d'appartenir à un groupe était crucial dans le milieu scolaire difficile où je travaillais, et c'était l'une des clefs de mon succès avec ce type d'enfants. Surtout avec ceux qui traînaient déjà derrière eux un comportement explosif ou asocial ; pour la première fois, ils avaient le sentiment de faire partie d'un groupe cohérent et positif. Dès l'instant où ils se considéraient comme membres du groupe, ils se conduisaient souvent mieux et retrouvaient une estime d'eux-mêmes que je n'aurais pu leur insuffler seule. Aussi me paraissait-il important de concrétiser cette «identité de groupe». Au début de chaque année, la question était de savoir comment.

En temps normal, huit semaines étaient plus que suffisantes pour y parvenir. Durant ce laps de temps, les enfants s'habituaient à moi, ils testaient mes limites et la discipline que je leur imposais ; ils connaissaient mes attentes et le type de travail que j'exigeais d'eux. En outre, ils s'accoutumaient à la dynamique du collectif et au mode de fonctionnement de chacun de ses membres. A la fin de cette période, je souhaitais que tous les enfants fussent capables d'utiliser le «nous». Ils devaient avoir conscience de faire partie d'un groupe constitué, la classe, dont ils connaissaient les règles. Grâce à elles, ils s'y sentaient en sécurité.

Mais, avec ce groupe, les choses n'étaient pas aussi simples qu'elles l'avaient été les années précédentes. Au bout de deux mois, les enfants étaient encore assis aux quatre coins de la salle, sans chaussures, et les bagarres faisaient toujours partie de la routine. Les Ecureuils ne m'étaient pas d'un grand secours. Les garçons s'étaient bien constitués en «nous», par opposition aux élèves qui ne se joignaient à eux que ponctuellement — ce qui excluait malheureusement Gwennie, qui passait pourtant suffisamment de temps en notre compagnie pour être considérée comme un membre du groupe —, mais c'était un «nous» d'exclusion, ce qui n'était pas vraiment le but. Ils adoraient faire bouger leurs orteils, mais c'était davantage l'expression d'une hostilité envers les intrus qu'une preuve d'unité.

C'est pourquoi j'arrivai un matin en classe avec une boîte de bois que j'avais déjà utilisée auparavant dans mes classes. Je l'avais alors appelée la «boîte de Kobold» et j'avais souvent raconté aux enfants les aventures de Kobold, un petit gremlin invisible qui vivait dans notre classe, nous surveillait et prenait des notes chaque fois que l'un de nous se comportait bien. Mais Kobold avait des crampes à force d'écrire, aussi avais-je demandé aux enfants de l'aider et de relever soigneusement toutes les manifestations de bonne conduite.

Cette histoire me paraissait un peu mièvre pour mes durs à cuire, aussi leur dis-je que j'avais apporté la boîte de l'«Ecureuil espion».

— Nous allons faire quelque chose de nouveau, expliquai-je durant la discussion du matin. Nous allons voir qui est le meilleur agent secret du groupe.

— Tu veux dire, comme James Bond! cria Billy.

Aussitôt, il bondit de son siège et grimpa sur sa table, les doigts pointés devant lui comme s'il s'agissait d'un fusil, puis il imita le bruit de la mitraillette. Bien entendu, les autres garçons se joignirent immédiatement à lui.

113

J'attendis sans rien dire. Cette attitude les calma et ils s'assirent bientôt pour connaître la suite. Je leur expliquai mon plan : au début de la semaine, ils écriraient des noms afin de déterminer qui allait être leur «objectif». Ensuite, chaque jour, ils auraient à faire quelque chose de gentil pour cette personne — une bonne action —, *mais*, et il y avait un grand «mais», ils étaient des agents secrets. Cela voulait dire qu'ils devaient agir en secret, si bien que l'autre personne ne devait pas savoir qui leur faisait du bien. Et, à la fin de la semaine, nous essayerions de déterminer qui était notre agent secret. J'expliquai encore que, chaque jour, l'agent secret viendrait me voir pour me confirmer qu'il avait *fait* sa bonne action. Ensuite, il l'écrirait sur un bout de papier qu'il mettrait dans la boîte. A la fin de la semaine, je sortirais tous les papiers de la boîte. Et, pour rendre la chose plus agréable, je précisai que le vendredi, en lisant les petits mots, nous mangerions des friandises. Ceux qui auraient réussi à faire une bonne action *chaque* jour recevraient un badge d'espion. J'ajoutai que, pour être des agents secrets très habiles, il leur suffisait de se montrer généreux envers d'autres enfants, si bien que leur «objectif» ne pourrait deviner leur identité.

J'utilisais là des chemins beaucoup plus détournés que lorsque je racontais l'histoire de Kobold. Cette procédure secrète était relativement compliquée, mais je devinais que cela plaisait aux garçons. Ils étaient à l'âge où on aime bien former des bandes, mais eux étaient trop asociaux pour cela. Ils appréciaient donc les activités impliquant des règles à appliquer et des défis à relever.

— Qu'est-ce qu'on va faire avec Gwennie? demanda soudain Jesse.

— Bonne question, répliquai-je.

— Elle va jouer aussi?

— Qu'en penses-tu?

— Ben... non! Si elle est l'agent secret de quelqu'un, elle ne fera sûrement aucune bonne action pour lui.

— Mais elle fait partie du groupe, remarquai-je.

— Seulement l'après-midi, intervint Théo. C'est pas un Ecureuil. Pas vraiment. On veut pas de filles chez les Ecureuils.

— Et Vénus? C'était bien une fille, pourtant elle faisait partie des Ecureuils.

— Vénus ne compte pas, répliqua Théo. Elle n'est plus là.

— D'ailleurs, renchérit Billy, si on compte Gwennie, ça fera un chiffre impair. Cela ne peut marcher que s'il est pair.

— Oui, mais le vendredi après-midi, nous ouvrirons la boîte et mangerons des bonbons. Gwennie est là ce jour-là, ce ne serait pas très gentil de l'exclure, insistai-je.

— C'est pas possible! dit Phil. Elle oubliera sa mission. Et celui dont elle devra s'occuper n'aura rien.

Je dressai les sourcils avec exagération pour bien marquer ma perplexité.

— Il vaut peut-être mieux ne rien faire, alors, puisque nous ne pouvons pas inclure Gwennie. C'était peut-être une mauvaise idée.

— Eh là, attendez! cria Billy. On veut le faire!

— Comment va-t-on s'y prendre, alors? demandai-je.

Les garçons se regardèrent. Billy haussa les épaules. Jesse haussa les épaules. Les jumeaux les imitèrent avec un bel ensemble. Je restai silencieuse, attendant.

— On la laisse en dehors, dit Théo.

— C'est impossible. On doit trouver quelque chose qui inclut tout le monde.

Théo haussa les épaules. De nouveau, ils haussèrent les épaules tour à tour.

— Tu pourrais peut-être la remplacer pour les bonnes actions, me dit alors Jesse.

— Super! s'écria Billy. Bonne idée, Jesse! La maîtresse peut les faire à la place de Gwennie.

— Vous pensez que ça peut marcher? demandai-je.

115

— Ouais ! dit Théo, approuvé par son frère.

— D'accord, dis-je. Quel que soit l'objectif de Gwennie, je lui donnerai un coup de main.

— Cool ! s'écria Billy ! Une maîtresse agent secret !

12

La semaine qui précéda Halloween, nous reçûmes la visite de Ben Savery, le psychologue scolaire. Il devait faire passer des tests de niveau et évaluer le QI de tous les enfants du secteur bénéficiant d'une éducation spécialisée, ce qui incluait évidemment mes élèves. Cela impliquait que Ben allait rester parmi nous durant quatre jours. Je n'étais pas très favorable à ces évaluations. Leur exactitude était affectée par trop de facteurs tels que les différences culturelles ou sociales. J'aurais préféré que quelqu'un de l'envergure de Ben participât à la classe pendant ces quelques jours plutôt que de s'en isoler en pratiquant des tests standardisés. Mais le choix ne m'appartenait pas, aussi prit-il les enfants un par un.

Il consacra les deux premiers jours à Théo et Phil. Les résultats, hélas, furent conformes à ce que je prévoyais. Théo obtint un 71 de QI et Phil, un 69, ce qui signifiait qu'ils étaient tous les deux à la limite de la débilité mentale. Les jumeaux avaient de sérieux problèmes de lecture. Phil en était au stade de l'identification des formes et des lettres. Théo commençait tout juste à connaître son alphabet et était capable de lire quelques mots simples. Leurs résultats étaient un peu meilleurs en calcul, mais pas de beaucoup. Ben passa beaucoup de temps, ensuite, à discuter avec moi de l'opportunité de les changer de classe pour les placer dans une structure adaptée aux enfants handicapés mentaux. Il estimait que cela conviendrait peut-être mieux à leurs besoins, sauf en ce qui concernait leurs problèmes de comportement. J'exprimai l'opinion qu'ils étaient mieux avec moi. Jesse et Billy, qui étaient issus de milieux très défavorisés, ne valaient guère mieux sur le plan scolaire. Théo et Phil ne freinaient donc pas les progrès de leurs camarades.

Le lendemain, ce fut le tour de Jesse, qui obtint de meilleurs résultats que ceux auxquels je m'attendais. Son score total était de 109, ce qui le situait dans la moyenne. Cela ne correspondait pas à ses performances en lecture. Sur ce plan, les tests le plaçaient en bas de l'échelle, et cela était conforme à ce qu'il faisait en classe. Les autres tests de Ben révélèrent de sérieuses faiblesses en ce qui concernait l'écoute et l'intégration visuelle. Dans l'après-midi, Ben et moi discutâmes un long moment des difficultés d'apprentissage. Nous nous demandions si le syndrome de Tourette pouvait affecter les performances scolaires de Jesse. Dans ma carrière, j'avais énormément travaillé sur ces difficultés. Je décidai donc qu'en rentrant chez moi, je chercherais du matériel pour m'aider à comprendre quel type d'élève était Jesse et lequel de ses sens était le plus fort. De cette façon, j'espérais que ses performances scolaires pourraient être plus conformes à ses capacités réelles.

Comme d'habitude, Billy se distingua.

— Vous n'allez pas me croire ! annonça Ben en entrant dans la classe le lendemain après-midi après les cours.

Julie et moi étions assises à une table, en train de préparer une leçon. Nous levâmes les yeux vers lui. Comme s'il s'agissait d'un frisbee, Ben nous lança la feuille sur laquelle étaient reportés les résultats de Billy. Elle tournoya un instant au-dessus de ma tête, puis je l'attrapai et la posai sur la table, devant moi.

«Performance verbale : 142 ; niveau scolaire : 142 ; QI :
142.»

— Tu plaisantes ! m'exclamai-je après avoir lu.

— Il a sûrement triché, dit Julie.

— Eh bien... Je n'ai pas remarqué d'anti-sèches grif-
fonnées sur ses manches, répliqua Ben. Aucune défini-
tion au creux de sa paume, du genre : «Les catacombes
sont...»

Julie et moi nous exclamâmes à l'unisson :

— Les catacombes !

— Il ne peut s'agir de notre Billy, dit Julie. Il n'a pas
terminé un seul devoir depuis qu'il est ici.

— Il faut croire qu'il cache ses talents, répliqua Ben.

Je pensais plutôt à des sortes d'absences, des décon-
nexions. Je parcourus plus attentivement les résultats de
Billy. Etonnant, assurément. Surtout de la part d'un garçon qui était le dernier en tout et n'avait jamais montré
la moindre disposition pour le travail scolaire. Mais, plus
j'y réfléchissais, plus cela prenait sens. Nous n'avions rien
remarqué parce que ce n'était pas ce que nous cher-
chions.

Les jours passèrent. Puis les semaines. Nous célébrâmes Halloween avec entrain. Tout le monde s'était
déguisé, sauf Gwennie qui détestait cela. Théo était en
Spiderman et Phil en ce qu'on aurait pu appeler, je suppose, Spiderman II, puisqu'il portait exactement le même
costume que son frère. La grand-mère de Jesse lui avait
confectionné un joli déguisement de chien, blanc et noir.
Il avait de longues oreilles accrochées à un bandeau et un
petit museau rose peint sur le nez. Je pensai qu'il incarnait le fameux Snoopy et lui fis part de cette déduction,
mais il répliqua avec indignation qu'il était «seulement un
chien». Quant à Billy, il vint habillé en diable, ce qui correspondait bien à son personnage habituel.

Etant donné la fougue incontrôlée des enfants, je ne

119

pouvais pas organiser le même genre de fête que dans les autres classes. Au lieu de cela, je confectionnai de jolis paquets de bonbons et, après la récréation, nous mangeâmes des petits gâteaux et bûmes des jus de fruits. Même ainsi, le chaos l'emporta sur l'amusement. Surexcités par ce changement dans leurs habitudes, les enfants se bagarrèrent, crièrent, hurlèrent, durent s'asseoir sur la chaise-à-se-calmer et Gwennie vomit sur le tapis, dans le coin-lecture, parce qu'elle avait mangé trop de sucreries. Pourtant, j'étais contente d'avoir organisé cette petite fête. Dans le cas contraire, nous aurions eu le sentiment d'avoir manqué quelque chose.

Puis vint novembre, avec son cortège de longues journées grises, froides, pluvieuses et venteuses. Vénus ne quitta jamais vraiment mon esprit. Souvent, je regardais le mur de la cour, m'attendant presque à l'y voir perchée. Et l'espérant à moitié. Mais elle n'y était pas. Elle s'était évaporée aussi vite que si elle n'avait été qu'un mirage que j'aurais aperçu le jour de mon arrivée. Deux de ses frères continuaient de fréquenter l'école. Ils étaient tous les deux dans des classes supérieures et recevaient un soutien scolaire intensif. Aussi je m'attardais un peu dans la salle des professeurs lorsque l'institutrice chargée du soutien, Mary McKenna, s'y trouvait. Je ne la connaissais pas très bien. Elle ne faisait pas partie de mon équipe lorsque j'exerçais les mêmes fonctions qu'elle, d'école en école. Plus âgée que moi, elle me donnait l'impression d'être compétente, efficace et assez amicale, mais elle était réservée. Il m'était donc difficile de lui poser des questions trop directes à propos de Vénus. Pourtant, je dus avoir l'air gêné en présence de Bob, car il devina immédiatement ce que j'avais en tête.

— Mary ne suit pas Vénus, me dit-il dans le couloir un jour où il nous avait entendues converser.

— Oui, je sais. Je voulais juste...

— Vénus suit des cours à domicile.

J'acquiesçai. Il y eut un silence.

— Je me demande seulement comment elle va. Son frère aurait pu dire quelque chose... Je pensais... Je veux dire... Tu as des nouvelles?

Bob secoua négativement la tête.

— Tu ne sais pas comment elle se porte? Si elle parle? Ou... autre chose?

— Non.

Bob me tapota l'épaule, presque paternellement.

— Ecoute, nous ne serions pas allés bien loin avec elle, de toute façon.

— Comment le sais-tu?

Il haussa les épaules.

— Trop long. Trop de problèmes familiaux. Plein de choses, quoi!

— La vie ne lui a pas fait de cadeaux, donc on ne doit pas se faire de souci pour elle. C'est ça?

— Je veux seulement dire que tantôt nous gagnons, tantôt nous perdons. Ce doit être ta philosophie avec certains enfants. Il y a des choses que tu ne peux pas changer : lorsqu'elles t'échappent, tu dois l'accepter.

Ce cynisme me fit à peine sourire.

— Beaucoup d'eau a coulé sous les ponts depuis nos débuts, tu ne trouves pas?

— Tu te demandes si j'ai vieilli, c'est ça? demanda Bob. Parce que, si c'est la question que tu te poses, c'est oui. J'ai suffisamment bourlingué pour savoir que l'on ne gagne pas à tous les coups. Et l'on doit continuer avec ceux que l'on a arrachés à la fatalité, mais aussi, hélas, laisser partir ceux qu'on a perdus.

Je hochai la tête.

— C'est triste, continua-t-il, mais c'est la vie.

Je ne pouvais pas discuter la justesse de ce raisonnement. J'avais réussi auprès de certains enfants, j'en avais abandonné d'autres que je ne pouvais pas aider. Moi aussi, j'étais obligée de concilier le monde idéal que je souhaitais avec la réalité que je vivais. Pourtant, je n'avais pas encore été contrainte de renoncer contre mon gré.

Un nouveau silence s'instaura. Comme il se prolongeait, Bob manifesta l'intention de regagner son bureau.

— Belle Enfant, murmurai-je.

Il se tourna vers moi.

— Hein?

— J'ai dit : «Belle Enfant». Quelle ironie! C'est ainsi que Wanda l'appelle toujours, «Belle Enfant», alors que Vénus est l'une des petites filles les moins jolies que j'aie jamais vues. Cette enfant n'a rien de beau. Pourtant, Wanda ne cesse de la nommer ainsi... «Belle Enfant».

— Elle l'est sans doute aux yeux de Wanda.

Bob hésita un instant.

— Tu es au courant, à ce propos?

Je levai vers lui des yeux interrogateurs.

— Ce n'est pas dans le dossier, mais c'est vrai. Du moins, c'est ce que prétendent les services sociaux.

— Quoi?

— Teri n'est pas la mère de Vénus, c'est Wanda. Le dernier partenaire de Teri, juste avant le gracieux compagnon qu'elle a maintenant, l'a engrossée.

Je comprenais tout.

— Quelle horreur!

Bob pinça les lèvres.

— Ce type n'a même pas payé pour son acte. Il a mis enceinte une gamine de treize ans, attardée, de surcroît, et il s'est tiré.

— Quelle horreur!

Bob lâcha une petite exclamation de dégoût.

— «Belle enfant», en effet.

Ma tête bourdonnait lorsque je regagnai ma classe. Bien d'autres choses prenaient soudain tout leur sens. Si Vénus était bien la fille de Wanda, celle-ci pouvait très bien avoir pris soin d'elle pendant sa prime enfance. Même si son QI n'était pas affecté, dans quel environnement Vénus avait-elle grandi? Il était peu probable qu'une handicapée mentale comme Wanda pût stimuler un bébé de façon satisfaisante ou lui fournir les soins adéquats. Je me rappelais comment Wanda se comportait avec sa poupée, comme elle la serrait sur son cœur, comme elle l'aimait une minute et l'oubliait la suivante, l'abandonnant derrière elle si quelque chose d'autre avait capté son attention. Vénus avait-elle été traitée de la sorte pendant ses premières années ? Peut-être avait-elle été très peu stimulée, en particulier sur le plan verbal. Peut-être la laissait-on seule dans un berceau ou un couffin jusqu'à ce que Wanda se souvînt de son existence. Peut-être avait-elle crié longtemps, longtemps. Et puis, elle avait compris que les cris ne servaient à rien et qu'il valait mieux attendre, immobile, comme ces bébés du tiers-monde dans les orphelinats, avec leur visage inexpressif et leur corps pétrifié. Peut-être les autres membres de la famille n'étaient-ils intervenus que pour la réduire au silence avec des coups et avait-elle conclu que l'attaque était la meilleure des défenses. Aussi agressait-elle les autres avant d'être agressée. Tout cela n'était que pure supposition de ma part, mais j'avais le sentiment que toutes les pièces d'un horrible puzzle étaient en train de se mettre en place.

Mon idée d'Ecureuil espion n'était pas vraiment couronnée de succès. Pour commencer, Théo et Phil lisaient si mal qu'ils ne pouvaient rien faire seuls. Julie devait les aider à lire le nom de leur «objectif», ce qui excluait toute discrétion. De même, ils avaient besoin d'aide pour écrire leur bonne action du jour. Ensuite, si les enfants appréciaient l'idée d'être des agents secrets, s'ils appréciaient les sucreries du vendredi après-midi, ils n'appréciaient pas vraiment de devoir accomplir des bonnes actions.

Dès le premier jour, je sus que cela ne fonctionnait pas comme je l'avais espéré.

— Vous avez fait votre BA aujourd'hui ? n'arrêtais-je pas de demander.

Tout le monde acquiesçait et disait :

— Oui, bien sûr.

Alors, je leur rappelai que Julie ou moi devions en être informées et que seul Jesse l'avait fait jusqu'alors. Il était l'espion de Phil et sa bonne action avait consisté à ramasser un devoir de Phil, qu'il avait trouvé par terre, et à le poser sur la table de son «objectif». Ce n'était pas exactement un exploit, mais c'était un début.

Le mardi, Jesse vint de nouveau me voir. Cette fois, il avait prêté des crayons de couleur à Phil pendant la séance de dessin. J'hésitai à lui rappeler que je le lui avais demandé parce qu'il avait vidé le contenu entier de la boîte sur *sa* table, et que, de plus, tous les garçons en avaient pris quelques-uns, pas seulement Phil.

Je vis également Billy déposer un papier dans la boîte.

— Billy, lui dis-je, tu dois penser à faire valider ta BA par Julie ou moi pour que nous sachions que tu l'as faite.

— Je l'ai faite ! répliqua-t-il, indigné. Tu ne me fais pas confiance ? Putain d'école, on ne nous croit pas ! Comment veux-tu qu'on fasse quelque chose si tu n'as pas confiance en nous ?

Je posai un doigt sur mes lèvres.

— Reste poli, s'il te plaît.

— Tu vois ? On n'a même pas le droit de parler !

Etant donné son humeur, je ne persistai pas à l'interroger sur ses bonnes actions.

Le vendredi arriva. La veille au soir, j'avais confectionné des bonshommes en pain d'épice, portant chacun le nom d'un enfant, et un badge d'espion plutôt sympathique. Les enfants furent très excités lorsqu'ils aperçurent ces gâteaux. Les garçons en parlèrent toute la matinée et furent tellement distraits que je dus finalement les cacher dans un placard.

En fin de journée, j'ordonnai à chacun de s'asseoir à sa table, puis je déposai les bonshommes sur mon bureau. J'allai ensuite chercher la boîte, la déposai sur la table centrale avec des précautions exagérées et l'ouvris.

— Qu'allons-nous donc trouver? demandai-je, comme si je me réjouissais à l'avance.

Billy était déjà en transe. Il aurait voulu court-circuiter tous ces discours pour en arriver au principal : les pains d'épice.

A l'intérieur de la boîte, je ne trouvai que quelques feuillets. Neuf en tout, exactement. Les cinq que j'avais écrits pour Théo, qui était l'objectif de Gwennie. Les deux de Jesse, et deux sur lesquels il n'y avait rien d'inscrit.

— Ah! dis-je. Il n'y en a pas beaucoup!

Je lus à haute voix les bonnes actions que j'avais faites pour Théo à la place de Gwennie.

— C'est moi qui en ai le plus! cria Théo. Où est mon bonhomme?

— Cela ne marche pas tout à fait ainsi, dis-je. Nous faisons la fête parce que nous avons fait des bonnes actions, mais il y en a eu bien peu, cette semaine.

— Mais c'est moi qui en ai le plus! geignit Théo. Je veux mon bonhomme!

— Attends une minute. Tu n'en as pas *écrit* une seule, Théo.

Théo fondit en larmes.

— Mais j'ai gagné.

— Je n'avais pas compris, pleurnicha Phil. Je n'avais pas compris ce qu'il fallait faire.

— Et moi? cria Jesse. J'ai fait les meilleures bonnes actions! J'ai gagné un bonhomme! Je devrais les avoir tous! Et le badge aussi. Il est à moi. J'ai gagné sans tricher.

— Tu en as fait deux. Et qu'est-ce que c'est que ces papiers blancs, Billy? Pourquoi les as-tu mis dans la boîte?

125

— Maîtresse! hurla Billy pour toute réponse. Regarde ce qu'elle est en train de faire!

Je pivotai sur moi-même et vis Gwennie, debout devant mon bureau sur lequel étaient posés les bonshommes de pain d'épice. Elle leur dévorait les jambes, l'un après l'autre, aussi vite qu'elle le pouvait.

— Maîtresse!!!!! hurla de nouveau Billy.

Et avant que j'aie pu l'en empêcher, il bondit de sa chaise et se précipita sur Gwennie. Je l'interceptai, mais je ne pus rattraper tous les garçons. Julie tenta de s'interposer, elle aussi, mais il était trop tard. Jesse s'empara du dernier bonhomme intact. Il se trouva que c'était celui de Phil.

— C'est le mien! cria ce dernier en courant droit sur lui.

— J'ai gagné. Et je n'aurai rien avec cette espèce de sauterelle qui dévore tout! répliqua Jesse.

Sur ces mots, il engouffra le pain d'épice et se mit à mâcher avec délectation.

En quelques secondes, la bagarre fut générale. Je séparai les belligérants — du moins, je m'y efforçai. Jesse s'étranglait avec son gâteau parce qu'il avait été plaqué au sol avant d'avoir eu le temps de l'avaler. Gwennie lançait le ululement perçant de harpie qu'elle émettait chaque fois qu'elle était soumise à une trop forte pression. Billy se battait avec tant d'ardeur qu'il en écumait littéralement. Les jumeaux se contentaient de brailler et de taper sur tout ce qui passait à leur portée. Environ la moitié de ce qui restait des bonshommes de pain d'épice avait été piétiné sur le sol.

Julie et moi parvînmes finalement à les séparer et à les diriger vers leurs chaises, aux quatre coins de la pièce.

— Assis! fis-je le plus autoritairement possible.

En rechignant, les combattants prirent place sur leur chaise.

— Vous allez croiser les bras et poser votre front sur

votre bureau. Vous attendrez cinq minutes dans cette position, jusqu'à ce que la sonnerie retentisse.

Tout le monde obéit, même Gwennie. Mais évidemment, pas Billy. Je lui lançai un coup d'œil menaçant.

— Toi aussi, lui intimai-je.

— Je ne peux pas.

— Et pourquoi donc, veux-tu me le dire?

— Parce que tu nous as dit de poser la tête sur notre bureau et moi, je n'ai pas de bureau, je n'ai que cette table.

Tout en parlant, Billy avait levé les mains, paumes tournées vers moi, comme s'il était l'enfant le plus innocent du monde.

— Tout de suite, Billy!

Nous échangeâmes un long regard. Finalement, Billy croisa les bras sur sa table et déposa son front dessus.

— Putain d'école! marmonna-t-il.

Ainsi finit le club des Ecureuils espions.

13

Je ne pouvais nier que mes méthodes habituelles pour maîtriser une classe ne convenaient pas à mes lascars. Tous les garçons avaient des problèmes d'hyperactivité et de concentration, tous étaient impulsifs et agressifs. Gwennie, avec son intolérance aux bruits soudains, apportait sa touche personnelle au chaos qui régnait parfois dans la classe.

Au début, j'avais pensé m'aider de la présence de Gwennie parce qu'on m'avait dit que son autisme ne concernait que les relations sociales, mais qu'elle était capable de bien travailler en classe. En réalité, je m'aperçus que le fonctionnement de Gwennie était bien celui d'une autiste, et cela de façon continue. Elle était facilement surexcitée, facilement frustrée, et supportait très très mal le moindre changement d'emploi du temps. Malheureusement pour elle, Billy, Jesse, Phil et Théo ruinaient systématiquement toute régularité dans les activités et étaient parfaitement incapables de produire moins de bruit qu'un marteau-piqueur.

Phil et Théo avaient des problèmes particuliers. Bien qu'ils fussent issus d'une famille chaleureuse et coopérative, leurs parents, qui les avaient adoptés lorsqu'ils avaient un peu moins d'un an, étaient alors âgés d'une quarantaine d'années. C'étaient des gens charmants, qui adoraient visiblement les deux garçons, mais ils n'étaient pas armés pour gérer leurs sérieuses difficultés. Ni le père, ni la mère n'avait l'éducation ou l'énergie suffisante, ou encore l'enthousiasme nécessaire pour gérer la situation. Aussi avais-je régulièrement la mère au téléphone. Souvent, elle versait des larmes de désespoir parce qu'ils avaient commis un méfait quelconque à l'école. La plupart de ces bêtises étaient relativement banales de la part de jeunes garçons de leur âge. Leur comportement pouvait être irritant et générateur de désordre, mais il ne relevait pas d'un dysfonctionnement mental. Pourtant, la mère avait du mal à supporter tout cela, surtout parce que les garçons ne se rappelaient pas les conséquences de leurs actions. En dépit de tous ses efforts, les mêmes causes répétaient les mêmes effets, encore et encore. Et Dieu sait que lorsque Théo et Phil décidaient de créer des problèmes, ils y réussissaient. Le premier effet du SAF, ou syndrome d'alcoolisme fœtal, est le retard mental. Celui des jumeaux était relativement léger, puisque leur QI démontrait qu'ils étaient un peu au-dessus de la débilité. Cependant, le SAF cause souvent de sérieux troubles du comportement et parmi eux trois fléaux scolaires : l'impulsivité, l'hyperactivité et le déficit de l'attention, plus quelques autres variantes. Chez Théo et Phil, comme chez beaucoup d'enfants atteints du SAF, le plus flagrant était leur incapacité à tirer parti de l'expérience. D'ailleurs, ils avaient beaucoup de mal à retenir quoi que ce fût. On avait beau leur répéter sans cesse les mêmes choses, il fallait toujours repartir de zéro. Cela impliquait qu'il leur était très difficile d'apprendre les règles de vie collective au sein de la classe. En outre, ils semblaient incapables d'établir un lien entre une information et la façon de s'en servir. Même s'ils *connaissaient* les règles, même s'ils pouvaient les réciter, ils ne pouvaient pas les appliquer. Je commençais à comprendre qu'une grande partie de leurs problèmes de comportement résultait de leur incapacité à mesurer les conséquences de leurs actes. Un autre gros facteur de troubles était qu'aucun des jumeaux n'avait vraiment le sens de la propriété d'autrui. S'ils voyaient quelque chose qui leur plaisait, ils le prenaient, tout simplement. Pour eux, ce n'était pas du vol. Ils ne comprenaient pas que cela appartenait à quelqu'un d'autre et que, pour s'en servir, il fallait d'abord demander la permission. Cette particularité, évidemment, ne les rendait pas très populaires, tant à l'intérieur qu'à l'extérieur de la classe. De toute façon, l'amitié était un concept qui échappait à tous les garçons de ma classe.

Jesse était le seul à approcher un niveau normal d'activité ou de concentration, mais ses tics entravaient ses facultés d'apprentissage et le stress multipliait ses divers tics : grimaces, mouvements incontrôlés de la tête, reniflements. Lorsqu'il était vraiment hors de lui, il frappait sa tête du poing, juste au-dessus de la tempe. Quand il se concentrait, il avait tendance à répéter des mots tels que : «Oh, mec! Oh, mec! Oh, mec!» Ou bien : «Concentre-toi, concentre-toi.» Les autres enfants, déjà aisément distraits, avaient du mal à se focaliser sur leurs propres travaux quand Jesse marmonnait ainsi. Son tic le plus insupportable pour les autres était l'aboiement — brutal, bruyant, explosif — et Gwennie, en particulier, avait du mal à se contenir dans ces cas-là. Outre ses tics, Jesse rencontrait de réelles difficultés d'apprentissage. Jusqu'à ce que Ben lui fît passer des tests, nous n'avions pas évalué à quel point ses capacités scolaires en étaient affectées, mais, depuis que je le savais, j'avais passé du temps à tenter de savoir où se situaient, exactement, ses problèmes scolaires. Ils concernaient essentiellement la lecture, silencieuse et à voix haute. Il avait du mal à déchiffrer les mots et à en comprendre le sens une fois qu'il les avait lus. Comme pour Gwennie, j'avais découvert que Jesse avait du mal à apprendre dans une classe bruyante. Il n'arrivait pas à distinguer les sons quand le brouhaha régnait autour de lui. Par exemple, des mots comme «craie», «trait» ou «près» sonnaient souvent de la même façon à son oreille. Dans cet environnement, apprendre relevait souvent du défi.

Et puis, évidemment, il y avait Billy. Depuis que je connaissais ses capacités intellectuelles, j'avais fait un réel effort pour l'impliquer dans le travail scolaire, en dépit de son niveau très bas et de son comportement consternant. Ce n'était pas une tâche facile. Billy ne voulait pas s'asseoir, ne voulait pas travailler, ne voulait pas lire, ni faire du calcul ou quoi que ce fût d'autre. Tout ce qu'il voulait faire, c'était parler. Et se bagarrer. J'essayais au moins d'exploiter certaines de ces dispositions dans le contexte de la classe. Je m'étais dit que si je m'arrangeais pour qu'il eût la possibilité de parler, peut-être bavarderait-il un peu moins à tort et à travers. Aussi lui avais-je constitué des petits dossiers, avec l'idée qu'il exposerait aux autres ce qu'il avait appris. Cela aurait réussi s'il avait été capable de rester assis suffisamment longtemps pour lire ou prendre des notes, ou si les autres avaient été attachés à leur chaise pour l'écouter. Le plus triste avec Billy, c'était que personne ne lui avait jamais dit qu'il était doué ou qu'il y avait un quelconque intérêt, pour lui, à accomplir toutes les petites tâches intelligentes et créatives que j'avais préparées à son intention. Non, quelles que fussent mes propositions, Billy persistait à être Billy : bruyant, querelleur, enthousiaste et aussi attentif qu'un moustique.

A tout cela, je devais ajouter mes soucis avec Julie. S'il y avait eu une loi sur la permissivité, Julie en aurait été l'auteur. Elle avait la conviction que les enfants devaient être aimés, encouragés et récompensés. Tout le reste devait être ignoré. Point barre. Aucun autre principe éducatif. Et à mesure que les semaines passaient, il devint tout à fait clair qu'elle restait campée sur ses positions. C'était comme diriger la classe avec un militant pacifiste. Le sens commun aurait vu une incohérence dans l'idée de «se battre pour la paix», mais il était tout aussi diffi-

cile de justifier son contraire : «se battre pour la violence».
La conséquence pratique de tout cela était qu'elle et moi
gérions les situations de façon très différente. Si l'un des
enfants se comportait mal, la réaction de Julie était :
«Tâchons de comprendre pourquoi tu as jeté ce livre par
terre.» La mienne était : «Ramasse-le.» Si l'un des enfants
quittait sa chaise pour galoper autour de la pièce, Julie
avait tendance à ne rien lui dire, mais à féliciter ceux qui
restaient assis. Cela aurait marché si celui qui s'était levé
ne l'avait pas fait dans l'intention de frapper ses camarades. Ou si les autres avaient été assis. Mais, la plupart
du temps, si l'un d'entre eux se levait, les autres l'imi-
taient pour courir à travers la pièce.

Etant donné que presque chaque jour les garçons tentaient de s'entre-tuer, ou bien réinventaient une scène de
Sa Majesté des mouches, Julie était facilement dépassée
lorsqu'une bagarre éclatait. Il n'était pas aisé d'ignorer les
combats ou de leur demander, dans l'excitation de l'as-
saut, ce qu'ils étaient en train de faire. Mais Julie détestait hausser la voix ou ordonner aux belligérants de s'asseoir sur les chaises-à-se-calmer, ce que je faisais le plus
souvent. Et elle détestait encore plus s'interposer pour les
séparer. Le mieux qu'elle parvenait à faire, c'était d'en
attraper un et de le serrer contre son cœur en lui mur-
murant, encore et encore, combien il était important de
ne pas se blesser mutuellement. Pendant ce temps, les
autres, qui avaient décampé, en profitaient pour préparer
une attaque en règle.

J'avais deux problèmes. Tout d'abord, j'appréciais
sincèrement Julie. J'aimais son sens de l'humour, son
zèle, sa personnalité. Et je *voulais* qu'elle m'appréciât en
retour. Il m'était donc pénible d'avoir à jouer le mauvais
rôle, à toujours mettre en évidence les inconvénients de
son attitude, à répéter sans cesse combien il aurait été
plus efficace de montrer un front commun. Qui plus est,
cela me dérangeait d'avoir à défendre cette position. Dans
les écoles où j'avais travaillé jusqu'alors, j'avais toujours

été la plus libérale, la moins répressive, celle qui avait l'esprit le plus ouvert. Je détestais me retrouver dans le camp des conservateurs. C'était en parfait désaccord avec l'image que je me faisais de moi-même. Par ailleurs, nos divergences faisaient que j'étais beaucoup moins naturelle en classe. A mesure que les semaines passaient, je sentais que j'allais devoir renforcer l'encadrement pour corriger le comportement de mes petits gaillards, mais je remettais sans cesse cela à plus tard, en grande partie parce que j'appréhendais d'entendre Julie affirmer qu'elle ne pouvait pas me suivre sur ce terrain. Finalement, il fallut bien en arriver là...

Après douze semaines de lutte sans que j'aie avancé d'un pouce, sans que j'aie eu, à aucun moment, le sentiment de contrôler la situation, je décidai que j'allais devoir procéder de façon plus stricte. Je n'étais pas vraiment favorable aux méthodes comportementalistes, mais dans certaines situations elles avaient leur utilité. J'élaborai donc un plan destiné à mettre de l'ordre dans ce chaos.

Chez moi, je pris quatre cartons blancs avec lesquels je fabriquai quatre feux de signalisation tricolores. J'inscrivis sur chacun d'entre eux le nom d'un garçon, puis j'enfonçai un petit clou à l'emplacement de chaque couleur. Ensuite, je découpai des ronds dans des fiches cartonnées et les coloriai en rouge, vert et orange. Pour terminer, je confectionnai un grand tableau quadrillé avec les jours de la semaine inscrits en haut des colonnes.

Le lendemain matin, en classe, j'expliquai ce qui allait se passer. Chacun commençait avec un feu vert. Si je faisais une remarque à quelqu'un au sujet de son comportement, je retirerais le rond vert pour en mettre un orange. Si j'étais amenée à envoyer quelqu'un sur la chaise-à-se-calmer ou si je devais utiliser une autre mesure disciplinaire, le rond orange passerait au rouge pour toute la durée du cours. J'accrochai au mur le

tableau quadrillé, puis je sortis un paquet d'étoiles auto-
collantes de plusieurs couleurs — une par garçon. Si l'un
d'entre eux pouvait rester au vert pendant une activité —
le calcul ou la lecture, par exemple —, il serait récompensé d'une étoile sur le tableau quadrillé. S'il obtenait
cinq étoiles, c'est-à-dire une journée entière sur le vert, il
gagnerait *ceci...* Je brandis un Mars. Et quand nous
aurions atteint un total de cinquante étoiles en tout, nous
ferions une fête.

A la vue de la friandise, les visages des garçons s'épa-
nouirent. Billy pensa que c'était une *Très bonne idée.* Jesse
parut un peu troublé. Quant à Théo et Phil, mon discours leur était sans doute passé au-dessus de la tête, mais
ils connaissaient leur couleur, aussi espérais-je qu'ils com-
prendraient le système une fois qu'il serait en vigueur.

Ainsi que je le craignais, Julie détesta cela.

— *Changer* leur comportement? demanda-elle en
prenant une barre de Mars, comme s'il s'agissait d'une
bouse de vache. Ils faisaient ça quand j'ai commencé à
m'occuper de Casey, mais je me suis débarrassée de ces
méthodes. Je les déteste.

— Je n'en suis pas fanatique moi-même, concédai-je.

— C'est déshumanisant. C'est traiter les enfants
comme des animaux.

Je m'abstins de lui faire remarquer que, pour le
moment, les miens se comportaient bien comme tels.

— Acheter leur sagesse... avec des friandises ! Si
encore nous utilisions du raisin ou quelque chose de bon
pour la santé !

— Je doute de l'efficacité du raisin pour les motiver.
D'abord, je veux qu'ils se maîtrisent. Ensuite, nous pen-
serons à leur santé.

— Mouais, fit-elle d'un ton désabusé.

La première semaine fut un enfer, il n'y a pas d'autre
mot pour la qualifier : «L'enfer». D'abord, parce qu'il me

fallait gérer le système. Je devais emporter ces satanés ronds de couleur partout où j'allais et me précipiter sur les feux et les accrocher, sans jamais me tromper, chaque fois que j'observais un mauvais comportement. J'oubliais sans cesse de distribuer, très parcimonieusement d'ailleurs, les étoiles. A ce sujet, je m'aperçus très vite que je devais être très attentive pour bien noter qui avait réussi à se maintenir dans le vert pendant toute une activité. Théo et Phil omettaient souvent de réclamer leurs étoiles, par manque d'attention, tandis que Billy s'efforçait constamment de tricher.

Ce n'était pas l'idéal. Il n'y eut pas de changement brutal dans le comportement des enfants et, ce vendredi-là, nous ne fîmes pas la fête, contrairement à ce que j'avais espéré. De plus, je n'avais réussi à donner que deux barres chocolatées en cinq jours, et toutes les deux à Jesse. Mais lentement, très lentement, les garçons semblèrent accorder davantage d'attention à leur conduite, puis au comportement général de la classe, qui commença à former un tout. Le système était difficile à appliquer, mais le fait d'avoir des signaux concrets, visuels, rappelant la nécessité de bien se conduire semblait faire la différence. Ainsi, nous progressions à pas de fourmi, mais nous commencions à former un groupe.

L'autre projet que je décidai de mettre en œuvre fut d'enseigner aux enfants des «valeurs». En principe, je n'estimais pas que cela entrait dans mes attributions. Dans mes classes précédentes, j'avais organisé des «discussions matinales» durant lesquelles nous abordions les sujets les plus variés. C'étaient en général des séances animées, durant lesquelles les enfants exprimaient leurs soucis, leurs plaintes. Nous discutions aussi de problèmes particuliers, comme la façon la plus appropriée de se comporter dans telle ou telle situation. Cela avait toujours bien fonctionné et occupait une place importante dans ma pratique pédagogique. Mais pas cette année-là. D'abord, parce que nous recevions des enfants extérieurs au groupe, dont les entrées et sorties s'échelonnaient tout au long de la journée, et nous risquions à chaque instant d'être interrompus. Mais la principale raison était que mes élèves formaient un très petit groupe si bien qu'un membre un peu difficile le dérangeait facilement. Mais, même sans cela, il était difficile de maintenir ces enfants assis et attentifs aussi longtemps. Cela ne les intéressait pas et ils ne manifestaient pas la moindre bonne volonté. Chaque fois que j'avais tenté de lancer des discussions matinales, cela avait en général tourné à la catastrophe avec, à la clé, quelques coups de poing. La plupart du temps, j'avais été obligée d'envoyer les pugilistes sur leur chaise-à-se-calmer.

Pourtant, plus le temps passait, plus je ressentais le besoin d'avoir un peu de temps pour faire comprendre aux garçons ce qu'était un comportement correct. Je voulais qu'ils le découvrent au fil de la discussion, mais aussi qu'ils le mettent en pratique grâce à des jeux de rôle ou au théâtre.

Nous commençâmes très simplement. C'était après la récréation, durant la dernière heure d'école, quand les garçons étaient à leur table.

— Chaque jour, nous allons prendre un peu de temps pour discuter d'un mot, commençai-je. Aujourd'hui, ce sera le mot «méchant». Est-ce que quelqu'un vous a déjà traité de «méchant garçon» ou de «méchante fille»?

— Vous avez dit «déjà»! hurla Billy.

— Pour toi, Billy, ça veut dire «tout le temps», dit Jesse.

Je posai un doigt sur mes lèvres.

— Attends ton tour, Jesse. Alors, Billy, quel genre de chose les gens te disent-ils?

— «Tiens-toi tranquille, méchant garçon!», répondit-il. «Méchant garçon, tu ne fais pas tes devoirs. Méchant garçon, tu as tout sali.»

136

— Très bien. Et toi, Jesse? On t'a déjà traité de méchant garçon?

Jesse haussa les épaules.

— Peut-être.

— Et toi, Théo?

— Phil a fait pipi au lit, hier, et maman a dit : «Méchant garçon, tu as fait ça?»

— C'est pas vrai! cria Phil en se levant d'un bond.

J'agitai frénétiquement un rond orange.

— Attention, Phil! Tu n'as pas envie d'être dans l'orange, hein?

Il s'arrêta pour me regarder.

— Tu veux avoir une étoile à la fin de la discussion, non?

Phil acquiesça.

— Oui, mais c'est pas moi qui ai fait pipi au lit. C'est lui!

— Très bien. Tu veux bien t'asseoir sur ta chaise?

— J'ai un autre exemple! cria Billy. Mentir. Tu mens et quelqu'un te dit toujours que tu es méchant.

— C'est exact. Et toi, Gwennie? On t'a déjà appelée «méchante fille»?

Gwennie regardait par la fenêtre. Julie zigzaguait à travers la classe, elle «patrouillait», comme nous disions. Elle s'approcha de la table de Gwennie. Elle voulut tourner doucement la tête de la fillette, mais celle-ci recula avant que Julie pût la toucher. Je compris qu'elle était plus présente qu'il n'y paraissait.

— Gwennie? demandai-je. Tu veux te joindre à notre conversation?

— J'ai un autre exemple! hurla Billy. On est méchant quand on ne fait pas attention à ce que les autres nous disent!

— Merci, Billy, mais attends ton tour, s'il te plaît. Laisse aux autres la possibilité de parler. Gwennie?

Elle haussa les épaules. Silence... J'attendais.

137

— En ce moment, il neige en Suède, dit-elle doucement.

— Par ici Gwennie, je te prie. Relève la tête.

— Tu ne fais pas attention, tu n'écoutes pas, dit-elle.
Méchante fille. Tu ne fais jamais attention. Tu es vraiment une méchante fille.

— Merci, Gwennie. Donc, que savons-nous de ce
mot? C'est un simple mot, mais il peut faire aussi mal
qu'un coup de poing.

— Ouille! cria Billy.

Il porta la main à son œil droit et tomba de sa chaise
sur le sol.

— Ouuuuh! gémit-il.

Je me levai, inquiète.

— Qu'y a-t-il? Que s'est-il passé?

Billy cessa de se tenir l'œil et me fit une petite grimace.

— J'ai juste reçu un coup de poing dans l'œil. C'est
«méchant» qui me l'a envoyé. Un simple mot de rien du
tout, mais il a un sacré direct du droit!

En soupirant, je pris un rond orange et le lui tendis.

— Tiens, tu iras l'accrocher toi-même.

14

A la mi-décembre, Bob passa dans ma classe dans la matinée, avant la sonnerie. J'étais assise à mon bureau et rassemblais les classeurs des enfants lorsqu'il entra.

— Tu sais... Vénus... commença-t-il.

Je levai les yeux.

— Je pense que nous allons la récupérer.

Cette nouvelle me ravit.

— Vraiment? Qu'est-ce qui a changé?

— Rien de bon, malheureusement. Il y a eu quelques... La famille a subi quelques séismes. L'un des aînés a été arrêté pour trafic de drogue. Apparemment, il faisait ça à la maison et la question est de savoir quels autres enfants sont impliqués. Stan Moorhouse — tu le connais, je crois? Il travaille pour l'Inspection. Il m'a appelé hier pour me dire que les services sociaux l'avaient contacté. Ils pensent qu'il vaut mieux que Vénus ne reste pas chez elle tout le temps. Cette histoire les inquiète. Et apparemment ils s'inquiètent aussi à propos de ce type, Danny, qui vit avec eux, parce que c'est lui qui garde les enfants. Teri travaille la nuit, et en général elle dort dans la journée. C'est lui qui garde Wanda et Vénus, ainsi que les autres enfants de la maison. Ils ont dit que même s'il n'est pas prouvé qu'il est mouillé dans cette affaire, il vaut mieux que Vénus revienne ici — si nous pouvons l'accueillir.

— Je suis ravie qu'elle revienne. Mais comment allons-nous l'empêcher de se montrer violente envers les autres dans la cour?

— Stan Moorhouse dit que l'Inspection pourra mettre à notre disposition une aide chargée de la surveiller pendant la pause du déjeuner. C'est moins cher que les cours à domicile et ça pourrait résoudre le problème. En ce qui concerne les récréations, nous devrons nous débrouiller tout seuls. On pourrait envisager que ta classe prenne ses récréations selon des horaires décalés, par exemple.

Je fronçai le nez.

— On verra.

Vénus réapparut aussi soudainement qu'elle avait disparu. Le lundi suivant, deux semaines avant les vacances de Pâques, Bob la fit entrer dans la classe. Aussitôt, Billy hurla avec emphase :

— Oh, non! Pas la psychopathe!

Aussi vive qu'un renard, je sortis un rond orange et l'agitai de façon significative.

— C'est pas juste! cria Billy. On n'a même pas commencé, et je suis déjà à l'orange. Pas déjà!

— Alors, ferme ton bec.

— Un bec? Un bec? Mais je suis pas un oi...

J'agitai de nouveau le disque, de façon *très* significative.

Vénus avait l'air plus sale que dans mon souvenir. Des tortillons tout collés, qui avaient dû être ses dreadlocks, se noyaient dans sa chevelure, parmi des miettes de pain et ce qui ressemblait à de la confiture. Elle portait un pantalon noir et un haut écossais rouge, qui ne lui appartenaient visiblement pas. Délavés, fanés, râpés, ils étaient aussi beaucoup trop grands pour son corps mince. Vêtements donnés, sans doute, et personne ne s'était soucié de savoir s'ils lui iraient. Ses chaussettes n'étaient pas assorties et ses baskets Barbie trouées béaient lamentablement.

— Bonjour, ma chérie, je suis contente de te revoir. On t'a gardé ta table.

La prenant par la main, je la menai à sa place, derrière Phil.

Rien n'avait changé. Vénus s'assit et me fixa, tandis que je distribuais les classeurs et entamais la leçon de calcul. Elle n'ouvrit pas son classeur. Elle ne lui accorda même pas un coup d'œil.

— Elle va avoir un feu, elle aussi ? demanda Billy. Tu vas lui mettre les machins rouge, vert et orange, à elle aussi ? Qu'est-ce que tu vas faire avec la psychopathe ?

— Qu'est-ce que tu vas faire avec Billy ? répliquai-je.

Il ne se découragea pas pour autant.

— Elle doit avoir un feu, elle aussi. Comme ça, tu lui mettras du rouge parce qu'elle ne travaille pas. Moi, j'en ai eu parce que je ne travaillais pas.

Je brandis un disque orange d'un air menaçant.

— Je te pose la question pour la seconde fois. Qu'est-ce que tu vas faire avec Billy, maintenant ?

Il y eut un silence. Billy me foudroya du regard.

— C'est pas juste ! marmonna-t-il. Je ne peux rien dire. C'est la dictature, ici.

— Tu peux dire que c'est la dictature, si tu le souhaites. Cela ne te semble peut-être pas juste, mais c'est ainsi. Et maintenant, voyons si tu es capable de rester au vert pendant toute la leçon, d'accord ?

Je m'assis auprès de Vénus. J'ignorais absolument où elle en était en calcul, et même si elle savait compter. Personne, à l'école, ne le savait. Je pris une boîte remplie de formes en bois de toutes les couleurs et j'en mis trois sur la table : un cylindre bleu, un cube rouge et un cône vert. Je posai trois cartes représentant les trois formes.

— Tu peux me montrer laquelle correspond à celle-ci ? lui demandai-je.

141

Pas de réponse.

— La voici, d'accord? Tu vois? Rouge. Rouge. De forme carrée. De forme carrée. Ce dessin correspond au cube que voici, d'accord? Maintenant, à quoi correspond cette carte?

Pas de réponse.

— Celle-ci. Tu vois, elle est bleue. Et le dessin est bleu. C'est la même forme. Tu vois?

Je pris le cylindre et le posai sur la carte.

— Voyons la dernière, maintenant. Tu peux me montrer à quoi elle correspond?

Ce n'était pas vraiment difficile, mais Vénus ne semblait pas disposée à répondre.

— Là! Laisse-moi t'aider.

Je tendis la main et lui pris le bras, juste au-dessus du poignet. Sous mes doigts, je sentis les muscles se tendre. Allait-elle s'enfuir? Cette possibilité m'avait effleuré l'esprit avant de la toucher, mais cela n'arriva pas. Simplement, elle se raidit, si bien que je ne pouvais pas déplacer sa main.

Je reculai ma chaise.

— Nous allons faire quelque chose. Lève-toi.

Bien entendu, elle n'obéit pas, mais je la soulevai et la mis sur ses pieds sans résistance de sa part.

— Ecarte-toi de la table, on va faire quelques mouvements.

Je restai assise, mais attirai Vénus devant moi et pris ses mains.

— Très bien, on y va. Epaules...

Je plaçai ses mains sur ses épaules.

— Hanches...

Je fis glisser ses mains le long de son corps et les posai sur ses hanches.

— Genoux...

Je fis de même, ce qui n'était pas une tâche aisée car elle restait droite comme un piquet et je dus la forcer à se pencher légèrement.

142

— Pieds...

Je ne parvins pas à lui faire toucher ses talons.

— Maintenant, je te montre. Epaules, hanches, genoux, pieds. Tu vois ? Tu vois ce que je fais ?

Je touchai mes épaules, mes hanches, mes genoux et mes pieds, tout en restant assise.

— A toi !

Je repris ses mains dans les miennes.

— Epaules, hanches, genoux, et...

Je la ployai doucement vers le sol.

— ... pieds. Très bien !

Je la lâchai. Vénus resta dans la même position, pliée en deux, les mains touchant ses pieds. Je lui repris les mains.

— On va recommencer, dis-je en la redressant. On va recommencer encore et encore, pour t'assouplir les muscles. On y va ! Epaules, hanches, genoux, pieds. Epaules, hanches, genoux, pieds. Bien ! Dans l'autre sens, maintenant. Pieds, genoux, hanches, épaules. Pieds, genoux, hanches, épaules.

Chaque fois, je devais lui faire accomplir le mouvement.

Se levant d'un bond, Théo courut vers moi.

— Eh ! Fais ça avec moi ! cria-t-il.

— D'accord.

Je me levai très vite et l'interceptai avant qu'il ne fût trop près de Vénus.

— Nous allons tous faire les mouvements. Debout, tout le monde !

Je me postai derrière Théo et pris ses mains, puis je lui fis faire l'exercice, comme à Vénus.

— Epaules, hanches, genoux, pieds.

— Moi aussi ! cria Phil. Fais-le avec moi, maintenant !

— Ensuite avec moi ! dit Jesse.

— Et après, ce sera mon tour, ajouta Billy. Même si j'étais le *seul* à rester sur ma chaise pendant tout ce temps,

143

sans rien demander. Alors, je devrais être le *seul* à avoir un disque vert.

Je lui souris.

— Tu as raison, et je vais t'attribuer une étoile pour récompenser ta bonne conduite.

Un bref instant de joie s'ensuivit. Je fis faire aux garçons le même exercice qu'à Vénus, l'un après l'autre, et ils adorèrent cela. Je répétai l'exercice inlassablement, passant d'un enfant à l'autre, de plus en plus vite, en haut, en bas, en haut, jusqu'à ce que nous soyons tous hilares et hors d'haleine. Sauf Vénus, évidemment, qui resta debout à nous regarder, pétrifiée.

L'Inspection avait engagé une aide pour surveiller Vénus pendant la pause du déjeuner, c'est-à-dire quarante-cinq minutes. Elle avait reçu une formation pour pouvoir s'occuper d'enfants souffrant de troubles du comportement, ce que je trouvai un peu inutile car elle ne faisait rien d'autre que se tenir dans la cour, avec pour seule mission de surveiller Vénus, perchée sur son mur. J'avais espéré qu'elle s'occuperait plus activement de l'enfant, mais ce ne fut pas le cas.

Je ne voulais pas que mon groupe fût séparé des autres durant les récréations, aussi je prévins Bob que Julie et moi veillerions sur Vénus pendant les deux pauses, qui duraient chacune vingt minutes. Pour cela, nous devions renoncer chacune à l'un de nos deux moments de repos. Ce petit sacrifice évitait aux enfants d'être isolés durant les récréations.

Comme elle s'occupait de Casey Muldrow et sortait souvent dans la cour avec lui, Julie assura la surveillance du matin et je me chargeai des après-midi. Nous nous contentions de rester dehors avec les surveillants, prêtes à intervenir s'il le fallait. Il n'y eut aucun problème majeur. Soit que Vénus eût conscience qu'elle était constamment observée, soit qu'elle se maîtrisât un peu mieux, elle ne commit aucun écart. Il lui arriva une ou deux fois de grogner, mais nous intervînmes aussitôt pour rappeler aux autres que Vénus avait besoin d'espace et expliquâmes à la petite fille que personne n'avait l'intention de lui faire du mal et qu'elle ne devait pas gronder ainsi. Ensuite, nous nous retirions. La plupart du temps, cependant, elle se tenait à bonne distance des autres enfants, appuyée à *son* mur, au bout de la cour.

Le troisième jour, je fis quelque chose de différent. Quand la sonnerie qui marquait le début de la récréation retentit, je lui dis :

— Reste là.

Elle posa sur moi ses yeux inexpressifs.

J'aidai les garçons à enfiler leurs chaussures et leurs anoraks, puis j'ouvris la porte. Ils se déversèrent comme un torrent dans l'escalier, avec les élèves de cours élémentaire qui occupaient la salle voisine. Quand je revins vers elle, Vénus n'avait pas bougé.

— Nous avons vingt minutes, dis-je. Ce n'est pas très long, mais j'ai pensé que nous pourrions lire une histoire au lieu de rester dehors, près du mur.

Je pris le livre d'Arnold Lobel, *Ranelot et Bufolet*, qui avait longtemps été l'un de mes préférés. C'était un livre pour enfants imprimé en grands caractères espacés, narrant, à travers une série d'historiettes pleines d'humour, les exploits d'une grenouille et d'un crapaud.

— Viens près de moi. Asseyons-nous et je vais te lire ça. Je parie que tu n'as jamais entendu ces histoires.

Vénus me fixait sans bouger.

— Viens ici.

Pas de réponse. Je m'étais déjà assise dans le coin-lecture. Je me relevai et m'approchai d'elle.

— Viens.

Je posai ma paume sur son dos et la poussai dans le coin-lecture, puis je m'assis de nouveau.

— Assieds-toi.

Elle resta debout.

145

— Allons!

Je me dressai sur les genoux, tendis le bras et, d'un geste enveloppant, je l'attirai contre moi. Je commençai à lire, tenant le livre d'une seule main. Je n'avais pas prévu de la serrer ainsi contre moi, affectueusement, et c'était risqué. Elle était très raide et j'avais le sentiment de frôler un mannequin. Je mis un peu moins de dix minutes à lire le livre. Pendant tout ce temps, Vénus ne bougea pas, les muscles tendus. Je n'avais pas l'impression qu'elle s'enfuirait si je la lâchais, mais il ne me semblait pas non plus qu'elle appréciait cette étreinte. L'idée me traversa l'esprit que, peut-être, personne ne lui avait jamais fait la lecture de cette façon. C'était possible, malheureusement.

Ne voulant pas troubler cet instant en me levant pour aller chercher un autre livre, j'ouvris de nouveau *Ranelot et Bufolet*. Il s'y trouve une histoire particulièrement amusante, où Ranelot se sent mal et Bufolet s'efforce d'inventer une histoire pour le distraire. Le crapaud fait des efforts monstrueux pour imaginer un récit, et la plupart des enfants trouvent cela très drôle.

— Tu ne penses pas que ce crapaud est amusant? demandai-je. Regarde, il fait le poirier pour que les idées lui viennent. Tu ne crois pas qu'il est un peu bête?

Pas de réponse.

— Peut-être pense-t-il que, dans cette position, l'histoire naîtra dans sa tête. Pauvre sot! Regarde ce qu'il fait, maintenant. Il vide un verre d'eau sur son crâne. Tu crois que ça va l'aider?

Pas de réponse.

— Pauvre Bufolet! Il se frappe la tête contre le mur pour trouver l'inspiration. Tu ferais cela, toi?

Pas de réponse.

— Non. Moi non plus. Pourquoi?

Pas de réponse.

— Oui. Tu as raison, ça fait mal. Tu aurais une grosse bosse ici, non? fis-je en désignant mon front.

La sonnerie retentit, marquant la fin de la récréation.

— Ouh là! Gwennie et les garçons vont remonter dans une minute. Mais on s'est bien amusées, non? affirmai-je en la remettant sur ses pieds.

Pas de réponse.

Dorénavant, nos journées se déroulèrent de cette façon. Je partais de l'idée que, si Vénus était la fille de Wanda, elle avait dû être gravement négligée et avoir connu peu d'échanges. Je m'efforçai donc de créer une série d'événements stimulants qu'il était difficile d'ignorer, même si elle ne répondait pas. Des événements qui «vous sautent à la figure», comme se plaisait à les nommer Bob. Je les voulais réguliers et répétitifs, pour qu'elle sût à quoi s'attendre.

Ainsi, avant chaque leçon — j'insiste, *chaque leçon* —, je faisais l'exercice «épaules, hanches, genoux, pieds» avec elle. J'y incluais les garçons, qui semblaient profiter plus qu'elle de ces occasions de bouger. Ils adoraient ces cinq minutes de détente, ils aimaient savoir qu'elles allaient revenir à intervalles réguliers et, par-dessus tout, ils voulaient que je choisisse l'un d'entre eux pour lui faire faire les mouvements, comme à Vénus. Mais je ne pouvais les satisfaire sur ce plan que l'après-midi, quand Julie était là pour s'occuper de Vénus, parce que la petite fille ne pouvait tout simplement *rien* faire par elle-même.

Par ailleurs, je m'efforçai sciemment de toucher physiquement Vénus de multiples façons. Auparavant, j'en avais abondamment discuté avec Bob. On commençait à cette époque à prendre conscience des abus dont de nombreux enfants étaient victimes. Les contacts physiques entre enseignants et élèves devenaient un problème. Mais Bob, qui partageait mon point de vue à ce sujet, appréciait et comprenait la valeur du toucher avec un enfant comme Vénus.

J'avais en l'occurrence trois objectifs distincts. D'abord, le contact physique était un bon moyen de communication. Une petite tape dans le dos, une étreinte rapide, une main rassurante sur l'épaule pouvaient lui dire, mieux que des mots, que j'étais contente qu'elle fût là et qu'en aucun cas je ne la trouvais répugnante ou déplaisante. Ensuite, c'était la démonstration qu'un contact pouvait être positif, chaleureux, dépourvu de sexualité, ce qui était une importante distinction à faire pour des enfants qui avaient peut-être été victimes d'abus physiques ou sexuels. Et, pour finir, le contact physique pouvait être considéré comme une stimulation tactile. Depuis que j'interprétais l'état presque catatonique de Vénus comme ayant été causé par une absence totale de stimulation pendant sa prime enfance, je sentais qu'il était important d'éveiller tous ses sens pour la sortir de sa léthargie.

Il y avait encore autre chose : je lui faisais la lecture tous les jours, pendant la récréation. Quand j'eus épuisé les exploits de *Ranelot et Bufolet*, j'en vins aux aventures plus sophistiquées de l'héroïne de Russell Hoban, Frances, une fillette très humaine sous l'apparence d'un petit blaireau. Il existe plusieurs livres avec Frances et les histoires devenaient de plus en plus longues et compliquées. Je les lisais donc lentement, reprenant inlassablement les mêmes pages, revenant sur les détails. Comme je n'avais encore rencontré aucun enfant, fille ou garçon, qui ne s'identifiât aux sentiments de Frances et à sa logique juvénile, j'espérais que cette magie s'exercerait aussi sur Vénus.

A peu près à la même époque, la musique fit irruption dans ma classe sous l'impulsion d'une de ces idées heureuses qui vous viennent sans qu'on sache comment. Je ne suis pas très douée lorsqu'il s'agit de musique. J'ai une certaine oreille et suis capable de reproduire une mélodie, en revanche je n'ai absolument pas le sens du rythme et j'ai beaucoup de mal à retenir les paroles des chansons. C'est pourquoi je n'étais pas naturellement tentée d'enseigner le chant dans mes classes.

Pourtant, l'idée me vint que ce pourrait être une stimulation intéressante pour Vénus. Et je m'avisai aussi que ce serait pour les garçons une occasion de canaliser leur énergie. S'il le fallait, je *pouvais* chanter. Et les garçons aimaient ça, quels que soient les résultats qu'ils obtenaient.

Je pris donc la décision que sans attendre, en décembre, alors que Noël approchait — époque propice à la chansonnette —, nous consacrerions un certain temps, chaque jour, à la musique. Il me fallait trouver une stratégie car je recevais chaque jour des élèves qui avaient besoin d'un soutien scolaire et je ne voulais pas empiéter sur les vingt ou trente minutes qu'ils passaient dans la classe. Cela impliquait que la musique constituerait une «fête spontanée», célébrée chaque fois que l'occasion s'en présenterait.

Nous commençâmes par le chant, chaque fois que j'en trouvais le temps. «*If you are happy and you know*» figurait parmi nos chansons préférées. Il y avait aussi «*B.I.N.G.O.*», que les garçons aimaient parce qu'ils pouvaient crier. J'avais aussi ressorti certains vieux succès, comme «*High Hopes*», «*In the cool, cool, cool of the evening*», «*Little Arrows*» et «*If you want to swing on a star*», parce qu'ils étaient drôles, pouvaient être mimés, dansés, et qu'on pouvait les interpréter avec plaisir. Mais surtout parce que *je pouvais me rappeler les paroles*! Et, bien entendu, nous avions tous les chants de Noël. «Vive le vent d'hiver» devint même notre préféré.

Cette activité nous prit vite beaucoup de temps. Nous chantions chaque fois que quelqu'un restait dans le vert pendant toute une activité. Billy se révéla plutôt doué pour changer les paroles des chansons, aussi était-il toujours en train de remanier les vieux airs populaires et d'en créer de nouvelles versions. Bien entendu, c'était souvent

149

stupide, mais drôle, et chacun aimait entendre son nom dans une chanson. Je découvris que c'était une bonne façon de faire savoir aux enfants que nous passions d'une activité à une autre, aussi je lançais souvent un chant lorsqu'il était temps de se préparer pour déjeuner ou autre. Mieux encore, c'était très efficace pour détourner l'attention de celui qui s'apprêtait à mal se comporter, en particulier quand un enfant était irritable. Si je disais «Chantons!», presque tout le monde en avait envie. Même si le grincheux rechignait, les autres se montraient toujours enthousiastes et il finissait par oublier sa mauvaise humeur. En l'espace de peu de temps, nous chantions si souvent que c'était comme de vivre dans un décor d'opérette, avec ce léger sentiment d'irréalité quand les gens se mettent brusquement à chanter.

Vénus ne participait jamais à ces explosions, même si Julie et moi la prenions souvent pour partenaire lorsque nous dansions. Mais elle ne nous ignorait pas non plus. Je la voyais souvent fixer les garçons avec intensité lorsqu'ils chantaient, dansaient ou mimaient. Et Vénus n'était pas la seule à ne pas nous ignorer. Un jour, à l'heure du déjeuner, j'ouvris la porte pour laisser les enfants se joindre aux autres classes qui descendaient à la cantine. Nous avions chanté «*Little Arrows*» pendant que nous attendions la sonnerie. C'était une chansonnette d'amour assez loufoque, et les garçons aimaient simplement imiter les flèches qui allaient et venaient. Elle avait en outre le rythme musclé qui nous convenait. Aussi, quand j'ouvris la porte, tous les quatre se ruèrent dans le couloir en chantant le refrain : «Petites flèches dans tes vêtements, petites flèches dans tes cheveux. Quand tu es amoureux, tu trouves ces petites flèches partout.» Puis ils disparurent dans l'escalier.

Pam, l'institutrice qui enseignait dans la classe de cours élémentaire voisine de la mienne, se tenait sur le seuil de sa salle. Lorsque nos regards se croisèrent, elle secoua la tête avec bonne humeur.

— Je ne devrais peut-être pas les laisser faire ça, dis-je. Quelqu'un au rez-de-chaussée s'est déjà plaint du bruit qu'ils faisaient dans les couloirs.

Je me mis à rire.

— Tes gosses sont vraiment heureux ici, n'est-ce pas ? dit Pam.

— En ce moment, je passe mon temps à faire la police.

— Non. Je t'entends, Torey. Tes gosses chantent tout le temps.

Il me vint soudain à l'esprit que nous gênions peut-être la classe de Pam. Le bâtiment était vieux et les murs épais, aussi les sons passaient-ils peu, mais elle avait raison. Nous chantions bien «tout le temps».

— Je suis désolée, dis-je. J'espère que nous ne vous dérangeons pas trop.

— Pas du tout. Je trouve que c'est formidable. Mes élèves penseraient que je suis devenue folle si je les faisais chanter tout le temps. Mais les tiens... Ils sont tellement enthousiastes. Je pense que tu as de la chance d'avoir une classe aussi heureuse.

Je souris, un peu étonnée. Je n'avais pas envisagé les choses de cette façon. Je n'avais pas réalisé que le bonheur s'introduisait ainsi parmi nous.

15

A notre façon, nous commencions à former une classe. Pour les garçons, le fait que nous chantions était important. Cela nous rendait drôles et, du coup, ils souhaitaient être inclus dans le groupe identifié que nous formions. Nous n'étions plus la classe de soutien, nous étions la classe qui chantait tout le temps. Malheureusement cela mettait en lumière un autre problème : la mésentente latente entre Julie et moi. En l'occurrence, c'était parce que Julie avait refusé de chanter avec nous. Elle ne pouvait pas, disait-elle. Les premières fois, je ne fis qu'en rire et lui dis que je ne prétendais pas moi-même être Maria Callas. Quant à Théo et Phil, ils étaient incapables de retenir une mélodie. Aussi ne s'agissait-il pas tant de *bien* chanter que de s'amuser. Alors, Julie devint un peu plus emphatique et me révéla qu'elle *détestait* chanter, spécialement en groupe. Lorsqu'elle était petite, certains enfants s'étaient moqués de sa façon de chanter et elle restait extrêmement sensible sur ce point.

Je pouvais le comprendre. Par ailleurs, je ne souhaitais pas qu'elle se sentît mal à l'aise, aussi je n'insistai plus. Les garçons, en revanche, continuaient de la solliciter. J'aurais pu dire : «Cela n'a pas d'importance. Dans cette classe, on permet aux gens de décider en toute liberté.» Mais cela importait, en réalité. Chanter devenait synonyme d'appartenance. C'était ce qui nous reliait, faisait de nous le groupe que nous n'avions pas réussi à former auparavant. En refusant de participer, Julie se mettait dans la catégorie des outsiders. Mais son interprétation fut que je l'excluais volontairement. Pour souder la classe, j'utilisais une activité qu'elle n'aimait pas, qu'elle détestait même. Cela impliquait que je ne voulais pas d'elle. C'était faux, évidemment. Tout cela était arrivé presque par hasard. Ce n'était sûrement pas quelque chose que j'aurais planifié parce que moi-même je n'avais pas vraiment le sens musical. Heureusement, les garçons l'avaient, et c'est ce qui nous avait rapprochés. Mais Julie ne voyait pas les choses de cette façon et il lui arrivait de formuler à voix haute que je le faisais «exprès».

J'étais extrêmement contrariée. Je détestais la tension subtile qui régnait dans la salle lorsque nous y étions toutes les deux. Je détestais l'idée que je ne pouvais pas compter sur elle quand les choses tournaient mal. Je détestais surtout l'idée qu'elle me tenait pour responsable de notre mésentente. Qu'est-ce qui n'allait pas entre nous? Je n'ai jamais tout à fait compris d'où venaient nos problèmes. Etait-ce seulement le heurt de personnalités trop différentes? Y avait-il un dysfonctionnement dans le contexte de ma classe? Un problème plus profond? Je l'ignorais. Je ne cessais d'observer, de réfléchir, je m'efforçais d'analyser ce que je sentais. L'ennui, c'était que je possédais une bonne faculté d'analyse lorsqu'il s'agissait de choses concrètes. En revanche, à un niveau abstrait, je me fiais davantage à mon intuition. Je pouvais sentir que quelque chose n'allait pas, mais j'avais du mal à identifier ce que c'était. Pour cette raison, il m'était difficile d'aller voir Bob pour lui parler de la situation. Que lui aurais-je dit? Que Julie était trop gentille? Et c'était cela, parmi toutes nos divergences, qui m'agaçait le plus. Je déteste ce cliché, mais cette jeune femme avait la patience d'une sainte. Peut-être ce trait m'irritait-il particulièrement parce que j'avais toujours considéré la

153

patience comme étant *ma* force. Souvent, j'avais réussi à résoudre des problèmes délicats avec des enfants simplement parce que je pouvais être très, très patiente et attendre que les blocages disparaissent sans me sentir frustrée ou irritée.

C'était une qualité innée, chez moi, je n'avais pas à la cultiver, et j'en avais toujours été fière. Cependant, ma patience n'avait rien de comparable avec celle de Julie. Elle semblait capable de supporter n'importe quoi sans manifester le moindre ennui. Une part de moi s'offensait devant le calme inaltérable dont elle faisait preuve face aux bêtises faites par les enfants durant la classe. Une autre part de moi, au contraire, verdissait de jalousie : elle possédait quelque chose que je n'aurais jamais.

Le conflit devait finalement exploser le dernier jour de classe avant les vacances de Noël. Quand Billy arriva, le matin, il serrait dans sa main un paquet emballé dans un papier brillant.

— C'est pour toi, maîtresse. Je l'ai acheté moi-même.

— Comme c'est gentil de ta part, Billy, dis-je en le posant sur mon bureau. J'ai hâte de l'ouvrir.

— Ouvre-le maintenant !

— Tu ne crois pas que je devrais attendre le jour de Noël ?

— Non ! Ouvre-le maintenant ! Je veux être là quand tu l'ouvres. Je veux que tu voies ce que c'est.

Les autres enfants arrivaient et se groupaient autour de mon bureau. Je défis le ruban en souriant. Le paquet, aux formes irrégulières, avait littéralement été enroulé dans du scotch, aussi je pris mes ciseaux et le découpai délicatement.

A l'intérieur, je découvris un chat de céramique grise et brillante, haut d'environ trente centimètres.

— Comme c'est beau, Billy ! Je te remercie beaucoup !

Le sourire de Billy allait d'une oreille à l'autre.

— Je l'ai acheté moi-même. Je l'ai payé avec mes sous. Tu sais combien ça coûte? Un dollar et quatre-vingt-douze cents. Je l'ai trouvé au Dollar Store. Normalement, tout est censé coûter un dollar, mais c'était l'un de leurs cadeaux les plus *chers*. Et je l'ai acheté avec mes sous.

— Merci beaucoup, Billy. J'adore les chats et je suis ravie de posséder une si jolie statue. Quand je rentrerai chez moi, je lui trouverai une place spéciale.

— Ouais! C'est bien ce que je pensais!

Billy prit la statue et la caressa amoureusement.

— Je me suis dit : «La maîtresse va aimer cela.» C'est vraiment ce que j'ai pensé, ajouta-t-il en levant les yeux vers moi. J'ai pensé à toi.

Je me penchai et le serrai dans mes bras.

— Tu es un petit garçon très attentif, Billy. Je l'ai toujours su.

L'air ravi, il sourit et m'étreignit à son tour. Il posa la statue sur mon bureau et regagna sa place.

Cet après-midi-là, nous devions célébrer Noël ensemble, ce qui signifiait aller au-devant du désastre à cause du changement dans les habitudes. Théo et Phil semblaient particulièrement affectés par l'excitation qui régnait dans la classe. Les jumeaux avaient toujours du mal à se maîtriser s'ils sortaient du cadre des activités habituelles. Nous avions beaucoup travaillé pour les aider à affronter ce genre de situation, nous avions inventé des paroles sur certaines de nos mélodies favorites pour leur rappeler qu'ils devaient s'arrêter, inspirer, réfléchir et, alors seulement, agir. Nous jouions régulièrement au jeu de la «statue de glace». Tous les enfants étaient occupés à faire quelque chose, quand je criais «gel». Chacun devait se figer dans la posture qu'il avait au moment du signal, inspirer profondément et retenir sa respiration jusqu'à ce que je dise «dégel». Nous avions aussi une «musique tranquille», que je mettais lorsque les enfants avaient été soumis à des stimulations excessives, et un «espace de tranquillité», où Théo et Phil pouvaient s'asseoir et faire une pause afin de recouvrer leur calme. Ils ne le vivaient pas comme une punition, ce qui était en revanche le cas lorsque je les envoyais s'asseoir sur la chaise-à-se-calmer. Malgré toutes ces précautions, ils pouvaient devenir incontrôlables si on modifiait trop leurs habitudes.

La matinée avait été passablement chaotique, mais, heureusement, en ce dernier jour d'école, les enfants qui venaient de l'extérieur n'étaient pas là. J'avais donc pu consacrer toute mon attention à mes élèves et occuper cette demi-journée par des activités paisibles. Pendant l'heure du déjeuner, les friandises arrivèrent. La grand-mère de Jesse apporta des gâteaux. La mère des jumeaux passa avec un immense plateau de cookies en forme d'arbres de Noël. Un peu plus tard, Julie m'aida à dresser le buffet. Les autres classes de l'école devaient s'amuser tout l'après-midi, mais nous ne devions en faire autant qu'après la récréation, quand saint Nicolas franchirait notre porte. Cependant, dès après le déjeuner, il fut impossible d'ignorer que quelque chose de très excitant allait se passer. Quand Théo et Phil aperçurent toutes ces bonnes choses, ils en perdirent la tête.

Le premier incident se produisit bien avant la sonnerie de la récréation.

— Regarde ce que Théo a fait ! cria Jesse.

Je me retournai pour voir Théo, un marqueur rouge à la main. Il avait coloré sa main gauche et attaquait la manche de sa chemise.

— Oh ! s'exclama Julie de sa voix la plus douce. Tu as oublié que les marqueurs sont faits pour le papier, pas pour les gens ? Viens, Théo, nous allons te laver.

J'entamai les activités de l'après-midi.

Julie nettoya la main de Théo du mieux qu'elle put. Nous n'avions pas suffisamment de papier absorbant près de l'évier, aussi alla-t-elle en chercher dans le placard. Théo éclaboussait le plancher en frappant l'évier du plat de la main. Tout en agissant ainsi, il me lança un rapide coup d'œil parce qu'il savait que je l'observais, puis il colla son doigt sous le robinet de telle sorte que l'eau jaillit de tous côtés.

Julie se tourna et vit le carnage.

— Oups! dit-elle calmement. De l'eau par terre… Quelqu'un pourrait glisser. Viens, nous allons prendre des serviettes et essuyer.

Elle prit des serviettes de papier absorbant et se courba pour éponger l'eau. Empilées les unes sur les autres, les serviettes étaient pliées de telle façon que, lorsqu'on en tirait une, l'autre apparaissait dans la fente de la boîte. Théo s'amusa donc à les sortir très vite et elles se mirent à planer gracieusement dans toutes les directions.

Je ne voulais pas miner l'autorité de Julie en intervenant, mais je suivais d'un œil attentif le déroulement des événements. Lorsqu'elle vit ce que Théo faisait, Julie se releva.

— Les serviettes sont faites pour éponger, Théo. Regarde…

Elle lui remit une serviette.

— Aide-moi, s'il te plaît, dit-elle en s'agenouillant de nouveau.

Loin de lui obéir, Théo se mit à lui donner des coups de serviette sur la tête. Cela ne faisait pas mal, bien entendu, mais il s'entêtait. Julie feignit d'abord de l'ignorer, jusqu'à ce qu'il pressât la serviette contre ses yeux, l'empêchant de voir.

— Les serviettes sont faites pour essuyer, Théo. Tu veux bien m'aider?

Mais Théo continua son petit jeu. Julie se leva et lui prit la main.

— Tu vas retourner à ta table. Voici ton classeur. Voyons s'il y a un joli dessin de saint Nicolas à colorier. Ce serait amusant, tu ne trouves pas?

J'observais la scène, consciente du fait que j'aurais géré la situation tout autrement. Pour commencer, j'aurais élevé la voix et j'aurais clairement fait savoir à Théo que

157

se colorier la main, éclabousser le sol et frapper l'enseignante avec une serviette, fût-elle de papier, n'était pas
un comportement tolérable dans une classe. Ensuite, je
me serais assurée qu'il épongeât l'eau et, s'il n'avait pas
obéi, je l'aurais envoyé s'asseoir sur la chaise-à-se-calmer
jusqu'à ce qu'il se montrât plus coopérant.

Tout en me faisant ces réflexions, je me sentais coupable. Je pouvais justifier ma méthode, dans la mesure où
elle avait le mérite d'envoyer à Théo un message clair,
mais, en vérité, j'aurais aussi agi ainsi parce que son
comportement m'exaspérait. Je n'appréciais pas une telle
conduite. Ma réaction aurait été, du moins en partie, une
réaction d'humeur. Mais était-ce bien? J'étais là pour l'*aider*. Ces enfants avaient un lourd passé. Julie orientait
tous ses efforts vers eux. En leur manifestant une
gentillesse inaltérable, en leur répondant par la compassion, elle les encourageait à avoir une bonne opinion
d'eux-mêmes. Et moi je réagissais par un «ne fais pas ça
parce que cela me contrarie».

Puis les choses empirèrent. Pour une fois, le système
des feux rouges me trahit. Durant toute la matinée,
les enfants étaient passés de l'orange au rouge, mais,
l'après-midi, tout le monde resta au rouge et personne ne
s'en soucia. Surexcité, Jesse ne parvenait plus à maîtriser
ses tics. Il aboyait, grimaçait et sursautait à chaque
instant. Gwennie était sur les nerfs. Elle détestait les aboiements de Jesse et restait de longs moments avec les mains
sur les oreilles pour ne plus l'entendre. Et, quand nous
ne la regardions pas, elle plongeait les mains dans les
friandises de Noël, engouffrant autant de bonbons et de
cookies qu'elle le pouvait. Théo et Phil nous faisaient
vivre un véritable cauchemar. Théo arracha tout ce qui
était accroché au tableau d'affichage, donna des coups de
pied dans les chaises, s'efforça de briser une fenêtre en
tapant dessus avec un cube. Phil ôta son pantalon et urina
sur ma chaise. Vénus était la seule à ne pas nous causer
d'ennuis, pour la bonne raison qu'elle était absente.

Le point culminant de notre fête d'une demi-heure, après la récréation, était l'arrivée de saint Nicolas, qui n'était autre que Bob, évidemment. Il avait rendu visite à toutes les classes, un sac rempli de bonnes choses sur l'épaule, et venait nous voir en dernier. Les autres élèves avaient seulement eu des petits sacs de bonbons, mais le Lions Club sponsorisait notre classe, cette année-là, aussi avions-nous prévu des cadeaux pour chacun des enfants, Gwennie comprise.

Pendant que j'accueillais saint Nicolas, Théo et Phil cavalaient autour de la salle. Je fis signe à Julie de les intercepter et de les ramener à leurs places. En zigzaguant parmi les tables, Théo passa devant mon bureau et s'empara du chat de céramique que Billy m'avait donné.

— Lâche ça, petit connard, ce n'est pas à toi! hurla Billy en se levant d'un bond.

Saint Nicolas lâcha son sac et saisit le bras de Billy.

— «Vive le vent, vive le vent, vive le vent d'hiver!» chantai-je. Allons, tout le monde chante!

Saint Nicolas se joignit à nous d'une voix forte, sans lâcher pour autant Billy. Celui-ci se mit à chanter, tout en foudroyant Théo du regard. Jesse les imita. Gwennie gardait la tête baissée, les mains sur les oreilles. Julie traversa la salle, reprit le chat des mains de Théo et le posa sur mon bureau.

Tout en chantant, je me mis à taper dans mes mains. Je me plantai devant Phil jusqu'à ce qu'il tapât dans ses mains et chantât. Pour finir, Théo nous imita.

Je marchai au pas, frappai dans mes mains et chantai «Vive le vent» jusqu'à ce que tout le monde, y compris saint Nicolas, m'emboîtât le pas. Finalement, nous aboutîmes dans le coin-lecture. Saint Nicolas alla récupérer son sac, resté près de la porte. Cinq ou six minutes d'une paix relative suivirent, alors qu'il distribuait les cadeaux. Les garçons poussèrent des cris de joie tout en déchirant les emballages. Comme on ne l'observait pas, Gwennie se goinfra une fois de plus. Je ne sais pas combien de gâteaux elle avait engouffrés quand je remarquai son cadeau, abandonné par terre. La saisissant par les épaules, je la tirai vers le coin-lecture.

Tous les enfants étaient assis sur le tapis. Julie et moi leur servîmes des cookies, des gâteaux et du jus de fruit. Saint Nicolas s'installa sur une petite chaise pour lire un conte de Noël aux enfants pendant qu'ils mangeaient.

Nous eûmes un petit moment de paix. Saint Nicolas parvenait à la fin du conte lorsque Gwennie se mit à vomir. Cela coula hors d'elle comme une fontaine, tombant sur le devant de sa robe, sur ses genoux, ses pieds et le tapis. Les garçons se dressèrent d'un bond, tandis que Gwennie se mettait à pleurer.

Julie entoura les épaules de la fillette de son bras.

— Là, là... C'est juste un peu de vomi. Ne pleure pas, ma chérie. Tu as eu peur, n'est-ce pas ? Ne t'inquiète pas, c'est juste un peu de vomi.

Ce n'était pas seulement un peu de vomi ! pensai-je avec agacement. C'était sale, cela sentait mauvais, cela avait gâché un moment paisible de notre petite fête de Noël, et cela ne serait pas arrivé si Gwennie ne s'était pas goinfrée. Je m'en voulais de nourrir de telles pensées parce que je savais que Gwennie ne pouvait s'empêcher d'être malade, mais c'était ainsi. Bon sang ! C'était plus qu'« un peu de vomi ». J'étais désolée pour Gwennie, mais je l'étais aussi pour les garçons ainsi que pour saint Nicolas, dont les bottes étaient salies. Et pour moi. Je poussai les garçons de l'autre côté de la pièce, appelai le concierge et donnai à saint Nicolas des serviettes de papier pour nettoyer ses bottes, puis je mis les derniers gâteaux hors de portée. Julie emmena Gwennie aux toilettes pour la laver.

Il nous restait cinq minutes avant la sonnerie quand Julie et Gwennie revinrent. Saint Nicolas était parti et le concierge réparait les dégâts, je décidai donc que nous avions eu suffisamment d'émotions pour la journée. Je dis aux enfants de mettre leurs anoraks car nous allions passer le temps qui restait dans la cour de récréation. C'est alors que je me retournai et vis Théo, qui s'emparait à nouveau du chat gris. Il n'agissait pas ainsi par méchanceté. Il était clair qu'il voulait seulement le regarder, mais il s'élança dans ma direction, sans doute pour me montrer quelque chose qui concernait la statue. Malheureusement, le lacet de sa basket gauche n'était pas noué. Il marcha dessus et trébucha. Il ne tomba pas, mais la statue glissa de sa main et se brisa sur le sol en mille morceaux.

Immédiatement, Billy fondit en larmes. Il n'était pas en colère et ne passa pas à l'attaque, comme il le faisait d'habitude. Simplement, son visage se décomposa et il se mit à pleurer. Mon cœur fondit de compassion pour lui. Surpris par la soudaineté de ce qui venait de se passer, Théo l'imita.

Très vite, Julie fut près de lui et l'entoura de ses bras.

— Tu as eu peur? Ce n'était qu'un accident. Ne pleure pas, mon chéri. Cela n'a pas d'importance. Des accidents arrivent parfois.

J'ai honte de l'admettre, mais, à cet instant, je ne me maîtrisai plus.

— C'est important, au contraire! intervins-je. Billy avait acheté ce cadeau pour moi et le fait qu'il soit cassé *est* important.

Comprenant que j'étais vraiment fâchée, Théo pleura de plus belle. Billy saisit l'occasion d'en rajouter :

— Espèce de connard! Tu as cassé mon cadeau. J'vais te tuer!

Cette intervention me ramena à la raison.

— Sûrement pas! dis-je en mettant les mains sur ses épaules. Je suis vraiment désolée de ce qui s'est passé, mais je ne veux pas que tu aggraves encore la situation. Prends ton anorak, nous descendons dans la cour. Quant à toi, Théo, va t'asseoir sur la chaise-à-se-calmer.

— Je l'ai pas fait exprès, pleurnicha Théo.

— J'en suis sûre, mais tu n'aurais pas dû y toucher. Ce n'était pas à toi.

Sans protester, il s'éloigna pour prendre le siège que je lui indiquais.

— Je resterai avec lui jusqu'à la sonnerie, dit Julie.

J'acquiesçai, puis je me détournai et emmenai les autres enfants dehors.

Très franchement, j'avais moi-même envie de pleurer. Je n'avais vraiment pas envie de remonter, après le départ des enfants, pour mettre les choses au point avec Julie, mais je savais qu'il le fallait. Aussi, après qu'ils furent montés dans leurs cars ou les voitures de leurs parents, je retournai dans la classe. Julie se trouvait à l'autre bout de la salle, en train de ranger.

— Assieds-toi, lui dis-je. Nous avons besoin de discuter.

— La journée n'a pas été bonne, dit-elle. Je suis désolée si elle ne s'est pas déroulée comme nous le souhaitions.

— Non, c'est plus grave que cela. Nous devons faire le point toutes les deux.

Julie vint vers moi, prit une chaise et s'assit à une table. J'en fis autant.

— Je sais que nous avons des approches différentes, commençai-je, et je peux le comprendre. En fait, je t'admire sur bien des points. Tu as beaucoup de qualités admirables. Mais ce qui se passe ici, ce que tu fais ici, comme avec Théo, c'est une sorte... de mensonge, sur le plan émotionnel, Julie. Dans ces situations, tu ne réagis pas honnêtement.

— Qu'est-ce que vous voulez dire ? fit-elle d'une voix légèrement tendue.

— Je veux dire que tu te conduis de la même façon avec lui lorsqu'il éclabousse le sol ou te frappe avec la serviette que lorsqu'il est assis à sa table et fait son travail.

Tu utilises le même ton affectueux et paisible. Mais, dans ces moments-là, tu ne peux éprouver de l'affection ou être calme. Pas quand il te frappe avec une serviette alors qu'il devrait t'aider à éponger le sol.

— Si pourtant, répliqua-t-elle calmement.

Je la regardai. Le silence s'installa entre nous.

— Si, répéta-t-elle, peut-être un peu moins calmement. Parce que je dois être affectueuse et paisible. C'est *bien*, Torey. C'est ainsi que nous devrions être.

— Pas tout le temps.

— Pourquoi pas?

— Parce que c'est malhonnête. Les gens ne sont pas toujours aimants et chaleureux. Ils sont parfois agacés, en colère ou hors d'eux, et tout cela est en nous aussi. S'il est important que nous maîtrisions nos émotions de façon à ne blesser personne, ce n'est pas pour autant que nous devons nous comporter comme si elles n'existaient pas. Et le fait qu'elles existent n'est pas mal. Nous mentons, sur le plan émotionnel, quand nous nous comportons comme si nous ne ressentions rien.

Julie se taisait.

— Ce n'est pas *bien*, continuai-je. Ce n'est pas donner aux enfants les moyens de maîtriser eux-mêmes ces émotions. Au contraire, c'est leur faire penser que nous sommes différentes d'eux. Les gens toujours gentils n'existent pas.

Julie soupira.

— Vous êtes la première personne qui soit jamais parvenue à me faire penser que la gentillesse est un défaut.

— Nous pouvons considérer la question à un autre niveau. Cela a à voir avec le bien et le mal. Je sais qu'il est important de témoigner aux autres de l'empathie ou de la tolérance pour qu'ils se sentent mieux dans leur peau. Il n'en reste pas moins vrai que, si nous ne le leur enseignons pas, les enfants n'apprennent pas à discerner le bien du mal. Il relève de notre responsabilité de leur montrer comment ils doivent se comporter. Tout ce qu'ils font n'est pas bien. Ils ont besoin qu'on leur montre la différence entre un bon et un mauvais comportement, ainsi que les moyens de mieux se conduire. C'est ce qui leur permettra, éventuellement, de devenir des adultes plus heureux, plus épanouis.

— C'est votre opinion, répliqua Julie.

— Oui, c'est mon opinion. Et je crois aussi que c'est ainsi que l'on parvient au respect de soi. Nous nous sentons mieux lorsque nous nous comportons de façon à ce que les autres réagissent de façon positive à notre égard. Nous nous sentons mieux lorsque nous avons l'impression que nous nous maîtrisons. Le respect de soi ne nous vient pas de ceux qui ne nous font que des compliments. Nous ne pouvons accorder de crédit à ces compliments que si nous savons que les gens qui les font nous critiqueront si le besoin s'en fait sentir. Le respect de soi n'est pas passif, mais actif. Il procède de la maîtrise de notre monde, du fait qu'on se sent compétent et maître de soi. Et comment veux-tu y parvenir si les autres ne t'aident pas à apprendre les comportements qui y sont associés ?

— Et comment savez-vous qu'ils le sont ? me contra Julie. Je ne suis pas très apte à porter des jugements de valeur. Qu'est-ce qui est bien ou mal, Torey ? Je ne suis pas Dieu, aussi comment le saurais-je ? Et je ne veux pas me hisser au niveau de Dieu. Il y a déjà trop de gens étroits d'esprit dans ce pays, et je ne veux pas en faire partie. Je ne crois pas que ce soit notre place. Les valeurs s'enseignent à l'église, pas à l'école.

— Les valeurs s'apprennent n'importe où.

— Oui, mais les valeurs de qui ? Nous n'avons pas le droit de juger de ces choses. Cette école accueille des enfants issus de différentes cultures, de différents milieux, de différentes religions. Cela pèse lourd dans la balance, Torey, et nous ne pouvons imposer nos jugements de valeur à des gens qui vivent différemment de nous. Je ne suis pas noire, ou d'origine latino-américaine, mais la plupart de nos élèves le sont. Je ne vis pas en dessous du seuil de pauvreté. Je ne suis pas handicapée mentale. Dans notre classe, la plupart des enfants appartiennent à l'une de ces catégories.

J'hésitai. De nouveau, j'avais conscience de combattre ce que j'étais et faisais habituellement, et cela me mettait mal à l'aise.

— Il existe des valeurs de base, dis-je, et elles n'ont rien à voir avec la couleur de la peau, la langue maternelle, le QI ou le niveau social. Ce sont des valeurs humaines. L'une d'elles dit que chacun a des droits. Aussi, chaque fois que l'on commet un acte qui lèse les droits de l'autre, on agit mal.

Julie hocha la tête.

— D'accord, dit-elle.

— Très bien. Théo prend le cadeau que Billy m'a fait et le laisse tomber — tu lui dis : «Théo, ce n'est pas important, ce n'était qu'un accident...» —, d'accord, c'est un accident et je sais parfaitement qu'il n'avait pas l'intention de casser cette statue. Donc, nous devons lui témoigner une colère proportionnelle à son acte. Il s'est conduit comme un gosse, mais il a mal agi quand même. Ce chat ne lui appartenait pas. Il a été prévenu à maintes reprises. Lui dire que «ce n'était qu'un accident» ou qu'il ne l'a pas fait exprès lui met peut-être du baume au cœur, mais ce n'est pas bon pour son sens moral. Lâcher cette statue interfère avec *mes* droits en tant que propriétaire de la statue parce que maintenant, je ne l'ai plus. Et les droits de Billy sont aussi lésés dans cette histoire. Billy a dépensé *son* argent. C'était *son* cadeau, et au-delà c'était son cœur. Il n'est pas juste de blesser Billy sous prétexte que Théo ne l'a pas fait exprès.

— Mais il ne l'a vraiment pas fait exprès. Et c'est vraiment arrivé, répliqua Julie. Faire souffrir Théo ne ramènera pas la statue. Alors, pourquoi endommager l'opinion qu'il a de lui-même? Ce petit garçon a déjà suffisamment de problèmes. Il n'a pas pu s'en empêcher, alors pourquoi empirer les choses?

— Parce que c'était mal.

— Je ne le pense pas.

— Et parce que c'était malhonnête sur le plan émotionnel. En nous-mêmes, nous n'avions pas le sentiment que ce n'était pas important.

— Pour moi, ça ne l'était pas.

Silence. Je la regardai par-dessus la table. Elle finit par hausser les épaules et se lever.

— Je suis désolée, Torey. Je voudrais être du même avis que vous, mais ce n'est pas le cas.

16

Puis vint le mois de janvier. Je continuais mes lectures pour Vénus pendant les récréations de l'après-midi. J'avais choisi de garder les mêmes livres, *Ranelot et Bufolet*, d'Arnold Lobel, et la série des *Frances*, de Russell Hoban, pensant qu'une parfaite connaissance de ces héros pouvait se révéler positive. J'avais peu d'éléments concernant le niveau intellectuel de Vénus. Etant donné son histoire familiale, je savais que, comme les jumeaux, elle pouvait être classée dans la catégorie « éducable », celle des débiles légers. Si nous travaillions toujours sur les mêmes livres, il y avait plus de chance qu'elle en comprît et appréciât les histoires. En outre, en se familiarisant avec leurs héros, elle pourrait anticiper leurs actions. Leur dimension humoristique comptait également : si elle prévoyait ce qui allait se passer, je pourrais peut-être saisir l'ombre d'un sourire ou tout autre signe m'indiquant que j'avais réussi à l'intéresser.

En fait, je savais que le processus était déjà enclenché. Les preuves que j'en avais, il est vrai, étaient très subtiles. Par exemple, je percevais en elle une hésitation au moment de la récréation. Quand la sonnerie retentissait, à la fin d'une activité quelconque, Vénus marquait une pause. Elle ne se dirigeait pas vers le coin-lecture. Je n'obtenais pas une réponse aussi claire. Mais elle ne se dirigeait pas non plus vers la porte avec les autres. Et elle cherchait mes yeux, guettait les mouvements de mon corps. Quand je m'apprêtais à gagner le coin-lecture, elle se tournait dans cette direction et, bien qu'elle attendît une injonction de ma part, elle y répondait. Elle traversait la salle pour me rejoindre.

Ce qui me plaisait davantage, c'est que j'avais remarqué les mêmes réactions au moment de la récréation du matin. Elle descendait dans la cour avec Julie et, même si je ne lui avais jamais fait la lecture à cette heure-là, elle marquait un temps d'hésitation. A mon avis, elle *espérait* que j'allais lui lire une histoire, elle vérifiait si c'était possible. Mais cet échange tacite était des plus subtils. Les comportements évoluent de façon imperceptible. Si je n'avais pas été très attentive, je n'aurais rien remarqué, hormis un visage inexpressif et un corps immobile.

A la mi-janvier, j'estimai que nous pouvions passer à un degré supérieur de communication. Au lieu de prendre un livre, comme d'habitude, cette fois j'en pris deux. Dans une main *Ranelot et Bufolet*, dans l'autre *Frances*.

— Quelle histoire lisons-nous, aujourd'hui ?

Vénus me regarda.

— C'est toi qui choisis. Celui-ci ou celui-là ?

Pas de réponse. J'attendis, puis je me mis à genoux et posai les deux livres devant moi.

— Viens là, lui dis-je calmement.

De façon inattendue, elle le fit et s'agenouilla en face de moi.

— Quel livre allons-nous lire aujourd'hui ? *Frances ?* Voyons, cela s'appelle : *Du pain et de la confiture pour Frances*. C'est une histoire amusante, tu te rappelles ? Nous l'avons lue la semaine dernière. Ou bien, préfères-tu *Ranelot et Bufolet sont ensemble ?* J'aime bien celui-là aussi.

Pas de réponse. J'attendis. Une minute ou deux passèrent… une éternité. Je pesai le pour et le contre : attendre davantage ou choisir à sa place ? Je ne voulais pas que la situation devînt conflictuelle, mais je ne souhaitais pas non plus ruiner un effort, même embryonnaire, de coopération en résolvant moi-même le problème.

Je vis son bras bouger. Très, très légèrement. Elle ne souleva pas sa main, posée sur son genou, mais son bras se contracta. J'interprétai donc ce tressaillement, estimant que, même si je me trompais, il valait mieux lui imputer la responsabilité du choix.

— Celui-ci, dis-je en levant le livre de *Frances*. Tu veux celui-ci?

Nos regards se croisèrent. Je hochai la tête avec conviction.

— Celui-ci? Très bien! Il me plaît, à moi aussi.

Cela devint un jeu entre nous. Chaque jour, je lui proposais plusieurs livres et je lui demandais lequel elle préférait. Chaque jour, nous attendions et attendions une réponse jusqu'à ce qu'elle fît quelque chose — une inclinaison de la tête, un frémissement du bras —, n'importe quoi que je puisse prendre pour une réponse. Je n'aurais pu prétendre qu'elle *choisissait* les livres, mais j'avais le sentiment qu'elle faisait un effort.

Nous continuâmes ainsi, jour après jour, sans changement notable. Jusqu'à la première ouverture. Nous avions dépassé tous les préliminaires. L'inconvénient de toute cette procédure, c'était qu'elle entamait fortement les vingt minutes dont nous disposions pour la lecture, pendant la récréation. Or, ce jour-là, il nous avait fallu sept minutes pour choisir *Les meilleures amies de Frances*, et je m'installai pour lui lire cette histoire. Ainsi que nous en avions l'habitude, je pris Vénus sur mes genoux. C'était un point important de la cérémonie. Comme je me fondais sur l'idée que Vénus avait été une enfant privée d'attention et de stimulations, je m'efforçais toujours de lui procurer des sensations tactiles quand je le pouvais, en la tenant, en l'étreignant, en posant ma main sur son épaule, en attirant son attention par une caresse sur la joue. Souvent, tandis que je lisais, ma main allait et venait sur son bras. Comme mon amie, qui avait passé une brosse douce sur les membres de son fils, victime d'un traumatisme cérébral, je sentais qu'une sensation régulière et rythmée pouvait fournir une stimulation précieuse à un cerveau rebelle.

J'étais un peu distraite, ce jour-là. En dehors du fait qu'il nous avait fallu un certain temps pour choisir l'histoire et qu'il ne nous en restait pas beaucoup, mon attention était détournée par la neige qui tombait dehors. J'entendais les enfants, en bas, qui lançaient des boules de neige contre les fenêtres. Ce n'étaient pas celles de ma classe et je supposais que les surveillants veillaient au grain, en bas, mais je ne pouvais m'empêcher de tendre l'oreille. Finalement, je posai ma main libre par terre et me dressai un peu sur mes genoux, ce qui nous souleva légèrement, Vénus et moi, afin de regarder dehors. Mais je ne voyais pas grand-chose. Aussi, tout en marmonnant contre ces «sales gosses», je repris ma position initiale et les aventures de Frances.

Je lisais depuis plusieurs minutes quand je sentis la main de Vénus sur mon poignet. Quand j'avais tenté de regarder par la fenêtre, j'avais laissé tomber mon bras le long de mon corps. Maintenant, très doucement, elle soulevait ma main et la plaçait sur son bras.

— Tu aimes ça? demandai-je calmement. Tu veux que je t'entoure de mon bras quand je lis?

Il y eut un imperceptible hochement de tête.

— Très bien, dis-je.

Et je repris la lecture. Ce fut tout. Ce fut toute l'interaction que j'obtins, ce jour-là. Mais je n'aurais pu être plus ravie.

C'est ainsi que cela commença. Après cinq mois passés dans ma classe, Vénus commençait très lentement à réagir. C'était loin d'être spectaculaire. Elle ne parlait pas. Elle ne faisait rien en classe. Mais, pendant les vingt

170

minutes que nous passions ensemble, nous établissions une forme très subtile de communication.

Le lendemain, quand je lui présentai deux livres, elle hésita, comme elle le faisait toujours, et j'attendis, comme je le faisais toujours. Mais, cette fois, elle souleva très, très lentement sa main droite à environ trois centimètres au-dessus de son corps et avança légèrement son index. Il était impossible de déterminer quel livre elle désignait, mais il était clair que pour la première fois elle en indiquait un.

— Celui-ci ? demandai-je en soulevant *Ranelot et Bufolet*.

Un hochement de tête presque imperceptible.

Pendant une semaine ou deux, nous continuâmes ainsi. Je ne pense pas qu'elle choisissait vraiment un livre, elle soulevait seulement un doigt. Mais j'étais prête à accepter le moindre effort de communication.

Et puis, dix jours plus tard, nous progressâmes de nouveau.

— Ce livre ? demandai-je, après qu'elle eut soulevé l'index.

Il y eut une longue pause, mais elle ne m'offrit pas son imperceptible mouvement du menton. J'attendis. Pas de réponse.

— Ce livre ? demandai-je de nouveau.

Très, très, très lentement, elle souleva sa main et l'avança à peine pour frôler l'autre livre.

— Ah, tu veux l'histoire de Frances ? Très bien. Je suis contente de le savoir. Je vais te la lire, bien sûr.

Vénus hocha la tête. Bien plus, elle le fit une seconde fois, de façon plus évidente. Puis elle vint de son plein gré sur mes genoux.

Au retour des vacances de Noël, Julie et moi nous étions comportées comme si de rien n'était. Nos relations étaient sensiblement les mêmes qu'avant notre discussion. Quant à nos dissensions, il n'y fut plus fait allusion. Pourtant, elles étaient toujours là et introduisaient dans la classe une tension latente. Julie s'arrangeait pour me faire comprendre qu'elle ne voyait rien de répréhensible dans sa façon d'agir. Du coup, j'étais douloureusement consciente du fait que soit nous avions un vrai problème, elle et moi, soit c'était simplement *mon* problème. Pour finir, je décidai de solliciter l'avis de Bob. Je lui expliquai la situation — à savoir que Julie et moi concevions différemment les réponses à apporter aux enfants et semblions incapables de nous mettre d'accord. Enfin, je lui demandai de me conseiller. Bob fut surpris. De façon générale, j'étais plutôt de bonne composition avec mes collègues. Il arrivait qu'on me considère avec une certaine méfiance, surtout parce que j'étais originale, bruyante, habituée à exprimer mes pensées avec franchise. Mais je m'entendais facilement avec tout le monde et avais toujours eu des relations cordiales avec les autres membres du personnel enseignant. Ce qui étonna le plus Bob, ce fut d'apprendre que c'était avec Julie que je rencontrais des difficultés. Julie qui présentait si bien, si réservée, si douce. Et, depuis qu'elle travaillait dans l'école, elle avait toujours été très bien notée.

— Tu aurais dû m'en parler plus tôt, me dit-il après que je me fus expliquée. A l'heure qu'il est, nous aurions réglé la question, alors qu'actuellement votre différend risque de compromettre l'atmosphère de la classe.

— «Compromettre» n'est pas le mot juste.

Bob me regarda, attendant une explication. J'hésitai.

— Bon... c'est peut-être le mot juste, ou ça l'a été. Il a fallu beaucoup de temps pour que naisse un esprit de groupe. Je veux dire... Pourtant ils ne sont que cinq ! Je pense que si j'avais senti que Julie était derrière moi... Et maintenant, si seulement elle acceptait de me soutenir !

— Te soutenir ? De quelle façon, exactement ? Qu'est-ce qui te fait penser qu'elle ne te soutient pas ?

Je réfléchis. La vérité nue était qu'en refusant chaque jour de se joindre à nos milliers de chansonnettes stupides, elle ne me soutenait pas. Mais comment dire une chose pareille? Rien, dans le contrat de Julie, ne spécifiait qu'elle devait chanter. Pourtant, en se tenant à l'écart, elle avait le sentiment que nous l'excluions alors qu'il me semblait que c'était elle qui s'excluait. Cela soulignait notre désaccord. Mais c'était difficile d'en parler à Bob sans me sentir mesquine. Comment le fait de pousser ou non la chansonnette pouvait-il revêtir une telle importance?

Pourtant, c'était important. Les chansons avaient été le ciment du groupe. D'une voix hésitante, je tentai d'expliquer tout cela à Bob.

— Peu importe qu'elle chante bien. Je ne prétends pas moi-même être cantatrice. Ce qui me gêne, c'est son refus de se joindre à nous, d'être avec nous.

— Peut-être lui en demandes-tu un tout petit peu trop, Torey, répliqua doucement Bob. Je connais quelques adultes qui seraient bien embarrassés si on leur demandait de chanter. Même si ce n'est que devant une poignée de gamins.

— Je sais, Bob. Mais ce n'est pas exactement ce que je dis. Je ne parle pas du fait de chanter en lui-même, mais du fait de s'exclure de l'activité. C'est difficile à expliquer... ce n'est pas seulement qu'elle ne participe pas, c'est qu'elle refuse de participer. C'est une différence qualitative. Après tous ces mois durant lesquels je ne trouvais pas le moyen d'insuffler un esprit de groupe à ces enfants, je tombe sur quelque chose qui marche. Si elle voulait m'apporter son soutien, elle frapperait dans ses mains ou bien elle fredonnerait, ou encore elle danserait avec les enfants. Elle ferait quelque chose pour montrer qu'elle est d'accord, qu'elle est contente que nous formions une classe.

Bob se gratta la tête d'un air pensif.

— J'imagine le tableau, dit-il avec humour. Je

convoque Julie dans mon bureau et je lui dis : «Si tu refuses de chanter dans la classe de Torey, aurais-tu la bonté de fredonner ou de danser, s'il te plaît?»

Nous éclatâmes de rire.

— Non, sérieusement, dit Bob, j'entends bien ce qui t'amène ici. Cela me surprend pourtant, je dois l'admettre. Mais, jusqu'à maintenant, il faut dire que Julie n'a eu pour toute responsabilité que de s'occuper de Casey Muldrow.

— Et en ce qui concerne nos approches différentes? Comment puis-je gérer ce problème?

Bob soupira.

— Pour être parfaitement honnête, je me sens mesquine... J'essaie de ne pas l'être : Julie ne réagit jamais de façon négative, elle se montre inexorablement positive, comme si tout était sur le même plan. Je ne cesse de me demander comment elle peut dire : «Ouh! Tu as fait tomber le bocal et tous les poissons sont morts», sur le ton que tu emploierais pour dire : «Je t'aime.» Et elle continue de penser qu'elle a raison.

Je fis une pause, puis repris :

— Alors, je me dis : «Ce n'est pas humain! Quelle somme de rage tu dois refouler! Quelle tempête ce sera quand tu exploseras! Est-ce que tu seras effrayante à ce moment-là?»

— Tu penses que les enfants la perçoivent de cette façon? demanda Bob.

— Je ne sais pas. Ils ont l'air de bien s'entendre avec elle. Ils lui en font voir. Elle a du mal à imposer la discipline, et ils le savent, alors ils peuvent vraiment être odieux. Mais peut-être n'y a-t-il que moi pour penser qu'elle est effrayante. Peut-être suis-je particulièrement sensible à cet aspect de sa personnalité.

Il y eut un silence.

— Qu'allons-nous faire? demanda Bob. Qu'est-ce que tu attends de moi?

— Tu pourrais me donner une autre assistante?

C'était davantage un vœu qu'une question.

— Je ne crois pas que ce soit possible. Pas si elle n'a commis aucune faute manifeste.

— Je comprends. Mais cette situation ne lui convient pas plus qu'à moi, j'en suis sûre. Elle serait sans doute soulagée si elle pouvait travailler avec des enfants plus paisibles et plus prévisibles. Quant à moi, je pourrais avoir auprès de moi une personne banale, plus âgée, ordinaire. Pas une sainte.

Bob sourit.

— Et si je lui parlais, pour commencer? Mettons cartes sur table et voyons comment elle réagit. Voyons si elle modifie son attitude. Et peut-être peux-tu modifier la tienne.

— Sur quel point?

— En te montrant plus tolérante vis-à-vis de ceux qui ne voient pas les choses comme toi.

Je hochai la tête.

— Je crois comprendre ce qui t'a amenée dans mon bureau, dit Bob, et j'ai parfaitement confiance en tes méthodes. Il semble donc que le problème vienne de Julie et je vais en parler avec elle. Mais il y a un million de façons d'agir et de réagir dans les relations humaines. Si Julie ne fait pas de mal aux enfants, si elle ne contrarie pas leurs progrès, alors nous devons accepter l'idée que son approche est différente de la tienne, mais qu'elle n'est pas forcément mauvaise. En ce cas, nous devrons nous adapter.

17

Depuis que Vénus était revenue, au début du mois de décembre, son comportement dans la cour de récréation s'était nettement amélioré. Cela était dû en partie au fait qu'elle était très surveillée. Au moment du déjeuner, elle avait toujours sa surveillante personnelle. Julie s'occupait d'elle pendant la récréation du matin et je la gardais pendant celle de l'après-midi. Ainsi, elle avait fort peu d'occasions d'attaquer les autres enfants. Mais, plus généralement, elle semblait avoir moins de problèmes. Malgré quelques frictions mineures, nous n'eûmes pas de rixes sévères jusqu'au début du mois de février.

Ce jour-là, Vénus semblait seulement s'être levée du mauvais pied. Elle avait failli se bagarrer avant la classe. Wanda montait péniblement l'escalier en soufflant comme un bœuf, handicapée par son poids qui ne cessait de croître. Vénus se trouvait derrière elle lorsqu'un des jumeaux, impatienté, avait poussé Wanda pour passer. Enragée, Vénus avait poussé un hurlement et s'était lancée à sa poursuite, mais le garçon avait une bonne tête d'avance. Tandis qu'il se précipitait dans la classe, j'interceptai Vénus sur le seuil et l'assis sur la chaise-à-se-calmer. En quelques minutes, elle était suffisamment remise de ses émotions pour reprendre sa place et retomber dans son état de stupeur habituel.

176

Pendant la séquence réservée au calcul, nous connûmes un autre incident, cette fois avec Billy. Je ne savais pas ce qui l'avait déclenché, mais sans doute était-ce quelque chose de totalement insignifiant. Peut-être Billy l'avait-il frôlée, mais Vénus poussa un rugissement et le frappa sur le côté du crâne avant que j'aie eu le temps d'intervenir.

Retour à la chaise-à-se-calmer.

Il y eut une nouvelle alerte pendant la récréation. Cette fois, Julie s'interposa avant que cela n'allât trop loin et Vénus se retrouva contre son mur, bien qu'il fût couvert de neige. Quand la sonnerie retentit, elle rentra trempée et silencieuse et regagna sa place.

Je prenais mon déjeuner dans la salle des professeurs quand j'entendis le hurlement familier de Vénus monter de la cour. Pam, qui était assise en face de moi, leva la tête. Nos regards se croisèrent.

— Nous y voilà ! marmonnai-je en me levant.

Par la fenêtre, je vis une foule se rassembler autour du toboggan. De là où je me trouvais, je ne pouvais pas savoir qui était impliqué, mais je savais qu'il valait mieux descendre. Aussi, je rassemblai ce qui restait de mon repas sur un coin de table et quittai la pièce.

Bob était déjà dans la cour quand j'y arrivai, ainsi que deux instituteurs, Julie et, évidemment, la personne chargée de surveiller Vénus. Il était difficile de dire ce qui s'était passé. Personne ne savait ce qui avait mis Vénus hors d'elle, mais elle avait été fâchée par quelque chose qu'avait fait une fillette de cours élémentaire et elle l'avait pourchassée à travers la cour. Pour lui échapper, la petite était montée sur l'échelle du toboggan. Apparemment, Vénus lui avait attrapé une jambe et essayé de la faire tomber. Elle n'y était pas arrivée. La surveillante qui lui avait été attribuée l'avait saisie à bras-le-corps et écartée du toboggan. Mais la fillette hurlait au meurtre et Vénus criait plus fort encore, tout en se débattant de toutes ses forces pour échapper aux trois adultes qui tentaient de la contenir.

A cet instant, ce n'était pas vraiment pour Vénus que je m'inquiétais. Je craignais surtout que quelqu'un ne s'avisât de contester la présence d'une telle enfant dans un établissement scolaire. On l'avait renvoyée si vite chez elle la fois précédente que je redoutais qu'on prît cette décision une seconde fois. Aussi, ma principale préoccupation était de l'éloigner de la cour.

— Je vais lui parler, dis-je en atteignant le groupe. Je vais l'emmener dans ma classe.

Je saisis Vénus sous les bras et la jetai sur mon épaule, comme un vulgaire sac de pommes de terre. J'ignore si Vénus fut vaincue par la rapidité de l'action ou la position elle-même, toujours est-il qu'elle cessa immédiatement de lutter. Elle criait encore, mais elle ne se débattait plus. La serrant fermement, je me dirigeai vers le bâtiment. Vénus sanglotait bruyamment.

Je montai péniblement l'escalier, tout en jurant sourdement contre la hauteur des marches. Vénus avait sept ans et elle n'était pas légère. Arrivée en haut, j'ouvris la porte de ma classe et la déposai par terre. Elle pleurait toujours de cette voix mi-étranglée, mi-hurlante, qui était sa marque de fabrique. Je pris le temps de retrouver ma respiration. J'avais eu l'intention de l'asseoir sur la chaise-à-se-calmer, mais je ne le fis pas. Au lieu de cela, je m'agenouillai pour être à sa hauteur.

— Tu as vraiment passé une mauvaise journée, pas vrai ? Les choses ne vont pas très bien pour toi.

Vénus me regardait à travers ses larmes. Elle était peut-être un peu moins inexpressive que d'habitude, mais rien n'annonçait qu'elle allait répondre.

— Je sais que les autres enfants te mettent hors de toi parfois, continuai-je. Ils te portent sur les nerfs et te mettent très en colère. Mais il faut que tu parviennes à te contenir parce que je veux que tu restes dans ma classe. Ici. Avec moi. Tu vas devoir gérer ta colère autrement, sinon M. Christianson te renverra chez toi pour y recevoir des cours à domicile. Et tu resteras tout le temps à la maison.

Il y eut dans ses yeux un éclair de compréhension. Juste assez pour que je sache qu'elle avait bien enregistré ce que je venais de dire. Et aussi qu'elle ne voulait pas rester chez elle.

— Tu as eu des problèmes avant de venir à l'école, aujourd'hui ? demandai-je.

Elle avait cessé de pleurer, mais ses yeux sombres restaient voilés de larmes. Je pris un mouchoir de papier et essuyai ses joues humides. Elle esquissa un mouvement de recul.

— Je ne vais pas te faire de mal. Là ! Je veux seulement que tu te sentes bien.

Je recommençai. Vénus m'observa très attentivement tandis que je soulevais lentement le mouchoir et essuyais son visage. Je posai mon autre main sur son épaule. Je lui souris.

— Tu préfères rester ici, n'est-ce pas ? Avec nous. Tu n'as pas envie d'être enfermée à la maison. Tu veux venir à l'école, pas vrai ?

Elle hocha imperceptiblement la tête. Je ne l'aurais pas vu si je ne l'avais pas regardée de si près. Mais c'était bien un acquiescement. La marque d'une volonté. Je souris plus largement.

— Tu sais ce qui va arriver, si tu ne fréquentes plus l'école ? fis-je d'une voix volontairement moqueuse.

Elle ne répondit pas, mais ses yeux étaient braqués sur moi.

— Tu deviendras une mule !

Je me mis à rire, puis j'entonnai l'une des chansons préférées de la classe et que j'avais toujours chantée avec mes élèves : « *Would you like to swing on a star* » — « Aimerais-tu te balancer sur une étoile »...

J'agitai les mains derrière ma tête.

— Une mule est un animal qui a de drôles d'oreilles,

très longues. Elle rue et donne des coups de sabots dès qu'elle entend quelque chose.

J'obtins enfin une réaction. Les yeux de Vénus s'élargirent de surprise.

— Son dos est musclé, mais elle n'a pas de cervelle, continuai-je. C'est une bête stupide et bornée. En fait, si tu détestes aller en classe, tu risques fort de devenir une mule. A moins que tu ne préfères... te balancer sur une étoile...

Je lui tendis la main.

— Viens! Pose tes pieds sur les miens, nous allons danser.

Il était clair que Vénus ne s'y attendait pas. Surprise, elle leva les yeux vers moi, puis elle fixa ses pieds.

— Viens, insistai-je.

Je me penchai et posai l'un de ses pieds sur ma chaussure, puis je me redressai et m'emparai de ses mains.

— Mets l'autre sur mon autre pied.

Vénus souleva prudemment sa jambe et fit ce que je lui demandais.

— «Ou bien voudrais-tu plutôt te balancer sur une étoile? Rapporter avec toi des rayons de lune dans une jarre?» chantai-je en commençant à valser à travers la salle.

Ce fut un moment légèrement surréaliste, durant lequel je dansai avec Vénus tout en fredonnant, d'une voix un peu fausse, une vieille chanson pop datant des années cinquante. Ce n'était pas prévu. Quelques minutes auparavant, je n'avais pas la moindre idée de ce que j'allais faire. Je ne m'étais pas dit : «Ce sera peut-être mieux que la chaise-à-se-calmer», ou bien «De cette façon, j'obtiendrai peut-être une réaction». A un moment, j'avais dit : «Tu veux venir à l'école, pas vrai?» Et puis, tout s'était enchaîné. Les paroles de la chanson m'étaient venues spontanément. Même si j'étais moi-même un peu surprise de me retrouver en train de danser au milieu de la classe.

180

Nous continuâmes. Je chantais tous les couplets, et nous dansions. Puis je les repris au début. Et nous tournoyions tout autour de la salle. D'abord, j'avais pris les mains de Vénus dans les miennes, mais, peu à peu, je modifiai la position. Je gardai sa main gauche dans ma main droite, mais de la gauche je l'attirai contre moi de façon à ce que nos mouvements fussent plus fluides. Je n'étais pas une bonne danseuse, impossible de le nier. J'ignorais s'il s'agissait bien d'une valse, mais cela n'avait aucune importance, car au bout du compte nous ne valsions pas non plus. Nous tanguions sans rythme. Mais cela n'avait pas d'importance. Quand je baissai les yeux, je rencontrai ceux de Vénus, levés vers moi. Et elle souriait. C'était un tout petit sourire qui errait sur ses lèvres serrées, mais, pas de doute, c'était un sourire.

Soudain, quelqu'un alluma la lumière.

— Qu'est-ce que vous faites?

Je m'arrêtai brusquement et tournai la tête. Julie se tenait sur le seuil de la pièce.

— Il est presque treize heures, dit-elle.

Elle désigna l'horloge, comme si elle avait conscience d'avoir interrompu quelque chose de privé et devait justifier sa présence. Je lui souris.

— Nous dansions.

— C'est ce que je vois. Et moi qui pensais que vous étiez montées pour une petite séance sur la chaise-à-secalmer, fit Julie avec une certaine ironie. On ne sait jamais ce qui va se passer ici, pas vrai?

Elle adressa une petite grimace à Vénus tout en entrant dans la salle. Mais ce fut peine perdue, car Vénus s'était déjà retirée dans son silence inexpressif.

Quand vint la récréation de l'après-midi et que Julie eut emmené les autres enfants dans la cour, je me dirigeai vers le coin-lecture. Vénus m'y suivit d'elle-même, ainsi qu'elle le faisait depuis quelque temps.

— Tu veux choisir un livre ? lui demandai-je.

Depuis que nous travaillions sur *Ranelot et Bufolet* et la série des *Frances*, je lui offrais systématiquement le choix. Mais, cette fois, je ne sortis pas les livres pour les lui présenter.

Vénus s'immobilisa au bord du tapis.

— C'est *toi* qui le prends aujourd'hui, dis-je.

Les livres les plus lus étaient posés sur l'étagère du bas, à la portée de tous.

Pas de réponse. J'attendais. Toujours pas de réponse.

Vénus s'approcha un peu de moi. Nous étions peut-être à un mètre l'une de l'autre lorsqu'elle commença à se déplacer. Ses pas étaient minuscules, mais elle approchait. Pas des livres, mais de moi.

J'attendis. Nous ne disposions que de vingt minutes et nous en utilisâmes dix pour cette traversée du tapis, si atrocement lente. Je m'efforçais de ne montrer aucune impatience. D'ailleurs, je n'en éprouvais aucune. La conséquence naturelle de cette perte de temps était bien plus significative que tout ce que j'aurais pu dire. Je me contentai donc d'attendre.

Vénus parvint enfin près de moi. Elle leva les yeux. Ce fut un long regard scrutateur, dont la signification n'était pas claire, mais il n'était pas aussi inexpressif que d'habitude. Et puis, très prudemment, elle souleva un pied. L'espace de trente ou quarante secondes, il resta suspendu. Enfin, très lentement, elle le posa sur ma chaussure.

J'eus un brusque éclair de compréhension.

— Ah ! Tu veux danser ? Tu ne veux pas lire, tu préfères danser.

Sans cesser de me fixer, elle hocha imperceptiblement la tête. Alors nous dansâmes. De nouveau, je chantai : «Voudrais-tu te balancer sur une étoile ?»

Et je me mis à me balancer d'un pied sur l'autre. Je tournoyai de nouveau dans la salle, tenant sa main droite dans ma main gauche, la droite posée sur son dos de façon à la serrer suffisamment fort pour que nos déplacements fussent aisés. Elle pressait si fort son visage contre la laine de mon sweater que je sentais son haleine tiède contre mon ventre.

Le lendemain matin, quand la sonnerie de la récréation retentit, les garçons enfilèrent chaussures et manteaux. Je les suivis dans le couloir, pour modérer éventuellement leur excitation. Lorsqu'ils eurent disparu dans l'escalier, à la suite de Pam, je revins sur mes pas pour fermer la porte de la classe avant de descendre dans la salle des professeurs. Je m'aperçus alors que Vénus se trouvait toujours à l'intérieur.

— Eh! C'est l'heure de la récréation! fis-je, depuis le seuil.

Elle vint vers moi.

— Dépêche-toi! Mets ton anorak. Julie t'attend. Elle va se dire : «Où est donc Vénus, ce matin?»

Vénus s'immobilisa.

— Allons, viens! Vite!

Comme elle levait les yeux vers moi, je devinai son attente et souris.

— Tu n'es pas pressée, aujourd'hui, à ce que je vois.

Très prudemment, elle leva un pied et le posa sur ma chaussure. Elle se trouvait un peu plus loin de moi que d'habitude, ce qui l'obligeait à tendre la jambe. Elle leva alors les yeux vers moi.

Je souris plus largement.

— Je vois ce que c'est. Tu ne veux pas sortir, tu veux danser.

Un imperceptible mouvement du menton.

— Je vois.

Je me mis à fredonner. Vénus ne me quittait pas des yeux.

— Est-ce que tu peux le demander avec des mots? Est-ce que tu peux dire : «Je veux danser»?

Une pause. Elle m'observait avec intensité, ses prunelles sombres scrutant mon visage.

— Danser, murmura-t-elle si bas que ce ne fut guère qu'un souffle.

Et c'est ce que nous fîmes.

18

De tous les enfants, celui pour lequel je m'inquiétais le plus était Jesse. Malgré les tests, qui révélaient que son QI était normal, le niveau scolaire de Jesse demeurait très faible. Il était incapable de lire même le mot le plus simple. Pourtant, ses capacités étaient supérieures à celles de Théo ou de Phil, plus jeunes et bien plus handicapés que lui, tant sur le plan intellectuel que comportemental.

Son syndrome de Tourette engendrait de nombreux problèmes. Ses tics gênaient sa concentration et encombraient son esprit de pensées obsessionnelles. En particulier, il avait une forte tendance à répéter des mots qui l'écartaient de son sujet. Il les prononçait à voix haute ou intérieurement et, du coup, il mettait plus de temps à accomplir la moindre tâche. De plus, il était en proie à une agitation constante et avait du mal à rester assis. Même lorsqu'il parvenait à se concentrer, il gigotait sans arrêt. La plupart du temps, il ne s'asseyait même pas. Deux minutes, c'était à peu près le temps qu'il pouvait supporter sur sa chaise avant de se lever. Souvent, il ne se déplaçait pas dans la salle. Il se levait, tournait autour de son siège et se rasseyait de lui-même, ce qui, évidemment, perturbait énormément son travail.

Cette agitation semblait aussi engendrer une tendance à l'agressivité et à l'irritabilité. Elle était en partie causée par les réactions des autres enfants, qui étaient distraits par ses mouvements. Mais elle semblait aussi procéder d'une sorte de colère interne globale que Jesse ressentait envers presque tout. Je pense que cela était lié au syndrome de Tourette et à la frustration qu'il éprouvait dans ses efforts pour contrôler ses tics et répondre aux exigences de la journée. Quelle qu'en fût l'origine, cette irritation permanente pesait terriblement lourd sur son travail scolaire.

Je m'efforçais de m'en accommoder en répondant positivement à tout ce que Jesse faisait de bien et en ignorant autant que possible ses tics et leurs conséquences. Les autres enfants acceptaient remarquablement bien les bruits variés émis par Jesse, sans trop en profiter pour s'agiter. Venant d'enfants particulièrement enclins à la bagarre, c'était plutôt inattendu. La plupart des agressions qui avaient lieu dans la classe semblaient davantage provenir de leur incapacité à contrôler leurs impulsions qu'à une véritable animosité envers les autres, si bien qu'ils pouvaient se montrer étonnamment tolérants et diplomates. Mieux encore, Billy intervenait parfois, dans la cour de récréation, quand les élèves des autres classes raillaient les tics de Jesse.

Cherchant à résoudre les problèmes de lecture de Jesse, je ressortis l'un de mes jeux favoris, que j'avais conçu moi-même. Il y a un jeu de société pour enfants qui s'appelle «Le pays de Candy». Les joueurs doivent progresser le long d'un sentier sinueux composé de carrés de différentes couleurs. Ils tirent des cartes d'une pile, puis ils déplacent leur pion sur le carré dont la couleur correspond à celle de leur carte. A mes débuts, j'avais découvert qu'en remplaçant les cartes de couleurs par des problèmes de calcul que les enfants devaient résoudre pour trouver le carré correspondant, sur le sentier, je créais un autre jeu, à la fois instructif et amusant. Cette expérience m'avait amenée à penser que «Le Pays de Candy» constituait un merveilleux support et j'avais inventé beaucoup d'autres variations. Dans ce cas précis, je pensais pouvoir l'adapter pour Jesse en utilisant des mots simples, tels que «quoi», «toi» et «vois», qu'il confondait constamment.

L'un des atouts supplémentaires du «Pays de Candy» était que certaines cartes illustrées pouvaient faire avancer un joueur de façon extraordinaire ou, au contraire, le faire reculer d'autant. Cela ajoutait un élément de hasard et augmentait l'excitation des joueurs. Lorsque je confectionnais mes propres jeux, j'y incluais toujours ce genre de carte. Certaines d'entre elles, comme dans le jeu d'origine, amenaient les joueurs à la victoire. D'autres comportaient des défis stupides, comme de faire le tour de la table à cloche-pied, ou des surprises, comme de gagner une étoile supplémentaire ou cinq Smarties. Non seulement cette idée ajoutait à la fièvre du jeu, mais elle permettait une certaine mobilité, salutaire pour des enfants naturellement agités.

Un après-midi, je jouais sur la version de Jesse avec lui, ainsi que Billy et James, un petit garçon qui venait occasionnellement pour des difficultés dans l'apprentissage de la lecture. Jesse avait passé une mauvaise journée. Ses tics variaient, en fréquence comme en intensité, mais, la semaine précédente, certains des plus bruyants et des plus gênants avaient nettement augmenté. Nous étions obligées de lui accorder davantage de temps pour faire les choses, comme répondre aux questions, parce que sa tendance à répéter des mots de façon obsessionnelle ralentissait tout. Billy se montrait relativement patient à cet égard, mais James trouvait cela ennuyeux.

— Allez, mec, à ton tour, ne cessait-il de dire, ce qui ne faisait qu'accroître le temps que Jesse prenait pour jouer.

Je tendis le bras et frôlait le bras de James.

— Tu ne l'aides pas, James.

— Il met trop longtemps! Nous aurions déjà fait six parties s'il se dépêchait un peu.

— Il fait ce qu'il peut.

— Il a des tics, expliqua Billy. C'est pour ça qu'il lui faut plus de temps.

— Ne parlez pas de moi comme si je n'étais pas là, marmonna Jesse.

— Tu as raison, dis-je, excuse-nous. Tu peux jouer, maintenant?

Les épaules de Jesse tressautèrent. Il souleva sa carte et l'étudia soigneusement. A l'expression de son visage, je devinai qu'il répétait quelque chose mentalement. Nous étions suspendus à ses gestes. Il était sur le point de parler, mais...

— Mince alors! s'écria James. C'est vraiment trop long!

Ce fut la goutte d'eau qui fit déborder le vase. Jesse explosa. Se levant brusquement de table, il balaya le damier d'un revers de bras. Les cartes voltigèrent en tous sens. En l'espace de quelques secondes, Jesse avait attrapé James par-dessus la table.

— Eh! fis-je en les séparant. Par ici, Jesse. A ta place. Prends ton classeur et mets-toi au travail. James, assieds-toi là. Billy, à ta place s'il te plaît.

— Eh ben alors! pleurnicha James. Il faut le punir, il a failli me taper dessus.

— Tu me laisses m'occuper de cela, répliquai-je. Assieds-toi. Il ne te reste plus que dix minutes, de toute façon.

Jesse ne pouvait pas s'asseoir. Il galopait autour de la salle et nous allions avoir des problèmes si je ne parvenais pas à l'intercepter et à le recadrer physiquement. Je jetai un coup d'œil à Julie qui travaillait avec Gwennie.

— Tu pourrais l'attraper? L'aider à s'asseoir et à faire son travail?

— Je pourrais l'aider, suggéra Billy avec enthousiasme.

— Merci Billy, c'est très gentil de ta part, mais je serais très contente si tu reprenais ta place et ouvrais ton classeur. Quand tu auras terminé ton travail, tu pourras voir si Phil a besoin d'aide.

188

— J'en ai pas besoin! s'exclama ce dernier.

— Parfait. De toute façon, tu fais ton travail et Billy le sien. Et toi, James, le tien.

Julie parvint à arrêter Jesse et à l'asseoir, mais cela impliquait qu'elle abandonnât Gwennie, qui travaillait sur un exposé portant sur les cacahuètes qu'elle devait faire pour son autre classe. C'était pour elle une réelle épreuve. Gwennie ignorait jusqu'au sens du mot «exposé». Cela faisait partie des compétences exigibles en cours élémentaire, mais c'était trop abstrait pour elle. La dernière fois qu'elle avait dû effectuer un tel travail, elle s'était bornée à recopier ce qu'elle avait lu. Julie et moi avions alors tenté de lui faire comprendre ce qu'était un résumé. Pas facile. Et Gwennie trouvait cela très angoissant. Elle avait recours à de nombreuses diversions et s'efforçait avec entêtement de détourner la conversation sur son thème préféré, les pays étrangers. Et, plus Gwennie était stressée, plus elle adoptait un comportement autistique, comme de faire rouler son crayon ou de répéter les mots et les phrases qu'on lui disait.

Julie fit asseoir Jesse et ouvrit son classeur. Remarquant que l'un des jumeaux réclamait son attention, elle se dirigea vers lui. Je restai auprès de James, qui n'allait pas tarder à nous quitter. La paix régna dans la classe pendant trois ou quatre minutes, ce qui était ce que je pouvais attendre de mieux dans ce groupe.

— Va te faire foutre! cria Jesse.

A la façon dont il l'avait dit, je sus aussitôt qu'il s'agissait de l'un de ses tics, non d'une injure. Ce n'était pas habituel chez lui, mais cela pouvait arriver. Je l'ignorai et me penchai sur le travail de James.

— Vous n'allez pas le punir? fit ce dernier d'un air ébahi.

— Il ne peut pas s'en empêcher, remarqua Billy. Tout comme toi, tu ne peux pas t'empêcher d'être un horrible fouineur.

Je posai mon doigt sur mes lèvres en regardant Billy.

— Mais toi, tu le peux. Alors occupe-toi de ton travail.

— Connard ! cria encore Jesse.

Et puis, soudain :

— Connard ! cria quelqu'un.

Nous levâmes tous les yeux. C'était Gwennie. Tête baissée, elle continuait de se concentrer sur son travail. Mais, dès que Jesse aboya à nouveau sa grossièreté, elle lui fit écho. Un moment surréaliste suivit. Jesse et Gwennie se lancèrent la balle, encore et encore. Jesse avait conscience de ce qui arrivait, mais il était trop stressé pour se maîtriser. Quant à Gwennie, elle paraissait ailleurs.

— Va te faire foutre !

— Va te faire foutre !

— Connard !

— Connard !

Billy se mit à rire.

— Vous devriez vous écouter, les potes !

— C'est pas vrai ! murmura James. Vous êtes tous fous, ici.

Il était clair qu'il avait eu sa dose pour la journée. Il rassembla ses affaires et se prépara à partir.

— Caca boudin ! s'exclama Phil, qui ne voulait pas être en reste.

— Ouais ! Caca boudin beurk ! renchérit son jumeau.

A partir de là, la situation se détériora. Les garçons rugissaient de joie. Même Jesse, qui continuait d'aboyer des insanités, se joignit à eux. Gwennie riait, elle aussi. Ils riaient tous. Rires bruyants. Déluge de grossièretés. Plus de rires. Plus de grossièretés. Tout le monde se tordait de rire. Je riais, moi aussi. Et je les laissai jouer avec les mots jusqu'à ce que chacun fût hors d'haleine.

La seule personne qui ne trouvait pas cela drôle était Julie. Elle se tenait à l'écart, arborant un sourire tolérant. Quand les enfants eurent fini de s'esclaffer, elle déclara avec tact :

— Ce n'est pas très gentil de vous moquer de Jesse et de Gwennie.

Billy se tourna vers elle.

— C'était drôle et ça nous a fait du bien.

— Qu'est-ce que tu éprouverais si quelqu'un riait de quelque chose que tu ne peux pas t'empêcher de faire? demanda Julie.

— Ben... Quelquefois c'est pas bien. Mais quelquefois je pense qu'il y a pas de mal. Parce qu'on ne se moquait pas d'eux. On riait seulement parce que c'était drôle, répliqua Billy.

Il y eut un bref silence. Billy continua :

— Si on s'arrête de rire quand Jesse dit quelque chose de drôle parce qu'il y a quelque chose qui ne va pas chez lui et que nous ne voulons pas qu'il soit triste, alors c'est que nous pensons *vraiment* qu'il y a quelque chose qui ne va pas chez lui. Mais ce n'est pas ce que nous *pensions*, tout à l'heure. Tout ce que nous pensions, c'est qu'il disait quelque chose de drôle. Ça veut dire que nous avons oublié qu'il n'était pas comme les autres. Alors je pense qu'il y a pas de mal. Quelquefois on rit tout simplement parce que quelque chose est marrant.

L'autre personne qui n'avait pas pris part au fou rire général était Vénus. Parce qu'elle était de nouveau absente. Son assiduité n'avait jamais été extraordinaire. Même pendant les premiers mois d'école, Vénus avait tendance à s'absenter souvent, mais, depuis son retour, elle ne venait pas à l'école un jour ou deux par semaine. Je m'en étais plainte à sa mère à plusieurs reprises, mais on m'avait toujours opposé les mêmes réponses : elle était malade ou bien Wanda avait oublié de l'amener.

Lorsqu'elle était là, malgré le lien ténu qui s'établissait entre nous pendant le temps que nous passions ensemble, elle restait presque catatonique en classe. Chaque matin, Wanda l'amenait. Vénus allait s'asseoir à sa place et n'en bougeait plus, silencieuse et immobile, jusqu'à ce que l'une de nous l'orientât physiquement. Hélas, son silence et son immobilité faisaient qu'on pouvait facilement oublier Vénus. Pour l'inclure pleinement dans nos activités, il aurait fallu une assistante à plein temps qui se serait assurée qu'elle suivait les instructions données à tous, qu'elle prenait un crayon ou autre matériel approprié et faisait les gestes nécessaires pour s'en servir. Nous ne disposions pas de telles ressources. Abandonnée à elle-même, elle se contentait de rester assise. Son classeur restait fermé devant elle. Elle ne touchait pas son crayon. Vénus restait assise, aussi énigmatique qu'une statue de l'île de Pâques.

Je ne savais que faire avec elle, durant ces moments où je devais vraiment m'occuper des autres enfants. Toutes les heures, je m'efforçais de passer un instant auprès de Vénus pour lui parler, tourner son visage vers moi et l'engager à faire quelque chose. Si elle refusait catégoriquement tout effort ou toute participation, je continuais encore cinq minutes avant de la quitter pour rejoindre les autres. Je ne pouvais pas faire davantage parce que j'avais beaucoup d'élèves de l'extérieur qui entraient et sortaient. Je devais obéir à un emploi du temps très strict si je voulais donner à chacun le temps auquel il avait droit. Bien entendu, Billy, Jesse et les jumeaux étaient très demandeurs, même quand nos visiteurs n'étaient pas là, si bien que j'étais toujours très occupée.

Selon Julie, il fallait la laisser. Elle pensait que Vénus avait besoin de temps pour se sentir bien parmi nous et que, lorsqu'elle aurait le sentiment d'être en sécurité, elle se mettrait à parler. Je ne la suivais pas dans ce raisonnement. Etant donné que Vénus avait passé près d'une demi-année en notre compagnie et ne semblait aucunement se sentir bien parmi nous, étant donné en outre qu'elle n'avait pas paru se plaire à l'école pendant les deux années scolaires précédentes, je ne pensais pas que nous devions la laisser isolée. Ce n'était que du bricolage parce que faire davantage serait revenu à faire des miracles. Mais, parce que Vénus commençait à agir avec une certaine spontanéité quand nous étions seules, elle et moi, je pouvais accepter son inertie le reste du temps.

19

Pendant les vingt minutes que nous passions ensemble
chaque jour, Vénus et moi établissions prudemment les
bases d'une relation. Après la séance de danse, ou plutôt
les séances de danse, car nous avions recommencé trois
ou quatre jours de suite, je parvins à franchir une étape
encore plus importante.

Cet après-midi-là, les enfants s'étaient égaillés à grand
bruit dans le couloir, accompagnés par Julie, pour descendre en récréation. Vénus était restée dans la classe. Je
pense que, si je lui en avais fourni l'occasion, elle aurait
une fois de plus posé son pied sur le mien pour me signi-
fier qu'elle voulait danser. Mais je souhaitais essayer d'aller plus loin. Aussi me dirigeai-je vers le coin-lecture, laissant Vénus près de la porte. Elle me regardait.

— Tu veux que nous lisions ?

Elle hésita.

— Tu veux danser ? Nous pouvons danser, si tu en as
envie. Viens par ici.

Allait-elle venir ? Ou attendais-je trop en espérant
qu'elle allait traverser la salle de son plein gré ?

J'attendais. Vénus hésitait. Je me comportais comme si
cela n'avait pas d'importance.

— Peut-être voudrais-tu choisir un nouveau livre,
aujourd'hui ? Nous en avons énormément, ici. Peut-être

194

veux-tu quelque chose de différent. Ou nous pourrions lire *Frances*. Ou *Ranelot et Bufolet*.

Les minutes s'écoulaient. Je poursuivais ce bavardage amical. Vénus se tenait près de la porte. Il n'y avait pas dans ses yeux la vacuité habituelle. Elle me regardait vraiment, m'écoutait vraiment. J'en étais sûre, à la façon dont elle était penchée en avant, attentive, comme si elle *pesait* la possibilité de traverser la pièce pour me rejoindre, mais trouvait cela très difficile. Ce qui aurait paru anodin à n'importe quelle petite fille de sept ans — effectuer une quinzaine de pas — lui apparaissait comme une épreuve insurmontable. C'était clairement inscrit sur son visage.

Tout en parlant, je prenais plusieurs livres qui avaient été rangés en haut de la bibliothèque et les posais sur l'étagère la plus basse. Je les prenais, puis je les déposais un par un.

Très lentement, Vénus avança un pied. Il resta en l'air un instant avant de se poser sur le sol, devant elle. Puis l'autre pied. Elle se déplaçait comme si elle avait joué à l'un de ces jeux d'autrefois :

«Combien puis-je faire de pas, mère?

— Cinq pas de bébé.

— Puis-je, mère?

— Oui, tu le peux.»

Un pas. Un pas. Un pas. Un pas. Un pas. Arrêt. «Combien puis-je faire de pas, mère?»

Je continuais de parler avec nonchalance. Je rangeais les livres, tout en feignant de ne pas remarquer qu'elle approchait. Ou plutôt feignant de croire qu'il ne se passait rien d'exceptionnel. Il ne nous restait que cinq minutes avant le retour des autres — il avait fallu un quart d'heure à Vénus pour traverser la pièce.

Mais elle y parvint. Elle se tenait enfin devant moi.

— Nous n'avons pas beaucoup de temps pour lire, lui dis-je. Qu'est-ce que ce sera? *Ranelot et Bufolet?*

Je soulevai le livre, que je croyais être son préféré. Vénus baissa les yeux et balaya l'étagère du regard. Il y eut une pause. Puis, d'une façon très décidée qui contrastait avec ses hésitations antérieures, elle prit la bande dessinée de Sheera, en haut d'une pile, et leva les yeux vers moi. J'avais complètement oublié que le magazine se trouvait là. Sa couverture était chiffonnée et la première page, à moitié arrachée.

— Tu veux lire ça?

Vénus hocha imperceptiblement la tête. Je m'agenouillai auprès d'elle.

— Viens là.

Je l'attirai contre moi et ouvris le magazine.

— On est vraiment très en retard, aujourd'hui, alors on va juste le feuilleter, tu veux bien? Parce qu'ils ne vont pas tarder à revenir. Mais demain, je te le lirai.

Je tournai les pages, pointant du doigt les événements les plus marquants.

— Tu vois? Elle s'appelle Adora, mais, en réalité, elle est Sheera. C'est son identité secrète. Personne ne le sait. Et regarde, voici Eclair, son cheval. Que se passe-t-il ici? Qu'est-ce qui se passe à cette page? Quelque chose est arrivé. Adora a besoin d'utiliser ses pouvoirs magiques pour se changer en Sheera. Tu vois? Elle brandit son épée magique et elle dit : «Par l'honneur du Crâne ancestral! Je suis Sheera!»

Je regardai Vénus.

— Ce serait bien, tu ne trouves pas, d'avoir des pouvoirs magiques comme ça? Tu peux faire ça?

Vénus me fixait. Je me levai.

— Elle tourne sur elle-même, comme ceci, et elle lève son épée.

Je pris une grande règle, tout près de moi, et la pointai vers le plafond.

— Et alors, elle dit : «Par l'honneur du Crâne ancestral...»

Je tournoyai sur moi-même de façon spectaculaire et criai :

— Je suis Sheera!

196

— Si vous le dites...

Je me retournai vivement et lâchai la règle. Julie se tenait sur le seuil de la classe. Elle riait. Je ris aussi. Vénus demeura impassible.

Le lendemain après-midi, je procédai exactement de la même façon. Je laissai Vénus près de la porte après que les autres furent partis et gagnai le coin-lecture, puis je pris le magazine.

— J'ai sorti celui-ci, dis-je en le brandissant au-dessus de ma tête. Tu veux qu'on le lise aujourd'hui?

Vénus opina imperceptiblement. Je m'assis sur le tapis et croisai les jambes.

— Très bien, fis-je en tapotant le sol près de moi.

Vénus resta près de la porte. J'ouvris le magazine. Penchée dessus et feignant l'intérêt le plus intense, je me mis à lire à haute voix.

— «Oh, Grand Dieu! Maintenant, il va falloir que prépare une nouvelle marmite de potion magique.»

Mon doigt courut sur les images.

— Tu vois, c'est Mme Razz, une sorcière. Elle a une drôle d'allure, non? C'est parce qu'elle enfonce son chapeau sur ses yeux. Regarde-la!

Je soulevai la bande dessinée comme si je m'attendais à ce que Vénus la vît, de là où elle était. Puis, je me remis à lire.

Mon espoir était qu'en agissant ainsi, en ne lui demandant pas de me rejoindre, je l'encourageais à le faire spontanément. Ou plus ou moins spontanément. «Viens, viens, viens», pensai-je tout en lisant. De toute la force de ma volonté, je m'efforçai de la convaincre par télépathie.

Pendant six ou sept minutes, je continuai à lire à voix haute sans que Vénus se décidât à bouger. Que devais-je faire? M'arrêter? Abandonner? Revenir à ce que j'avais fait la veille, en me concentrant uniquement sur la traversée de la salle ? Qu'elle fût venue vers moi et eût choisi la bande dessinée m'avait paru très positif. Avais-je voulu aller trop vite ? Je continuais de lire. Et je continuais de réfléchir. Qu'est-ce qui lui rendait les choses si difficiles ? Son QI ? Etait-elle trop attardée pour faire plus qu'un seul petit pas ? Lui en demandais-je trop ?

La récréation tout entière s'écoula de cette façon. Vénus resta près de la porte pendant que je lisais Sheera à voix haute, de l'autre côté de la classe.

Le jour suivant, Vénus ne vint pas en classe. La semaine précédente, je m'étais plainte à Bob du fait que ce système d'accompagnement ne convenait pas car Wanda, qui était censée l'amener chaque jour à l'école, ne le faisait pas. Bob avait appelé Teri et m'avait assuré que tout était réglé. Mais cela se reproduisait encore. Wanda avait oublié. Je me plaignis derechef et Bob intervint et me rassura à nouveau. Mais je savais que la semaine suivante rien ne changerait.

Cette fois, je lui suggérai d'attirer l'attention des services sociaux parce que cette enfant ne bénéficiait pas vraiment d'une éducation. Bob me répondit que les services sociaux avaient déjà été prévenus après mes deux ou trois précédents signalements. La dernière fois qu'il l'avait fait, me dit-il, on lui avait répondu que neuf enfants vivaient dans cette famille et que chacun d'entre eux posait de graves problèmes, aussi les absences scolaires devaient-elles être considérées avec un certain recul. Les services sociaux agissaient autant qu'ils le pouvaient.

Par ailleurs, Vénus ne semblait pas très bien se porter. Son nez coulait en permanence. Elle avait des boutons de fièvre et de l'impétigo. Sa peau était toujours couverte d'égratignures et de cicatrices de toutes sortes. Je cherchais des indices de sévices physiques, mais c'était difficile parce qu'elle portait toujours des hauts à manches longues et des pantalons, et souvent plusieurs couches de vêtements. Les boutons sur sa peau étaient surtout le signe d'un système immunitaire déficient et d'une hygiène douteuse. Dans d'autres classes et avec d'autres enfants, j'avais dépassé mes prérogatives en leur fournissant du savon, de l'eau et un endroit pour faire leur toilette. Je les avais aidés à se laver les cheveux, leur avais trouvé des vêtements provenant de dons. Mais, à une époque où les procès et les soupçons de pédophilie se multipliaient, ce genre d'intervention était déconseillé. D'ailleurs, en ce qui concernait Vénus, j'aurais de toute façon hésité. On franchit facilement les limites et, avec un enfant pour qui traverser une pièce représentait une épreuve, une telle initiative, touchant à son intimité, semblait particulièrement inappropriée.

Ses absences me contrariaient cependant, en premier lieu pour la raison toute simple qu'elles me rendaient la tâche plus difficile. Durant deux ou trois jours, nous accomplissions des progrès douloureusement lents, puis elle disparaissait. Ensuite, le week-end arrivait et nous recommencions quasiment de zéro la semaine suivante. Questionner Wanda au sujet de Vénus était désespérément stérile. Aussi décidai-je de retourner voir Teri.

De nouveau, ce ne fut pas très simple. Un vendredi après-midi, en février, je me rendis au mobile home. Comme souvent, Vénus n'était pas venue à l'école, aussi l'occasion me paraissait-elle appropriée. Nous avions eu de la neige la semaine précédente. Depuis, il avait fait froid, le thermomètre était descendu en dessous de zéro et la neige était tombée dru. Teri m'accueillit sur le pas de la porte et m'invita à entrer. La première chose que je remarquai fut qu'il faisait horriblement froid à l'intérieur du mobile home. S'il y faisait six degrés, c'était bien le maximum. Plusieurs des enfants étaient assis devant la télévision. Deux d'entre eux portaient des gants et deux autres s'étaient enveloppés dans une couverture bleue et miteuse.

— Le chauffage ne marche pas très bien, m'expliqua Teri. Je suis désolée. Il fait plutôt froid. J'espère que ça ne vous dérange pas.

Elle paraissait épuisée. A une certaine époque, elle devait avoir été une très belle femme. Des restes épars de cette beauté s'attardaient sur ses pommettes hautes et ses traits réguliers. Mais une lourde fatigue marquait son visage, lui conférant l'aspect de ces femmes du tiers-monde dont les associations caritatives étalent les portraits sur leurs murs. En la voyant, ou plutôt en la regardant, une question me traversa l'esprit : pourquoi paraissait-il souvent plus acceptable d'aider les pauvres et les exclus des autres nations plutôt que de la nôtre ?

J'expliquai à Teri la raison de ma présence, lui dis que je m'inquiétais à propos des absences fréquentes de Vénus. Teri secoua la tête d'un air las.

— J'en parlerai à Wanda.

— Je sais que Wanda est censée la conduire à l'école, mais cela n'a pas l'air de marcher très bien. Wanda ne semble pas s'en souvenir régulièrement.

— C'est-à-dire que je suis au travail à cette heure-là. Je fais partie de l'équipe de nuit au supermarché. Vous savez, dans le centre ville... Je range les produits sur les étagères. Rangement, inventaire... Je ne peux pas être ici pour m'assurer que Vénus s'en va. Je ne rentre pas avant huit heures, et c'est trop tard pour m'en occuper.

— Qui est ici alors ?

— Danny. Normalement.

— Il est là pendant la nuit ?

— Quelquefois. Quelquefois aussi il est de service la nuit. Il est brancardier à l'hôpital. Mais il y a Wanda. Et les autres enfants. Cheryl, LaTisha. Ils sont assez grands pour s'occuper de Vénus.

— Mais ils doivent l'amener à l'école, dis-je. Il est très important que Vénus se rende à l'école *chaque* jour. Vénus est en retard sur bien des points. Pour l'aider, je dois pouvoir la faire travailler tous les jours.

Se penchant en avant, Teri posa ses coudes sur la table et enfouit son visage dans ses mains.

— Tous mes enfants sont en retard d'une façon ou d'une autre. Pas seulement Vénus. Elle n'est pas la seule. Les gens n'arrêtent pas de venir ici pour parler de Vénus, mais tous mes gosses ont besoin qu'on s'occupe d'eux.

J'acquiesçai.

— Je peux comprendre ce que vous ressentez. Mais Vénus est l'enfant que j'ai dans ma classe et je l'aime beaucoup. C'est une gentille petite fille. Pour que je puisse l'aider, il faut qu'elle fréquente l'école plus régulièrement.

A cet instant, la porte du mobile home s'ouvrit devant Danny. Dès qu'il me vit, il me gratifia d'un regard soupçonneux et vint se planter devant moi.

— Je ne savais pas que quelqu'un venait, dit-il à Teri.

— C'est l'institutrice de Vénus.

— Je me fous de savoir qui elle est. Tu ne m'as pas prévenu que quelqu'un allait venir ici. Pourquoi vous êtes là ? ajouta-t-il en s'adressant à moi.

— Je suis venue pour vous parler des absences de Vénus.

— Elle va à l'école, répliqua-t-il sans se décontenancer.

— Pas assez souvent, répondis-je aussi calmement que je le pus.

Il ôta son manteau. Ce n'était pas un homme imposant. Il était plus petit et plus frêle que moi. Ses cheveux, d'un châtain terne, étaient retenus en une petite queue de cheval graisseuse et sa peau recouverte de boutons bien qu'il eût, à cinquante ans environ, largement dépassé l'âge de l'acné juvénile.

— Tu ne m'as pas dit qu'on allait avoir de la visite, répéta-t-il brutalement à Teri.

Son ton indiquait clairement qu'il lui en voulait de m'avoir laissée franchir le seuil du mobile home. Rien ne devait se passer chez lui sans son assentiment préalable, c'était clair. Sentant en lui une agressivité à peine contenue, je m'empressai de préciser que c'était moi, et non Teri, qui avais souhaité cette rencontre. Il ne s'adoucit pas pour autant.

— Tu as fait ça parce que tu savais que je n'étais pas à la maison, dit-il à sa compagne. Tu l'as fait dans mon dos, exprès.

Teri secoua la tête.

— Pas du tout. Elle est seulement passée... Je n'ai rien fait.

— Ecoutez, intervins-je, c'est *moi* qui ai arrangé cet entretien. J'ai insisté. C'est au sujet des absences de Vénus. Elle doit être plus assidue. L'administration va vous infliger une amende si nous ne tirons pas cela au clair nous-mêmes. Je sais que personne d'entre nous ne le souhaite.

— Espèce de pute, vous voulez nous envoyer la police? éructa Danny.

— Je suis seulement venue pour Vénus.

— Qu'elle aille se faire foutre! Quant à vous, ne venez plus chez moi quand je n'y suis pas. C'est clair? Et maintenant, dehors!

Je restai assise. En fait, je mourais d'envie de m'en aller. Mais je restai assise.

— Je peux voir Vénus? demandai-je.

Les yeux de Danny se rétrécirent. Teri baissa la tête et posa son front sur l'une de ses mains.

— Elle n'est pas venue à l'école aujourd'hui. Je peux la voir?

— Elle est malade, répliqua Danny.

— Qu'est-ce qu'elle a?

— Elle a attrapé un rhume.

— Je peux la voir?

— Elle est malade.

— Je sais. J'ai compris, mais je souhaite la voir quand même.

Danny leva les yeux au ciel.

— Non, vous ne pouvez pas la voir. Dehors ! Je vous l'ai déjà dit. Vous n'avez pas le droit d'être ici.

Je restai assise. Je regrettais amèrement de ne pas avoir amené Julie avec moi parce que je ne me sentais pas aussi forte que je m'efforçais d'en donner l'impression. Pourtant, un trouble confus montait en moi. Plus il refusait de me laisser voir Vénus, plus j'éprouvais d'inquiétude à son sujet.

— Elle est malade, dit-il une troisième fois.

Je ne bougeai pas.

— C'est bon, dit-il.

Il contourna la table devant laquelle j'étais assise avec Teri et me donna une bourrade sur l'épaule. Ce n'était pas bien violent, ni particulièrement agressif, mais la signification était claire. Teri se leva.

— Je vais la chercher, annonça-t-elle de sa voix lasse.

— Assise ! ordonna Danny.

— Je vais seulement la chercher, dit-elle humblement.

— Assise !

Il me regarda d'un air furieux.

— Je ferais mieux d'aller la chercher moi-même.

Il disparut dans le couloir du mobile home. On l'entendit crier, il y eut des bruits étouffés, puis il revint, poussant Vénus devant lui. Elle était pieds nus et vêtue d'un peignoir de bain rouge. Lorsqu'elle m'aperçut, ses yeux s'élargirent de surprise.

— Alors, vous êtes satisfaite ?

Il fit avancer Vénus jusqu'à ce qu'elle fût à environ deux mètres de moi.

Ce que je remarquai d'abord, ce fut qu'elle paraissait ne rien porter d'autre que le peignoir. Cela attira mon attention parce que l'après-midi était bien avancé et que ce n'était pas vraiment l'heure de prendre un bain. Ensuite, il faisait vraiment froid dans le mobile home. Peut-être avait-elle une chemise de nuit très courte en dessous, mais je pensais plutôt qu'elle était nue sous le peignoir.

— Bonjour Vénus. Je me suis inquiétée parce que tu n'es pas venue à l'école aujourd'hui.

Elle me fixait. Elle n'avait pas son regard vide habituel, mais elle ne paraissait pas vraiment consciente non plus. Elle me fixait comme si elle ne me connaissait pas, comme si j'étais une vision irréelle dont elle ne savait pas si elle devait se réjouir ou s'effrayer.

— J'espère que tu viendras demain, lui dis-je. Tu m'as manqué.

— C'est bon. Vous êtes contente? demanda Danny.

Je hochai légèrement la tête.

— Va-t'en maintenant, dit-il à Vénus en la poussant de côté.

Elle ne bougea pas. Elle restait immobile, les yeux tournés vers moi.

— Fous le camp!

Elle ne bougea pas.

— Ouste!

Il la frappa sur l'épaule. Vénus se détourna et disparut dans le couloir du mobile home.

20

Le lendemain, Wanda monta péniblement les marches de l'escalier, Vénus dans son sillage.

— Elle venir à l'école, annonça Wanda sur le seuil de la classe. Belle Enfant venir en classe aujourd'hui.

— C'est bien. Merci de l'avoir amenée, Wanda.

Elle se tortilla les mains et haussa les épaules.

— Belle Enfant aller à l'école.

— Oui.

Pauvrement vêtue d'un vêtement informe et d'un manteau d'homme en tweed, Wanda me regardait d'un air presque implorant. Je remarquai qu'elle ne portait pas de gants ou de moufles malgré la froidure de l'hiver. De nouveau, elle se tordit les mains.

Il me vint à l'esprit que, peut-être, elle me disait à sa façon qu'elle aussi, elle aurait voulu aller à l'école. Qu'avait-on fait pour Wanda? me demandai-je. Rien? Errait-elle sans but, le long de ses journées vides? Excepté peut-être quand elle croisait Danny. Cette idée me déplut et je pris note, intérieurement, que je devais en parler à Bob. En même temps, je m'avisai qu'elle se tordait toujours les mains.

— Tu aurais moins froid aux mains si tu portais des gants ou des moufles, Wanda, lui dis-je. Tu en as une paire?

205

— Belle Enfant aller à l'école.

— Oui, c'est exact. Mais est-ce que tu as une paire de gants chez toi? Par ce froid, il faudrait les mettre.

Wanda me fixait.

— Je peux essayer de t'en trouver dans la caisse où nous mettons les vêtements qu'on nous donne. Avant que tu repartes chez toi, tu veux qu'on aille te chercher des gants?

Jesse était le seul à être déjà arrivé et il était occupé à réunir les pièces d'un puzzle. Je fis asseoir Vénus à sa place, puis je conduisis Wanda au rez-de-chaussée.

— Qui est à la maison en ce moment, Wanda? Danny?

— Wanda rentrer à la maison, répondit-elle.

Je n'étais pas certaine du sens que je devais accorder à ses paroles.

— Tu rentres chez toi? Après avoir conduit Vénus à l'école? Danny est là-bas?

— Pas aimer Danny, marmonna-t-elle.

— Pourquoi?

Nous nous trouvions au secrétariat. J'avais sorti la caisse contenant les dons de vêtements et fouillais dedans, en quête d'une paire de gants à sa taille. Je ne parvins pas à en trouver deux de la même couleur.

— Pas aimer Danny. Danny dit : «Dormir dans la salle de bains.»

— Dormir dans la salle de bains? demandai-je en levant les yeux. A qui dit-il cela? A toi? Tu dors dans la salle de bains?

— Belle Enfant.

— Vénus?

— Froides. Mains froides.

Elle posa ses mains contre ses oreilles.

— Fait froid. Pas aimer Danny. Pas vouloir rentrer.

— Je vois.

Je ne voyais rien. Je n'étais pas sûre de comprendre les propos de Wanda, sauf que quelque chose n'allait pas, que quelqu'un — elle ou Vénus, ou encore les deux — était maltraité.

— Je vais voir ce que je peux faire, d'accord ? Tu peux peut-être rester ici un petit moment.

Les yeux de Wanda s'élargirent.

— Non. Pas aller à l'école.

— Je sais que tu ne vas pas à l'école. Mais si tu veux rester un peu, au lieu de rentrer chez toi, je suis certaine que cela ne posera pas de problème.

L'air très inquiet, elle recula de quelques pas.

— Non ! Pas aller à l'école.

— D'accord. D'accord.

Je l'aidai à enfiler les gants. L'un était noir et l'autre marron. C'étaient les seuls que j'avais trouvés à sa taille. Je la regardai bien en face.

— Tu auras les mains au chaud.

— Partir, maintenant. Pas aller à l'école.

— Très bien.

Je la conduisis vers la porte, puis je m'arrêtai.

— Attends, Wanda. Tu veux un beignet à la confiture ? Je lui en montrai une boîte près de la machine à café.

— Prends un beignet, Wanda.

Elle en prit deux et son visage se fendit en un large sourire.

J'aurais voulu passer par le bureau de Bob et lui parler de tout ce que je venais d'entendre. Cette conversation avec Wanda me laissait très mal à l'aise. Mais il allait être neuf heures, aussi je devais retourner dans ma classe.

J'observai Vénus pendant toute la matinée. Elle était comme d'habitude, c'est-à-dire la plupart du temps complètement déconnectée. Il n'y avait aucune façon de l'intégrer dans une activité, sinon en face à face et, même dans ce cas, c'était moi qui faisais tout, bougeais ses mains, ouvrais son classeur, établissais le lien entre telle question et telle réponse. Nous étions en février et Vénus n'avait pas fait de progrès sur le plan scolaire. Je n'avais aucune idée de ce que l'instituteur à domicile avait pu lui faire faire, mais ce n'était pas grand-chose, apparemment. Vénus ne faisait absolument rien en classe. Sa scolarité consistait à rester assise, muette et immobile.

Je ressentis soudain un profond découragement. Les *progrès*, en ce qui concernait Vénus, avaient consisté à traverser la salle de son plein gré. Même pas de façon spontanée — juste traverser la salle — après avoir été longuement sollicitée. Quel type de progrès était-ce? Et désormais cet horrible soupçon que quelque chose de mal se passait à la maison. Je ne me laissais pas abattre facilement, mais là, je touchais le fond. Soudain, le cas de Vénus me parut désespéré.

Pendant la récréation du matin, j'allai voir Bob. Je le trouvai dans la salle des professeurs.

— Je peux te parler un instant? lui demandai-je. En privé, si possible.

Il se leva et nous sortîmes dans le couloir.

— Hier soir, je suis passée chez Vénus pour discuter de ses absences avec sa mère. J'ai demandé à voir l'enfant. Ce type bizarre, Danny, était là. J'ai demandé à voir Vénus parce que, les fois précédentes, je n'ai jamais pu l'apercevoir dans le mobile home. Elle était censée être malade, c'était la raison pour laquelle elle n'était pas venue à l'école. Finalement, il est allé la chercher, mais elle n'était presque pas vêtue. Apparemment, elle portait un peignoir de bain et rien en dessous. Peut-être cela ne veut-il rien dire. Peut-être était-elle en train de se changer. Peut-être y avait-il une chemise de nuit très courte sous le peignoir, ou des sous-vêtements. Je ne sais pas. Mais aujourd'hui, Wanda m'a dit quelque chose. Il m'a semblé comprendre que Vénus dormait dans la salle de bains. Tu connais Wanda, mais...

Bob hocha lentement la tête.

— Je ne sais pas... continuai-je. Je me rends compte

que rien de tout ceci ne constitue une preuve, mais j'ai un très mauvais pressentiment.

— Je ne vois pas très bien ce que nous pouvons faire, dit Bob.

— On ne peut pas alerter les services sociaux, tout simplement? Leur faire savoir que je suis inquiète? Au cas où ils auraient les mêmes préoccupations…

— Je pense qu'ils sont déjà inquiets. Je sais que la famille entière est considérée comme «à risque» en ce qui concerne les sévices. Il y en a eu, venant des compagnons de la mère, aussi les services sociaux gardent-ils un œil sur eux. Ils savent qu'il y a anguille sous roche. Toi et moi le savons. Je pense que tout le monde le sait. C'est une question de preuve. Nous vivons en démocratie, Torey, pas dans une dictature. On ne peut pas se mêler de la vie d'autrui en se fondant sur de simples soupçons. Et, aussi horrible que cela puisse paraître, c'est le prix à payer si nous voulons vivre dans un pays libre.

— Je pensais que Danny était impliqué dans une affaire de drogue.

— Les poursuites ont été abandonnées, apparemment.

Je soupirai.

— J'espérais que nous aurions un prétexte pour le chasser du mobile home. Ce type me fait froid dans le dos.

Les épaules de Bob se courbèrent.

— Ils s'en occupent, Torey. Les services sociaux sont débordés avec cette famille. Je n'ai pas dit qu'ils ne faisaient rien.

Pendant la récréation, cet après-midi-là, je ne m'épuisai pas en vains efforts pour que Vénus traversât la pièce. Au contraire, je restai avec elle près de la porte jusqu'à ce que les autres enfants fussent sortis, puis je posai doucement la main sur son dos et la poussai vers le coin-lecture.

209

— Qu'est-ce que nous allons lire ? demandai-je.

J'avais laissé Ranelot et Bufolet, ainsi que la série des *Frances* et *Sheera*, bien en évidence sur l'étagère inférieure.

Vénus s'immobilisa. J'attendais. Puis, sans hésitation, elle leva sa main droite et désigna la bande dessinée. Elle leva alors les yeux vers moi.

— Sheera ? C'est d'accord. Voyons ce qui lui arrive.

Je pris le magazine et m'assis sur le tapis. Ensuite, je tendis la main vers Vénus et l'attirai sur mes genoux. Vénus ne s'asseyait pas naturellement sur mes genoux. Une certaine raideur demeurait toujours, qui l'empêchait de se blottir contre moi.

Je commençai à lire. C'était une histoire relativement complexe pour une bande dessinée destinée aux enfants, avec de nombreux personnages. J'avais oublié combien de créatures peuplaient le monde imaginaire de Musclor et de Sheera : des sorcières, des elfes, des magiciens, des combattants, des robots, des chats et des chiens prodigieux — un étrange mélange d'ancien et de moderne, où les canonniers côtoyaient les chaudrons magiques. Certes, cela n'avait rien à voir avec les aventures de Ranelot et Bufolet, la grenouille et le crapaud dont l'unique préoccupation pouvait être la recherche d'un bouton perdu.

Est-ce que Vénus écoutait ? Est-ce qu'elle comprenait ? Il n'y avait aucun moyen de le savoir. Pendant toute la lecture, elle conserva la même raideur. Je lui montrai du doigt différents personnages. Je commentai leurs vêtements étranges, leurs manières bizarres, les relations qu'ils entretenaient les uns avec les autres. Tout cela suscita en moi une vague de nostalgie, me rappelant le temps lointain où Musclor faisait partie intégrante de la vie de ma classe. Pendant que je lisais pour Vénus, des bribes de souvenirs affluaient, concernant d'autres enfants et d'autres classes.

Puis vint le moment dramatique où Adora tire son épée

magique, la brandit au-dessus de sa tête et se transforme en Sheera, la super héroïne.

— Regarde! Tu vois comment elle fait? dis-je en posant mon doigt sur l'image. Tu ne trouves pas que c'est bien? Tu n'aimerais pas avoir ses pouvoirs? Sortir une épée magique et devenir une super héroïne? Posséder une force démesurée? Etre capable de repousser les méchants grâce à ton épée?

Vénus se pencha légèrement en avant pour mieux voir l'image, qu'elle étudia attentivement.

— Tu veux qu'on joue à cela? suggérai-je. On pourrait voir si cela marche aussi pour nous.

Je la soulevai de mes genoux et me dirigeai vers le tableau noir, sous lequel se trouvait la grande règle. Je la pris et revins vers le coin-lecture.

— Tu crois que si je tourne sur moi-même en disant : «Par l'honneur du Crâne ancestral», je me transformerai en Sheera?

Vénus ouvrait des yeux immenses.

— Est-ce que j'essaie? demandai-je.

Je me mis à rire et pointai la règle vers le plafond, puis je tournai sur moi-même.

— Par l'honneur du Crâne ancestral! Je suis Sheera.

Je baissai les yeux vers Vénus.

— Ça a marché? Est-ce que je me suis transformée en Sheera?

Imperceptible hochement de tête. Et un sourire. Elle avait compris la plaisanterie.

— Et toi? demandai-je. Tu veux essayer?

De nouveau, les yeux de Vénus s'élargirent de surprise.

— Je parie que ça marchera pour toi. J'en suis sûre! Tu vas te transformer en Sheera. Qu'est-ce que tu en penses?

Elle secoua très légèrement la tête.

— Non? Tu ne crois pas? répliquai-je en feignant un étonnement exagéré. Voyons cela. Prouve-moi que tu n'es pas Sheera. Parce que moi, je me dis : Vénus est sûrement l'identité sous laquelle se cache Sheera.

Vénus secoua de nouveau la tête, de façon plus insistante.

— Non ? Tu te moques de moi ! Prouve-le-moi. Tourne sur toi-même avec l'épée au-dessus de ta tête et montre-moi.

Elle secoua encore la tête.

— Non, dit-elle très bas.

— Non ? Je ne te crois pas.

Je luis tendis la règle.

— Tiens ! Prouve-le-moi.

Un long moment s'ensuivit, sans rien, aucune réaction de sa part.

Je commençais à croire qu'il n'y en aurait pas lorsqu'elle tendit lentement la main. J'y déposai la règle, avec une petite grimace d'encouragement. Vénus prit la règle et la souleva. Pas très haut. Un tout petit peu au-dessus de sa tête, mais elle la serrait fort dans ses doigts et elle se mit à tourner. Fermant les yeux, elle pivota sur elle-même. Ses mouvements étaient lents et guindés, mais elle le faisait, son petit visage crispé par la concentration, ses cheveux noirs dansant légèrement sur ses épaules.

Elle s'arrêta, ouvrit les yeux et me regarda. J'écartai les bras, simulant un grand étonnement.

— Princesse du pouvoir, c'est toi ?

Et Vénus éclata d'un rire sonore.

21

Au moins, j'avais ce que je voulais : un groupe relativement soudé, uni. Le travail effectué dans la classe avait eu les résultats escomptés, dans la mesure où les enfants s'étaient davantage concentrés sur leur comportement et avaient réussi à en modérer les aspects négatifs. Les feux rouges étaient toujours en place et, bien que je ne fusse pas particulièrement habituée à imposer une discipline aussi rigide, je voyais que cette pratique quotidienne avait fini par rassurer les garçons. Ils savaient avec précision ce qu'on attendait d'eux et les risques qu'ils encouraient en désobéissant. Etant donné le type de problèmes que la plupart d'entre eux rencontraient — déficit de concentration, hyperactivité, impulsivité —, cette routine extrêmement structurée leur donnait la sécurité dont ils avaient besoin pour se tenir tranquilles et travailler.

Ce qui empêchait cette règle plutôt stricte de tourner à l'austère, c'était le chant. Jesse et Billy étaient les seuls à être doués dans ce domaine. On ne pouvait pas se fier aux autres, y compris à moi, pour restituer fidèlement une mélodie ou des paroles. C'était peut-être pour cette raison que nous improvisions souvent les textes et parfois même les musiques. De temps à autre, tels des chanteurs d'opéra nous lancions des répliques comme :

«Je ne crois pas que tu auras terminé ton travail.

— Oh, si, bien sûr !

— Je ne crois pas. C'est bientôt la récréation.

— Oh, si, bien sûr, bien sûr, bien sûr.»

Le plaisir que le chant nous procurait — sa spontanéité un peu niaise, un peu folle — faisait que nous souriions tout le temps. Les garçons, bien que toujours instables et enclins à de terribles bagarres, commençaient à se montrer attentifs les uns aux autres, de façon subtile mais significative. Billy, en particulier, manifestait aux jumeaux un intérêt fraternel. Il les appelait «les petits» et, souvent, il me disait des choses comme : «Ne t'inquiète pas, je veille sur les petits» lorsqu'ils descendaient en récréation. En revenant du réfectoire, un jour, il m'annonça : «Ils n'avaient plus de chocolat, mais ça a été. Quand j'ai vu qu'il en manquait, je suis allé en chercher pour les petits.»

Les «petits» ne lui rendaient pas cette sollicitude. Ni Théo ni Phil ne faisaient de gros progrès en ce qui concernait leur comportement impulsif, voire agressif. Leurs acquis, dans ce domaine, étaient lents et difficiles. En revanche, Billy et Jesse semblaient être arrivés à un point où ils pouvaient admettre que les petits avaient des problèmes. Parfois, ainsi que Billy le disait, «faut pas se sentir visé personnellement». Billy et Jesse s'étaient liés d'amitié, mais il y avait eu une période délicate. Cela semblait provenir essentiellement d'un conflit de personnalités. Celle de Billy était bruyante, expansive. Il était enthousiaste, avec un E majuscule. Jesse, quant à lui, n'était pas particulièrement timide ou calme. Il parlait souvent à voix haute, il participait. Mais il jetait un regard mélancolique sur le monde, tel l'âne Bourriquet, le compagnon de Winnie l'ourson. Par conséquent, il trouvait pénible de ne pas éprouver l'enthousiasme de Billy pour toute chose, mais aussi de supporter l'expression de cet enthousiasme. Il lui demandait sans cesse de se calmer, de se taire ou d'arrêter de tirer au flanc.

Il y avait aussi une certaine rivalité, entre eux. Si Théo

et Phil étaient les petits, automatiquement, Billy et Jesse passaient dans la catégorie des grands. Bien que Jesse fût plus proche de Théo et de Phil, sur le plan scolaire, que de Billy, il se sentait en compétition avec Billy. Il voulait faire tout ce que faisait Billy. Pour avoir confiance en lui il devait être meilleur que Billy, ce qui n'était pas facile. Mais le domaine dans lequel il excellait était la musique. Grâce à notre folle habitude de chanter, Jesse pouvait au moins dominer en la matière. Il se rappelait les paroles des chansons bien mieux que les autres enfants. Il mémorisait les mélodies, mieux encore, il pouvait les reproduire sur le petit xylophone, le seul instrument dont nous disposions. Et lorsqu'il chantait ou jouait, ses tics semblaient s'atténuer. Aussi, chaque fois qu'il se sentait inférieur à Billy, je faisais appel à ses dons en musique.

A la fin de la première semaine de février, Gwennie nous quitta car sa famille déménageait pour aller s'installer dans le district de Washington. J'étais sincèrement attristée par son départ. C'était une petite personne pleine de vie, dont les commentaires excentriques sur les pays étrangers m'avaient souvent agréablement distraite, alors que j'étais attelée à la tâche difficile de maintenir la discipline parmi les garçons. Cependant, j'étais soulagée qu'elle s'en allât. Il lui fallait une autre structure que la nôtre. Nous n'avions pas vraiment su répondre à ses besoins. Sur le plan scolaire, elle avait une avance certaine sur les autres, mais il aurait fallu la prendre en tête à tête pour effectuer un travail visant à améliorer sa sociabilité. Nous n'avions pas le personnel pour cela. Aucun des garçons ne se montrait très patient envers elle et elle n'était jamais devenue la partenaire que j'espérais pour Vénus. En outre, son intolérance vis-à-vis des tics bruyants et inattendus de Jesse avait souvent rendu l'atmosphère de la classe explosive. Aussi, ce vendredi-là, je lui dis au revoir sans regret et lui souhaitai de bien s'adapter dans sa nouvelle école.

Vénus demeurait un membre presque invisible du

groupe. Aucun garçon ne s'adressait à elle. La plupart du temps, chacun se comportait comme si elle n'était pas là. Pourtant, elle avait fait des progrès. Elle se contrôlait un peu plus. Depuis son retour dans notre classe, il n'y avait plus eu d'accès de furie comme nous en avions eu à l'automne. Même en récréation, tout semblait aller mieux. Nous mettions toujours en place notre «système de sécurité», mais les semaines s'écoulaient et Vénus se comportait bien.

Pour marquer cette nouvelle stabilité, nous avions prévu deux fêtes en février. L'une était la fête de la Chaussure, le 8 février. C'était un vendredi et nous avions décidé de récompenser tous ceux qui avaient réussi à rester dans le vert cette semaine-là. Nos fêtes consistaient en peu de chose, parce qu'elles risquaient toujours de dégénérer en chaos. En général, nous cuisinions. Il s'agissait donc de préparer quelque chose de bon puis de le manger tout en écoutant de la musique à la radio. Pour une raison obscure, les garçons considéraient ces festivités comme un plaisir éminemment coupable. «C'est comme de regarder des dessins animés à l'école», fit remarquer un jour Billy. Bien des gens n'auraient pas trouvé nos goûters extraordinaires, mais nous nous y amusions.

Le lundi précédent, j'avais averti les enfants que cette fois ce serait *spécial*. A la place du goûter du vendredi, nous allions avoir une véritable fête. Je leur dis que nous en étions à un point où tout le monde allait pouvoir garder ses chaussures en classe. Pour cela, évidemment, il fallait que chacun s'efforçât de rester dans le vert toute la semaine. De même, je ne voulais pas une seule bagarre durant la semaine. Les garçons prirent la nouvelle très sérieusement. Si sérieusement que Jesse, qui avait déjà tendance à faire la police, ennuya tout le monde en rappelant constamment combien il était important de bien se conduire. Pour souligner la solennité du moment, j'avais commandé un énorme gâteau à la pâtisserie. Sur le dessus, j'avais fait ajouter un écureuil, «Bonne fête de la Chaussure», ainsi que les prénoms des enfants. Il avait été livré à l'heure du déjeuner et, à partir de cet instant, ils ne parlèrent plus que de cela.

Me rappelant le désordre qui avait présidé au goûter de Noël, je fis tout ce que je pouvais pour maintenir l'ordre jusqu'à l'heure de la fête, une demi-heure avant la fin de la journée. Julie et moi circulions constamment entre les rangs, les mains pleines de disques rouges et oranges pour bien rappeler l'enjeu. Et nous arrivâmes au moment crucial sans en avoir distribué un seul.

Après la récréation, pendant que Julie s'occupait des enfants, j'avais discrètement noué un ruban autour de chaque paire de chaussures. J'y avais adjoint une petite médaille sur laquelle était inscrit : «premier prix». Ce n'était pas vraiment approprié, mais c'était tout ce que j'avais pu trouver dans les réserves de l'école. Et cela convenait. Je savais qu'ils allaient accueillir leur médaille comme s'ils avaient disputé une compétition.

Pour commencer, je les fis tous asseoir à leur place, puis je descendis la caisse à chaussures du haut de son armoire. La première paire que je sortis appartenait à Phil. Je la soulevai, montrant à tous le ruban et la médaille.

— Phil, puis-je avoir l'honneur de vous offrir vos chaussures et vous décorer de la médaille de «Bonne conduite?» fis-je très solennellement.

Le sourire de Phil fendit son visage d'une oreille à l'autre.

— Lève-toi, lui chuchota Jesse.

Billy n'était pas aussi discret.

— Soulève ton cul!

Phil se leva. J'épinglai la médaille sur sa chemise et lui remis ses chaussures. Je dus l'aider, car il ne savait pas nouer ses lacets tout seul. Dès que ce fut fait, il souleva un pied, puis l'autre, comme si personne avant lui n'avait jamais porté de chaussures. Les autres applaudirent à tout rompre.

217

Le suivant était Jesse. Je répétai la cérémonie.

La troisième paire appartenait à Vénus. Je la tins en l'air, montrant la médaille et le ruban, tout comme je l'avais fait pour les garçons.

— Vénus, puis-je avoir l'honneur de vous offrir vos chaussures ? lui demandai-je.

Tous les garçons se tournèrent vers elle.

Elle me fixait. J'étais certaine qu'elle était bien attentive à ce que nous faisions. Lorsque j'avais sorti ses chaussures, je l'avais vue esquisser un mouvement, comme si elle allait se lever. Puis les garçons l'avaient regardée.

— Y a qu'à les lui donner, dit Billy. Elle va pas se lever pour les prendre. Et moi, j'ai pas encore eu les miennes !

Je passai entre les tables et parvins devant Vénus.

— Puis-je vous aider à les enfiler ? demandai-je.

Elle souleva ses pieds. Ce n'était qu'un petit mouvement, mais elle le fit sans que j'aie eu à le lui demander. Et elle levait ses pieds suffisamment haut pour que je puisse lui enfiler ses chaussures.

— Et maintenant, la médaille de Bonne conduite, dis-je en me redressant.

De façon inattendue, Vénus se leva et repoussa ses cheveux en arrière.

— Waou ! hurla Billy, comme si elle avait accompli un exploit.

J'épinglai la médaille sur la poitrine de Vénus.

— Est-ce que nous allons applaudir Vénus pour la façon dont elle s'est comportée pendant que je lui mettais ses chaussures ? suggérai-je.

Tout le monde applaudit bruyamment. Vénus resta debout quelques secondes encore, puis elle se rassit. Il me sembla apercevoir sur ses lèvres l'ombre d'un sourire.

Le second événement du mois de février fut de construire la «cabane de Lincoln». Comme ce groupe était particulièrement conflictuel et difficile, nous n'avions presque rien fait d'autre que de mettre en place ces méthodes de modification du comportement ainsi que le projet éducatif correspondant à chaque enfant. Selon les prescriptions ministérielles, je devais élaborer et rédiger pour chacun d'eux un programme scolaire individualisé. Avec d'autres classes, j'avais organisé des voyages, des sorties scolaires et des projets spécifiques. Cette année, il n'y avait rien eu. Mais, en l'honneur de notre stabilité toute neuve, je décidai qu'il était temps de trouver quelque chose d'amusant à faire.

L'anniversaire d'Abraham Lincoln était le 22 février, j'eus donc l'idée d'organiser une activité autour de ce thème. Je lus aux enfants son histoire, comment il était né, pauvre, dans une cabane en rondins, près de Springfield, dans l'Illinois, et comment il avait travaillé dur pour s'instruire, dût-il faire ses devoirs à la lueur du feu. Je leur expliquai comment il était devenu président des Etats-Unis, je leur parlai de la guerre de Sécession et de l'émancipation des esclaves. Nous fîmes plusieurs ateliers en relation avec ce sujet. Billy rédigea un exposé sur l'assassinat de Lincoln, Jesse trouva une photographie du monument dédié à Lincoln, à Washington. Théo et Phil comptèrent des pièces de monnaie à l'effigie de Lincoln. Mais notre projet, pour le plaisir, était la cabane de Lincoln.

Au début, j'avais pensé imiter un projet réalisé auparavant par Pam. Ses élèves avaient fabriqué des petites maisons de Lincoln avec des biscuits salés, surmontées de toits en papier. Elle m'avait montré les photos qu'elle avait prises et j'avais pensé que nous en ferions autant. Mais, en y réfléchissant davantage, j'avais acquis la certitude que Théo et Phil n'auraient sans doute ni la patience ni la dextérité nécessaires pour assembler les biscuits et qu'ils en seraient frustrés. Il en résulterait des bagarres à coups de biscuits salés.

Je trouvai une autre version dans un magazine : les cabanes étaient confectionnées avec des bretzels et de la colle, si bien qu'elles étaient plus réalistes que celles de Pam, mais cela demandait encore trop de concentration pour mon groupe. Pire encore, les enfants passeraient le plus clair de leur temps à se gaver de bretzels enduits de colle. J'envisageai plusieurs possibilités : cartonnage, dessin, peinture. Mais rien ne semblait adapté à ce que j'avais en tête.

Enfin, alors que j'étais dans mon grenier en quête de matériel pour la classe, je tombai sur la solution parfaite, les «cabanes en rondins de Lincoln». Semblables aux cubes de construction pour enfants, c'étaient des bâtons de bois pourvus d'encoches, que l'on devait assembler pour construire des chalets rustiques et qui tenaient leur nom de la fameuse cabane de Lincoln. Dans les années quarante et cinquante, ils avaient constitué un jeu très populaire, mais avaient été délaissés au bénéfice des Legos et autres jeux de construction plus sophistiqués apparus ensuite. Lors de son déménagement, une amie m'en avait laissé un assortiment imposant. Comme ils étaient encombrants, elle n'avait pas voulu les emporter et avait pensé qu'ils pourraient m'être utiles. Je ne m'en étais jamais servi, en partie parce que les bâtons entaillés étaient assez petits pour être perdus, volés ou jetés.

Je soulevai le couvercle de la boîte. De toutes les classes que j'avais eues, celle-ci n'était certainement pas la plus apte à manier un baril rempli de bâtonnets bruns, avec des toits de lattes vertes à peu près de la taille d'une règle plate. Qu'est-ce qui me poussait à prendre ce risque ? Ces enfants étaient si bagarreurs que j'avais depuis bien longtemps caché tout ce qui pouvait ressembler à des projectiles, tels les Legos.

Je descendis péniblement du grenier, portant le lourd baril qui contenait les maisons de Lincoln. Je dus les transvaser dans deux boîtes plus petites pour pouvoir les mettre dans la voiture.

Le lendemain matin, après la récréation, j'annonçai :

— Nous allons faire quelque chose de différent, aujourd'hui. Mais, auparavant, nous allons devoir réaménager la classe de façon à avoir un grand espace libre au milieu de la pièce. Devinez ce que nous allons faire... Nous allons construire des cabanes comme celle où vivait Abraham Lincoln. Chacun de vous aura la sienne. Mais...

Je m'interrompis afin de laisser à Billy le temps de jouer sur le mot «mais», qu'il pouvait traduire par «mes» ou «mets». Pourtant, il n'en fit rien. Appuyé au radiateur, il écoutait.

— Mais, repris-je, il y a plein de petites pièces sur lesquelles on peut marcher ou glisser. Aussi, je veux que chacun d'entre vous soit un Ecureuil très soigneux. Si nous commençons cette activité, nous devons être très attentifs.

Nous déplaçâmes les tables, si bien qu'il y en eut trois le long d'un mur et deux de l'autre côté. Jesse et Billy m'aidèrent à porter les deux boîtes au centre de la pièce, puis à les vider en deux tas, de chaque côté de l'espace libéré. Je leur montrai comment les rondins pouvaient s'encastrer les uns dans les autres.

— Eh, c'est cool ! s'exclama Billy avec enthousiasme. On va construire des cabanes avec ça ?

— Chacun d'entre vous construira sa cabane.

— Waou ! fit Jesse. On va avoir une ville, alors.

— Ouais ! Springfield, dans l'Illinois, répondit Billy. C'est là qu'habite Bart Simpson.

— Je ne crois pas, Billy, répliquai-je. Il y a beaucoup de villes qui s'appellent Springfield.

— Mais ça pourrait être la même, on ne sait pas.

— Je parie que Bart Simpson est plus célèbre qu'Abraham Lincoln, remarqua Jesse.

— Je vais fabriquer la maison de Bart Simpson, dit Billy. Donc, ce sera son Springfield.

Il sourit de sa plaisanterie.

221

— Moi, dit Phil, je vais faire l'épicerie.

— Ouais, moi aussi, dit Théo.

Je m'assis par terre, croisai les jambes et attirai Vénus sur mes genoux.

— Viens là, je vais t'aider.

Les enfants se mirent à échanger des propos un peu stupides. Billy avait tout de suite voulu évaluer la hauteur de sa construction.

— Ce sera une tour de guet. Ils avaient sûrement une tour de guet, hein ? Parce qu'à cette époque, ils se battaient contre les Indiens. Donc, y avait sûrement une tour de guet.

— Ouais ! répondit Jesse. Même qu'elle mesurait trente mille mètres. Mais ça ne va pas aller avec le reste.

— Et alors ? demanda Billy.

Ensuite, Phil découvrit qu'en appuyant sur le bord des toits verts, qui étaient flexibles, on pouvait les projeter à une certaine distance, ce qui produisait un bruit très amusant lorsqu'ils heurtaient quelque chose. Quand Théo en reçut un sur le derrière, il laissa échapper un hurlement et bondit sur ses pieds, les poings fermés.

— Eh, eh, eh ! fis-je d'une voix menaçante.

Jesse fut encore plus prompt.

— Les gars, ça ne va pas ? On s'amuse bien et on ne pourra pas continuer si vous commencez à vous battre.

A ma grande surprise, Théo s'arrêta immédiatement. Il montra les dents à son frère, puis il s'agenouilla de nouveau pour construire sa cabane, mais il s'écarta de Phil pour se rapprocher de Jesse.

Je pensais que l'activité ne durerait qu'une demi-heure, ce qui était déjà bien étant donné les capacités de concentration des enfants. Mais quand la demi-heure fut passée, ils étaient tous complètement captivés par leur construction. Ils se concertaient, discutaient de l'agencement des cabanes et s'aidaient mutuellement à trouver les rondins qui leur manquaient. J'entendis même quelques commentaires farfelus à propos d'Abraham Lincoln. Aussi, je ne les interrompis pas.

Je m'occupai de Vénus, à qui je tendais les bâtonnets qu'elle devait utiliser pour la construction que j'avais commencée pour elle. Cela prit une vingtaine de minutes, mais elle finit par y participer et ajouta soigneusement les minuscules rondins de bois que je lui donnais.

— Est-ce qu'on pourra laisser les cabanes où elles sont quand on aura terminé ? demanda Jesse.

— Ouais ! s'exclama Billy. On laissera tout comme ça.

J'acquiesçai :

— Si vous voulez. A condition que personne ne bute dedans.

— On pourrait faire encore plus de cabanes, dit Théo.

— Ouais ! cria une fois de plus Billy. On pourrait faire une *ville* de cabanes ! Tout autour de la classe. On peut ? S'il te plaît ! S'il te plaît !

— Je ne pense pas qu'il y ait assez de rondins pour faire toute une ville, répondis-je.

— Mais on peut quand même garder les cabanes ? demanda Phil. On peut en fabriquer d'autres ?

Je hochai la tête.

— Et aussi garder les tables l'une à côté de l'autre, comme ça ? demanda Jesse.

J'avais envie d'ajouter des restrictions, du genre : «Oui, si vous cessez de vous bagarrer», mais j'aurais paru manquer de confiance, aussi je me tus.

Les garçons retournèrent à leurs cabanes.

— Vous savez quoi ? dit soudain Billy. Si on était du temps d'Abraham Lincoln, Jesse et Vénus seraient des esclaves. Peut-être qu'ils ne viendraient pas à l'école.

Jesse se hérissa légèrement.

— Et toi, tu ne serais même pas dans ce pays. Tu serais au Mexique. Ils te tireraient sans doute dessus.

— C'est pas vrai ! fit Billy avec indignation.

— Les garçons, intervins-je doucement, essayons de ne pas nous disputer.

223

— Oui, mais il a dit... commença Jesse.

— J'ai *dit* que si on était du temps d'Abraham Lincoln, Vénus et toi seriez des esclaves. Je n'ai pas dit que je *voulais* que vous soyez des esclaves, répliqua Billy. C'est pas la peine de te mettre en colère aussi vite.

— Ouais. Je n'ai pas dit non plus que je *voulais* qu'on te tire dessus.

Il y eut un long silence. Jesse se mit à trier les bâtonnets pour mettre de côté ceux qu'il cherchait. Billy l'observa un instant, puis se remit à sa construction. Ils travaillèrent longtemps en silence.

Billy s'arrêta à nouveau. Il regarda Jesse, puis les autres.

— Vous savez quoi? dit-il à la cantonade. Avant, je n'aimais pas les enfants noirs. Avant que j'arrive dans cette classe. C'est parce qu'il y en avait, dans l'école de mon frère, et qu'ils attaquaient tout le temps les autres. Ils m'ont tapé dessus, une fois. Et mon frère a dit que c'était parce qu'ils étaient noirs.

— C'est complètement idiot, répondit Jesse. Les gens qui aiment se bagarrer ne sont pas forcément noirs.

— Ouais, je sais. J'ai compris. C'est ce que je pensais *avant*.

Il y eut un silence. Billy jeta un coup d'œil à Jesse, qui travaillait.

— Toi et moi, on est amis, hein?

Jesse haussa les épaules.

— C'est ce que j'ai dit à mon frangin. L'autre soir, je lui ai dit ça. J'ai dit que je connaissais un garçon noir, à l'école, et que c'était mon copain. Qu'il devait plus dire quelque chose de mal sur les noirs, parce que sinon je lui éclaterais la tête. Parce que c'est comme ça que je fais quand on insulte mes copains.

Jesse approuva de la tête.

— Ouais, tu es mon ami, toi aussi. Je l'ai dit à ma grand-mère.

Silence.

— Elle a dit : «Vous pouvez pas être amis», continua

Jesse. « C'est à cause de ta maladie de Tourette, c'est pour ça que vous vous entendez. Sinon, vous pourriez pas être amis. »

— C'est pas vrai, répondit Billy. C'est des préjugés, hein, maîtresse ? Comme de dire qu'on serait pas amis sous prétexte que t'es noir. C'était de ça que je parlais. C'était ce que je voulais dire. Avant que je connaisse Jesse, je n'aurais pas pensé que je pourrais être son copain, parce qu'il est noir. Mais maintenant, quand je regarde Jesse, je ne pense pas à un Noir, ni qu'il a la maladie de Tourette. Parce que quand je te connaissais pas, Jesse, je trouvais que tes aboiements et tes tics étaient vraiment bizarres. Mais maintenant, je n'y fais plus attention. Tu ne vois pas les gens de la même façon quand tu les connais. Tu vois juste ce qu'ils ont de pareil que toi. C'est vrai, hein, maîtresse ?

— C'est ce que j'ai dit à ma grand-mère, dit Jesse. J'ai dit : « Dans ma classe, je me suis fait des amis. »

Les garçons travaillèrent un instant en silence.

— Tu sais quoi ? dit Billy. Je crois qu'on a de la chance d'être dans cette classe. C'est ce que j'ai dit à mon frangin. J'ai dit que c'était la plus chouette classe que j'avais jamais eue. Je suis content de pas être dans une autre école.

— Moi aussi, dit Théo.

— Ouais, moi aussi, dit Phil.

Jesse approuva de la tête.

— Ouais, moi aussi.

— Ça fait quatre, dit Billy. Moi...

Il se désigna lui-même.

— Moi aussi.

Il désigna Théo.

— Moi trois.

Il pointa Phil.

— Et moi quatre ! conclut-il en montrant Jesse.

Ce dernier éclata de rire.

— Ouais. Moi quatre aussi, alors !

22

Le samedi matin, je me rendis à un vide-greniers en compagnie de mon amie Beckie. Je le faisais par pure amitié. Je voyais bien l'intérêt de *vider* son grenier, de vendre à quelqu'un d'autre tous les vieux trucs dont on ne voulait plus, mais je ne comprenais absolument pas le point de vue de l'acheteur. J'accompagnais quand même Beckie, en grande partie parce que ces sorties se terminaient toujours par un brunch dans l'un de mes restaurants préférés.

Beckie était le genre de fille qui pouvait fouiller pendant des heures parmi les articles, en particulier les vêtements, exposés dans les vide-greniers. Elle avait acheté la plupart des siens dans ce genre de ventes et me pressait d'en faire autant, en me montrant tout ce qu'elle avait acquis au long des années pour quelques dollars. Les vêtements n'exerçaient pas le même attrait sur moi, aussi je focalisais mon attention sur le bric-à-brac. Ce samedi-là, au grand plaisir de Beckie, il y avait d'innombrables penderies de vêtements. Je fouinai parmi les ustensiles de cuisine, les caisses de livres, les jouets, les outils et explorai tout un fatras de vieux vases ou de bouteilles de parfum vides. Après avoir vu tout ce qui était concevable, je retournai auprès de Beckie, qui n'avait pas terminé. Je repris donc mon errance.

Au cours de mes pérégrinations, j'engageai la conversation avec une petite fille qui vendait ses vieux jouets. Elle pouvait avoir une dizaine d'années. Nous parlâmes du fait qu'en grandissant on se désintéressait des poupées Barbie. On pouvait continuer d'apprécier les poupées en général, mais ne plus avoir besoin d'un carrosse en plastique. Et alors, qu'est-ce qu'on en faisait ? Elle me raconta qu'elle espérait tirer vingt dollars de ses ventes afin de s'acheter un coffret de perles pour confectionner des bijoux. Je lui confiai mon regret de ne rien pouvoir lui acheter car je cherchais des jouets de garçon.

Cette gosse avait vraiment l'âme d'un chef d'entreprise. Lorsqu'elle comprit que je n'avais rien vu qui me plût, elle me demanda si je voulais voir les articles qu'elle avait mis de côté pour le lendemain. Je n'avais qu'à fouiller, me dit-elle. Je trouverais peut-être quelque chose qui me conviendrait. Et, parmi le bric-à-brac qui attendait d'être exposé, je trouvai une caisse remplie de cassettes vidéo pour enfants. Je me penchai pour les examiner. C'est alors que je vis : *Sheera, princesse du pouvoir.* Je la sortis du lot.

— Combien pour celle-ci ? demandai-je.

— Cinquante cents.

Le marché fut vite conclu.

Le lundi, après le déjeuner, il me restait une demi-heure avant le début de la classe. Je décidai d'aller chercher Vénus dans la cour. Elle se trouvait près du mur, et non dessus. Elle n'était plus autorisée à y grimper, mais elle s'y appuyait. Elle passait presque toutes les récréations dans cette position.

Il était inutile de l'interpeller de loin, aussi traversai-je la cour pour la rejoindre. Je m'agenouillai devant elle.

— Tu veux bien me suivre dans la classe ? J'ai quelque chose à te montrer.

Elle me regarda. Je souris. Pas de réponse.

— Devine ce que c'est ! Un dessin animé de Sheera.
C'est une cassette. J'ai pensé que, si tu en avais envie, on
pourrait la regarder maintenant.

Pas de réponse.

— Tu n'aimerais pas faire ça ?

Pas de réponse.

Il aurait été irréaliste d'attendre un mot dans cette cour
bruyante, aussi je me levai simplement et lui tendis la
main.

— Viens. Allons voir ce dessin animé ensemble.

Elle ne bougea pas. Je lui pris la main.

— Viens avec moi.

Elle me suivit sans résister. Nous entrâmes dans le
couloir sombre, puis nous montâmes l'escalier. J'ouvris la
porte de la classe, mais, comme nous allions regarder un
dessin animé, je n'allumai pas les lumières. Je traversai la
salle et pris la cassette sur mon bureau. Je l'ôtai de son
étui, que je tendis à Vénus.

— Tu vois ? Tu as déjà regardé un dessin animé de
Sheera ?

Pas de réponse.

Je déplaçai la petite table sur laquelle se trouvaient le
téléviseur et le magnétoscope.

— On va pouvoir s'asseoir sur les coussins du coin-
lecture pour regarder la cassette, dis-je en la poussant
devant moi.

Vénus resta près de la porte, l'emballage de la cassette
dans les mains, fixant toujours l'image qui se trouvait sur
l'étui.

— Viens.

Je retournai auprès d'elle et l'entraînai jusqu'au coin-
lecture. Après avoir tourné le téléviseur dans le bon sens,
je m'assis par terre, puis j'attirai Vénus sur mes genoux
et l'entourai de mes bras.

L'intrigue était plutôt mince. Il s'agissait d'un pirate
qui n'était qu'un mercenaire jusqu'à sa rencontre avec
Adora. Elle-même soutenait un mouvement de résistance

228

sur la planète Ethéria. A ce moment, il comprenait qu'il souhaitait devenir un bon pirate et tenter lui aussi de libérer Ethéria de la horde du Mal. Au moment suprême, Adora se transformait en Sheera sur une musique accrocheuse, dans un ruissellement d'étincelles scintillantes. Tandis qu'elle regardait cette métamorphose, le petit corps de Vénus se tendit. Ses doigts se crispèrent sur mon jean et elle se pencha en avant, captivée.

Il y avait un second dessin animé sur la cassette, mais nous n'avions pas le temps de le regarder, car il ne restait que sept minutes avant la sonnerie. Je me levai et éteignis le téléviseur.

— C'était bien, tu ne trouves pas ? Ça t'a plu ?

Vénus hocha prudemment la tête.

— Tiens ! dis-je en lui tendant la règle. Si nous imitions Sheera ? Tu tournes sur toi-même et tu fais les mouvements avec l'épée. Moi je chante la chanson. D'accord ? Je vais chanter l'air de Sheera !

Sans aucune hésitation, Vénus pointa l'épée vers le plafond et se mit à pivoter sur elle-même pendant que je me chargeais de l'accompagnement musical.

— Oui, c'est bien. Mais tu as oublié quelque chose d'important. Tu dois dire : « Par l'honneur du Crâne ancestral ! » Cela ne marchera pas sinon. Allez, essaie encore. Moi je chante l'air de Sheera.

De nouveau, Vénus brandit la règle et tourna lentement. Je la vis ouvrir la bouche, mais je n'entendis rien.

— Allez, essaie encore. Il faut prononcer les paroles plus fort, à mon avis. Comme ça : Par l'honneur du Crâne ancestral ! criai-je.

Vénus ouvrit de grands yeux.

— Tu peux le dire aussi fort que moi ?

— Par l'honneur du Crâne ancestral, articula-t-elle.

— Oui ! Tu y es presque !

— Par l'honneur du Crâne ancestral, chuchota-t-elle.

— Presque !

— Par l'honneur du Crâne ancestral, chuchota-t-elle encore.

— Plus fort.

— Par l'honneur du Crâne ancestral, dit-elle d'une voix quasiment normale.

— Encore un tout petit peu plus fort.

— Par l'honneur du Crâne ancestral, dit-elle d'une voix normale.

— Bravo! C'est vraiment bien! Tu peux le faire, tu vois? Maintenant, on va faire les gestes en même temps. Tu tiens l'épée en l'air et tu n'oublies pas les paroles. Voyons si tu te transformes en princesse du pouvoir.

Vénus souleva la règle, tandis que je chantais : « Sheera! Sheera! » Elle leva davantage le bras et s'arrêta.

La pause commençait à être longue — le silence allait s'abattre sur nous — quand, tout à coup :

— Par l'honneur du Crâne ancestral! fit-elle d'une voix claire.

Je portai les mains à mon visage.

— Waou! Tu l'es! La princesse du pouvoir se trouve devant moi.

Je l'attirai dans mes bras et la serrai très fort contre moi. Vénus émit un petit gloussement heureux.

Les jours suivants, nous passâmes les récréations à regarder la cassette. Une fois que Vénus eut compris ce que nous allions faire, elle me suivit volontiers. Elle n'allait pas jusqu'à traverser la cour pour me rejoindre, mais elle traînait près de la porte en attendant que j'arrive. Le troisième jour, je vis un petit sourire sur ses lèvres lorsqu'elle m'aperçut à travers la porte vitrée.

Je me réjouissais de ces instants presque autant qu'elle, il me semble. Sentant que nous étions au bord d'une avancée importante, je passais une bonne partie de mon temps libre à me demander comment j'obtiendrais la prochaine réaction. Jusqu'où pouvais-je aller? Quelle serait l'ampleur de la réponse? Je passais aussi de longs moments à m'interroger sur ce qu'il y avait derrière cette absence de réactions. Parce que, même après tous ces mois passés à observer Vénus, cela me paraissait inhabituel. Elle persistait dans le silence alors qu'il était clair qu'elle pouvait parler.

Je ne l'avais jamais entendue s'exprimer spontanément. Il lui arrivait désormais de prononcer quelques mots quand nous étions seules. Ou plutôt, elle marmonnait un «oui» ou un «non», ou encore elle répétait quelque chose comme je le lui demandais. Ce n'était pas assez pour me permettre d'en conclure quoi que ce fût sur son aptitude à parler normalement. Le spectre du retard mental continuait de hanter nos activités. Vénus était si passive qu'on n'avait pas pu la soumettre aux tests pour évaluer son QI. Par conséquent, nous ne savions rien. Peut-être ne parlait-elle pas parce qu'elle n'était pas assez intelligente pour cela. Ou peut-être souffrait-elle de lésions cérébrales ou d'aphasie, ou de toute autre affection qui nous mènerait à l'échec.

Avec un certain cynisme, Bob mit cette question sur le tapis à l'heure du déjeuner, alors que je terminais mon sandwich. Je m'apprêtais à descendre chercher Vénus dans la cour pour regarder la cassette avec elle.

— Sais-tu que tu es vraiment étonnante? me dit-il.

Je levai vers lui un regard interrogateur.

— Ce qui me surprend, c'est la façon dont tu te démènes pour si peu de récompense... Je veux dire, avec Vénus, conclut-il en penchant la tête comme s'il craignait qu'on nous entende.

— Je suis récompensée, répliquai-je avec, peut-être, un peu trop de vivacité.

Il dressa les sourcils.

— Allons, Torey! fit-il avec scepticisme. Tu n'as pas à me mentir. Moi aussi, j'ai partagé cet idéalisme généreux. Tous les deux, nous avons les années soixante dans le sang. L'amour, pas la guerre. Toutes ces conneries. J'ai passé ma vie à leur rendre un culte. Mais nous sommes suffisamment âgés, maintenant, pour savoir quand les probabilités sont contre nous. Et c'est le cas avec cette petite.

Ce discours m'irrita.

— Qu'est-ce que tu veux me dire? Que je ne devrais pas faire ce que je fais?

— Non. Je te dis seulement que tu investis beaucoup d'énergie pour un bien faible résultat.

— Ce n'est pas ce genre de jugement de valeur qui doit me guider, Bob.

— Il y a peut-être une autre façon de formuler les choses. Chacun doit choisir ses combats, Torey. Quand je te disais que nous étions tous deux issus des années soixante, je voulais dire que nous partagions le même idéal, à cette époque. Quand nous avons commencé à travailler ensemble, nous pensions sauver le monde. Mais la vérité est que nous ne le pouvons pas. Et tu le sais. Je sais que tu le sais. Je sais que tu es moitié moins idéaliste que tu ne l'as été.

— Je suis plus réaliste qu'idéaliste, répliquai-je.

— C'est bien ce que je dis. D'un point de vue réaliste, tu n'as pas beaucoup avancé, dans ce cas précis. Et je vois que tu t'impliques chaque jour davantage, que tu prends sur ton temps libre pour t'occuper d'elle.

— Eh bien, donne-moi une autre assistante. Accorde-moi l'aide nécessaire pour que je puisse suivre efficacement tous les enfants que j'ai dans ma classe parce qu'actuellement, c'est impossible. Je ne peux pas travailler avec cette fillette pendant les horaires scolaires, du moins pas comme il le faudrait, parce que je serais obligée de délaisser les autres.

— Ce que je te dis, fit Bob d'une voix un peu exaspérée, c'est que...

— C'est qu'elle ne vaut pas la peine d'être sauvée.

— Non. Laisse-moi finir. Ce que je te dis, c'est que je ne veux pas que tu t'éparpilles. Je ne peux pas te donner une autre assistante. Je sais aussi bien que toi qu'il t'en faudrait une, mais va dire ça aux gens quand il s'agira de payer des impôts supplémentaires parce qu'il n'y a tout simplement pas d'argent. En attendant, c'est tout ce que nous pouvons faire. Et oui, c'est triste, mais cela implique que nous choisissions nos combats.

— Je ne travaille pas de cette façon, répondis-je.

Sur ces mots, je pris mes affaires et quittai la salle des professeurs.

Cette conversation avec Bob m'avait découragée. J'avais suffisamment d'expérience pour savoir que malheureusement chacun devait effectuer des choix difficiles. Je n'avais pas l'illusion de sauver tous les enfants qui m'étaient confiés. Il n'y avait pas suffisamment de moyens. Le temps manquait. Et, en certaines circonstances, je n'étais pas la personne qu'il fallait. Mais je supportais mal l'idée que Vénus fût irrécupérable sur la base d'un QI que l'on ne pouvait évaluer ou parce qu'on n'était pas récompensé des efforts et du temps que l'on investissait pour elle. Pour moi, c'était tout aussi discriminatoire que de se fonder sur sa race ou son milieu socio-économique. Je ne pouvais pas raisonner de cette façon. Si Vénus réagissait, même de façon infime, c'était pour moi une raison suffisante pour continuer de travailler avec elle.

Et elle réagissait. Dans l'intimité de la classe, plongée dans la pénombre, devant un dessin animé contant l'histoire d'une princesse, nous tissions lentement un lien.

— Tiens. Tu veux mettre toi-même la cassette? lui demandai-je un après-midi.

Vénus était debout, ouvrant de grands yeux.

— Tu ne sais pas comment faire? Viens là, je vais te montrer.

Elle s'approcha avec circonspection du magnétoscope.

233

— Tiens. Prends la cassette, puis tu la mets dedans.
Là. Comme ça.

Je lui indiquai la manœuvre, puis je sortis la cassette
du magnétoscope et la déposai dans sa main. Vénus la
contempla comme si elle n'en avait jamais vu de sa vie.

— Soulève-la.

Elle me regarda.

— Soulève-la ainsi, dis-je en passant une main sous
son coude, puis introduis-la dans la fente.

Elle ne bougea pas. Je pris sa main dans la mienne et
lui fis accomplir les gestes que je venais de décrire.

— Bravo! Maintenant, tu vas le faire toute seule.

De nouveau, la cassette fut éjectée et je la lui rendis.

Vénus hésita un long moment, puis elle souleva lentement la main et glissa la cassette dans la fente.

— Très bien. Pousse-la, maintenant.

Elle exerçait une pression trop faible, aussi la cassette
ne rentrait-elle pas dans le magnétoscope.

— Plus fort, tu ne vas pas la casser.

Vénus poussa plus fort, mais encore pas assez.

— Plus fort. Tu y es presque.

Un long moment s'écoula, au point que je crus qu'elle
n'allait pas réussir. Mais j'attendais. Et je souriais.

Elle hésita. Enfin, elle poussa suffisamment la cassette,
qui disparut dans l'orifice. La machine ronronna, puis les
premières images du dessin animé apparurent sur l'écran.

— Waou! Tu y es arrivée. Tu l'as fait toute seule!
criai-je en la serrant contre moi pour l'embrasser. Waou!
Princesse du pouvoir!

Vénus sourit. Elle fit mieux que cela. Son visage se fendit en un large sourire, qui révéla deux dents manquantes.
Nous éclatâmes de rire.

23

Malgré ma visite au mobile home et ma conversation avec Teri et Danny, Vénus ne venait toujours pas régulièrement à l'école. Je trouvais cela extrêmement frustrant. Nous avions deux ou trois bonnes journées, puis elle disparaissait. Quels que fussent les progrès accomplis, chaque absence — même si elle ne durait qu'un seul jour — la faisait régresser légèrement. Si je parvenais à lui faire traverser la classe et qu'elle ne venait pas le lendemain, je devais recommencer de zéro le jour suivant. Si elle introduisait la cassette dans la fente du magnétoscope et qu'elle ne venait pas le lendemain, je devais également recommencer.

— Il faut faire quelque chose! dis-je à Bob.

Bob passa une main lasse sur son visage.

— Je sais.

Et il le savait, en effet. Il faisait tout ce qu'il pouvait. Il envoyait un fonctionnaire de l'Inspection au domicile de Vénus pour qu'il rappelât aux parents leurs responsabilités en matière scolaire. Il alertait les services sociaux pour la millionième fois. Il appela même la police, si bien qu'une femme officier fut dépêchée au mobile home. Mais, malgré tout, il semblait que les informations ne passaient pas. La policière se rendit bien au mobile home, nous en fûmes informés, mais ne sûmes pas qu'elle n'avait pas vu Vénus. Le fonctionnaire de l'Inspection se rendit bien au mobile home, nous en fûmes informés, mais pas du fait qu'il n'y avait trouvé personne. L'assistance sociale se rendit bien au mobile home, nous en fûmes informés, mais pas du fait qu'elle effectuait son dernier jour de travail et ne rédigea pas son rapport avant de quitter son poste et de déménager. Et ainsi de suite. Les démarches appropriées étaient effectuées, mais on ne savait jamais à quel point leur portée était réduite. Défaillances de la bureaucratie... Toujours est-il qu'en fin de compte je n'étais pas plus avancée en ce qui concernait les absences de Vénus.

Les aventures de Sheera n'étaient plus diffusées depuis bien longtemps, mais j'étais décidée à trouver davantage de cassettes. Aussi passai-je plusieurs samedis dans des vide-greniers en compagnie de Beckie. Je parvins ainsi à acquérir une demi-douzaine de dessins animés. De plus, je dénichai deux ou trois albums de Sheera et environ dix magazines.

Vénus et moi prîmes l'habitude de regarder les cassettes ensemble pendant l'heure du déjeuner. Elle m'attendait dans la cour, près de la porte du bâtiment. Elle me suivait dans l'escalier sans se faire supplier et introduisait la cassette dans le magnétoscope avant de me rejoindre sur les coussins, dans le coin-lecture. Elle aimait s'asseoir sur mes genoux et, souvent, elle prenait mes bras et s'en entourait elle-même si elle trouvait que je ne m'exécutais pas assez vite.

Pendant la récréation de l'après-midi, nous pratiquions notre jeu de rôle. Vénus incarnait toujours Sheera, bien entendu. Utilisant la règle, elle se transformait en princesse du pouvoir une demi-douzaine de fois. Ensuite, nous jouions certains épisodes des dessins animés que nous avions regardés pendant le déjeuner, ou une scène choisie parmi les magazines. Le scénario était d'ordinaire très simple. Elle adorait que je joue le personnage démoniaque de Catra et que je me glisse jusqu'à elle sans faire de bruit, après m'être cachée derrière la bibliothèque.

— Me voici ! Je vais détruire cette Sheera. Ouuuuuuh ! Alors, Ethéria sera à moaaaaaaaaaaaaa, disais-je en rampant de la façon la plus sournoise possible.

Vénus trouvait cela très drôle. Elle agitait la règle et riait aux éclats. Au bout de quelques séances, elle trouva même le courage de me poursuivre. Elle n'était pas suffisamment en confiance pour courir, mais elle parvenait à circuler assez vite dans la classe en essayant de me frapper avec la règle.

C'était le genre de jeux peu élaborés auxquels on s'amuse avec des enfants de deux ou trois ans, dont elle avait le rire grisé. Je n'essayais pas d'aller plus loin. Je ne l'incitais pas à parler. Je ne faisais pas d'efforts pour que nos jeux fussent plus appropriés à son âge. Tout ce que je voulais, c'était susciter l'intérêt de Vénus, l'aider à comprendre que la classe était un endroit où il faisait bon vivre, où l'on s'amusait, où l'on était en sécurité.

Malheureusement, ce comportement plus libre ne se manifestait jamais dans le groupe. Quand Julie et les autres enfants étaient là, elle redevenait fermée et inhibée. Je pouvais à l'occasion l'amener à bouger volontairement, si les autres travaillaient près d'elle. Elle venait volontiers près de moi ou sur mes genoux, aussi n'avais-je plus à la bouger physiquement. Et très, très occasionnellement, elle pouvait hocher la tête ou sourire faiblement. Mais c'étaient là des exceptions à la règle. La plupart du temps elle restait assise, plus catatonique que jamais. Pour changer cela, je pensai introduire Sheera dans la classe.

Après le déjeuner, j'avais lu aux enfants un de mes livres préférés, *L'Ile au trésor*. Je le faisais chaque année parce que j'aimais ce livre et parce que je pensais que, quel que fût leur âge, les enfants éprouvaient toujours une fascination pour les pirates, ce qui me permettait de les impliquer dans d'autres activités. En l'occurrence, j'avais décidé que nous réaliserions des coffres de pirate en guise de projet artistique. J'avais apporté une boîte remplie de billes de polystyrène colorées, qui seraient les bijoux, plus un assortiment de feuilles de cellophane et des petits articles scintillants censés représenter le trésor qui allait remplir les coffres. Quant aux coffres eux-mêmes, nous les fabriquerions avec des boîtes de céréales. Evidemment, les garçons accueillirent la proposition avec enthousiasme. Vénus resta assise, impassible.

Une fois que les garçons furent bien occupés, je pris un grand morceau de carton et le déposai sur la table de Vénus.

— Tu sais ce que je pense ? dis-je en m'asseyant en face d'elle, je pense qu'au lieu de fabriquer le coffre au trésor, tu as vraiment besoin de te faire une épée de pouvoir convenable. Tu ne trouves pas ? Je veux dire que nous avons fait semblant que la règle le soit et ça a bien marché, mais je pense que nous devrions en avoir une vraie. Tu ne crois pas ? Une épée qui ne soit qu'à toi.

Vénus ouvrit de grands yeux.

— Je me suis dit que nous pourrions utiliser ce carton. Je vais t'aider à dessiner l'épée, puis nous la découperons. Ensuite, tu pourras coller des paillettes sur la poignée. Qu'en penses-tu ?

Le visage de Vénus s'éclaira. Elle acquiesça légèrement.

Je dessinai une épée à main levée, puis je la découpai dans le carton. Je pris ensuite du papier d'aluminium et montrai à Vénus comment en envelopper la lame et comment le coller de façon à obtenir une surface étincelante. Au début, elle ne voulait pas essayer. Je m'assis auprès d'elle, lui pris la main et la fit glisser sur l'aluminium, pour le lisser, pendant que Julie circulait parmi les garçons et les aidait.

Au fur et à mesure que l'après-midi s'écoula, Vénus s'impliqua davantage. Elle choisit un papier coloré pour la poignée et je l'aidai à le coller. Puis, travaillant par elle-même, elle sélectionna soigneusement des billes de couleur en guise de pierres précieuses et les fixa sur l'épée.

Je me levai pour voir ce que faisaient les garçons. Vénus continua de travailler. Courbée sur sa table, les gestes contenus et restreints, elle donnait l'impression d'une concentration intense, comme si elle réalisait une œuvre majeure. Et c'était bien ce qu'elle faisait, à mesure qu'elle ajoutait des billes colorées et des sequins qui formaient un motif chatoyant sur la poignée de l'épée, et même sur la lame. Absorbée dans sa tâche, elle ne leva pas une seule fois la tête pour voir ce que les autres faisaient. Tête baissée, épaules courbées, elle décorait sans relâche son épée de pouvoir.

Julie s'avisa alors de jouer les empêcheuses de tourner en rond.

Cet après-midi-là, après les cours, nous nettoyions la colle restée sur les tables et ramassions des bouts de papier, lorsqu'elle déclara :

— Tout cela me met un peu mal à l'aise.

— Tout cela... quoi ? demandai-je innocemment.

— Le fait que vous utilisiez cette cassette avec Vénus. Est-ce que Bob le sait ? Est-ce que vous lui en avez parlé ?

Non, je n'en avais pas parlé à Bob. Je ne discutais généralement pas de mes méthodes pédagogiques avec mon directeur, aussi cette idée ne m'avait-elle même pas effleurée. Cette suggestion m'irrita, parce qu'elle impliquait que je ne savais pas ce que je faisais. En outre, j'étais l'enseignante et Julie mon assistante, aussi n'avait-elle pas à critiquer sans cesse mes faits et gestes.

— Qu'est-ce qui te chagrine ? demandai-je.

— Ce n'est pas un très bon support, vous ne trouvez pas ? Je veux dire que cette série n'a été conçue que dans un but commercial, pour vendre des jouets. Ces personnages n'ont aucune profondeur, pas de valeur culturelle. Ne vaudrait-il pas mieux choisir quelque chose de plus éducatif pour stimuler les enfants. Et de moins violent, aussi. Et...

— Oui?

— Eh bien, dans le cas de Vénus, quelque chose de plus approprié à son origine. Vénus est afro-américaine. Avons-nous le droit de lui donner en exemple une espèce de poupée blonde avec de gros seins.

Je dus admettre que je n'y avais pas pensé. Mon seul but avait été l'investissement personnel de Vénus. Quand son premier acte volontaire avait été de choisir ce magazine, j'avais suivi sans me poser de questions.

— Julie, il n'y a pas moins raciste que moi. Je ne me rappelle pas la dernière fois que j'ai remarqué la couleur de Vénus.

— Il ne s'agit pas de ne pas être raciste, Torey, c'est nier tout simplement les différences ethniques. Nous sommes tellement habitués à penser comme des Anglo-Saxons blancs que nous n'avons même plus conscience de nos préjugés. Vous ne vous demandez pas s'il est approprié de donner à cette petite fille un tel modèle parce que vous présumez que notre culture est la bonne. Mais si vous n'étiez vraiment pas raciste, vous proposeriez des héroïnes et des modèles de toutes les races. Avec équité.

— Ce que tu dis n'a aucun sens pour moi. Cela revient à dire qu'il faut être conscient des différences raciales pour ne plus en avoir conscience. La couleur de la peau de Vénus ne rentre pas en ligne de compte, pas plus que la longueur de ses cheveux ou la texture de sa chemise. J'ai fait ce choix parce qu'elle avait manifesté un intérêt pour ce personnage. Mon seul but est d'éveiller cette enfant parce que, lorsqu'elle est entrée dans ma classe, c'était une morte-vivante. Si elle avait paru intéressée par le saucisson, c'est sans doute ce que j'aurais utilisé comme support. C'était là, voilà tout. Pas une minute je n'ai pensé à ce qui était «culturellement approprié».

— Je sais. C'est bien pour cela que je le dis.

Il y eut un silence.

— Je ne vous critique pas, Torey, reprit Julie. Je sais que nous sommes souvent d'un avis diamétralement opposé. J'admire vraiment votre travail. Vous êtes l'enseignante la plus spontanée que j'aie jamais rencontrée. Vous construisez une leçon à partir de n'importe quoi. Sur le vif. Sans préparation. Jamais je ne pourrais faire ça. Moi j'ai besoin d'avoir tout prévu, tout planifié. Alors j'admire cette qualité parce que ce serait si difficile pour moi de vous imiter. Mais, parfois, parce que les choses sont si spontanées, je crois que vous n'en voyez pas tous les aspects. Par exemple, pourquoi ne pas avoir choisi pour cette fillette une héroïne noire? Quelqu'un à qui elle pourrait s'identifier avec fierté. Je ne sais pas, moi... Rosa Parks, par exemple.

— Rosa Parks? A la place de Sheera? Rosa Parks, couturière afro-américaine qui, en 1955, a refusé de céder sa place à un Blanc dans un autobus à Montgomery, dans l'Alabama. Par la suite, elle est devenue une figure emblématique pour tous ceux qui luttent contre la discrimination raciale.

En le formulant à voix haute, j'espérais faire mesurer à Julie l'absurdité de la suggestion. Il n'en fut rien, car elle approuva du menton.

— Elles n'appartiennent pas à la même catégorie, Julie. Je pense que Rosa Parks est quelqu'un de fantastique et un merveilleux modèle, mais elle ne représente pas la même chose que Sheera, qui est puissante et forte.

— Vous pensez que Rosa Parks n'est pas puissante et forte?

Je lâchai un soupir exaspéré.

— Oui, bien sûr, mais d'une façon différente. Elle n'est pas l'héroïne d'une bande dessinée. Et en ce moment, nous avons besoin d'une super héroïne.

— Mais pourquoi? Pourquoi une poupée Barbie à qui Vénus ne ressemblera jamais? Pourquoi pas un personnage sur lequel elle puisse vraiment prendre exemple?

— Parce que je pense qu'elle peut être comme Sheera. Il s'agit de qualités, Julie. Cela n'a rien à voir avec la culture, la race, le sexe ou toute autre connerie de ce genre. Tout le monde peut les avoir. Ce sont des qualités humaines. Et elles sont plus faciles à discerner dans un personnage de bande dessinée, dans un super héros, simplement parce qu'elles sont exagérées. C'est plus facile de savoir ce qu'ils sont et comment on doit se conduire pour leur ressembler. Pour l'instant, c'est tout ce que je veux.

— Je ne suis pas d'accord avec vous sur ce point.

Je traversai la salle et jetai dans la poubelle une brassée de papiers.

— C'est ce que je vois.

Nous étions sur deux planètes différentes, et je ne savais pas comment y remédier. Cette conversation me contraria. Longtemps après la fin de cette journée d'école, j'y pensais encore. Etais-je raciste sans m'en apercevoir, parce que j'avais proposé à Vénus l'exemple de super héros blancs? Est-ce que je la privais de son droit à la reconnaissance en ne lui présentant pas des modèles noirs? Dans le monde d'Ethéria, où les gens se métamorphosaient en chats roses, la couleur avait-elle de l'importance? En vérité, j'avais le sentiment que c'était Julie qui était raciste en mettant des limites à ce qui pouvait réjouir Vénus. «Les seuls modèles qui soient appropriés pour toi, disait-elle en quelque sorte, ce sont ceux qui te ressemblent, même dans l'imaginaire.» D'un autre côté, j'étais incapable de trouver l'argument décisif qui m'aurait permis de faire taire Julie.

Cette conversation, en tout cas, avait gâché quelque chose. Le lendemain, pendant la pause de midi, je regardai notre cassette avec moins d'innocence. J'accordai plus d'attention à la couleur des personnages et je m'aperçus que, sur Ethéria, un grand nombre d'entre eux n'étaient même pas humains. Il y avait des robots, des ensorceleuses au visage violet, des choses ressemblant à des hiboux bariolés qui tournoyaient autour de leurs têtes, et même une sorcière sans visage. Mais les gentils... Adora, son fiancé et ses amis étaient tous blancs. Pourtant, tout imparfait qu'il fût, le monde de Sheera restait le terrain sur lequel je pouvais retrouver Vénus. Elle regarda le dessin animé avec enthousiasme, son petit corps tendu par l'action. Elle s'enveloppa de mes bras, souriant quand je la serrais plus fort.

Ensuite, nous allâmes chercher l'épée, que j'avais mise à sécher sur une table. Vénus me précéda pour la prendre. Elle agissait sans hésitation. Elle aurait pu être n'importe quelle petite fille s'apprêtant à saisir son jouet préféré. Dès qu'elle eut empoigné l'épée, elle la souleva.

— Waou! Regarde-moi ça! Tu crois qu'elle est magique? Voyons si tu te transformes en Sheera.

Vénus fendit l'air de son épée.

— Viens là.

Je la poussai devant le grand miroir accroché près des porte-manteaux.

— Tu vois comme elle a l'air magique?

Elle se tenait devant moi, petite fille à la chevelure emmêlée, à la peau sale. Ses vêtements ne lui allaient pas, et ils étaient usés. Son nez coulait. Elle avait des boutons aux commissures des lèvres.

Je souris à son reflet.

— Tu es belle, non? Regarde! Avec cette épée, tu ressembles vraiment à Sheera. Tu ne trouves pas?

Ses yeux étincelèrent. Un lent sourire étira ses lèvres et elle acquiesça.

— Je regarde dans ce miroir et je vois quelqu'un qui est *vraiment* la princesse du pouvoir. Quelqu'un qui sait *vraiment* utiliser une épée de pouvoir.

Je m'agenouillai et la pris dans mes bras. Sans cesser de fixer son reflet, Vénus approuva du menton.

— Tu sais ce que je pense? demandai-je d'une voix chantonnante.

Elle me regarda d'un air interrogateur.

— Je me demandais si tu ne voudrais pas te changer en Sheera, cet après-midi? Quand les autres enfants seront là.

J'espérais que c'était la magie dont elle avait besoin pour parler et communiquer avec le reste de la classe. Avec l'épée de pouvoir à son côté, elle s'y risquerait peut-être.

Dans ses yeux, la joie fit place à l'inquiétude.

— Tu pourrais garder l'épée de pouvoir avec toi, si tu veux. Sur ta table. Qu'en penses-tu? Par exemple, entre maintenant et la récréation? Tu pourrais être la princesse du pouvoir pendant tout ce temps.

Il y eut un blanc. Vénus continuait de fixer son reflet dans le miroir. Tandis que je l'observais, elle se transforma. Sans un geste, sans un mot, elle se vida de toute joie.

— Tu ne veux pas?

C'était davantage une constatation qu'une question, mais je voulais qu'elle sût qu'elle avait le droit de faire ce choix.

— Il n'y a pas de problème.

Elle secoua la tête.

— Non, dit-elle.

Je fus étonnée, car je ne m'attendais pas à ce qu'elle parlât.

— Non quoi?

Nous étions toujours devant la glace et je la serrais toujours contre moi. Nous nous parlions par reflets interposés.

— Je ne veux pas, dit très bas Vénus.

— Il n'y a pas de problème. C'était seulement une suggestion. Si tu ne veux pas, tu n'es pas obligée. C'est toi qui décides.

Ses yeux sombres et tristes fixaient mon image.

244

— Cela te fait peur? demandai-je.
Elle acquiesça.
— De quoi?
Elle ne répondit pas.
— Des garçons?
Elle ne répondit pas.
— Les garçons t'effraient? Je sais qu'ils sont bruyants et plutôt chahuteurs, mais ils ne veulent pas te faire du mal. Tu es en sécurité ici. Je ne permettrais pas qu'il t'arrive quelque chose.

Elle secoua la tête, mais je ne savais pas vraiment ce qu'elle voulait exprimer ainsi. Il y eut un bref silence.

— Je ne suis pas vraiment Sheera, dit-elle finalement. C'est juste un jeu.

— C'est vrai, tu as raison.

— Ça me fait peur.

— Oh?

Elle ne répondit pas.

— Je ne suis pas sûre de bien comprendre, repris-je. Tu peux m'expliquer?

Un long silence.

— Je ne suis pas la vraie Sheera. Pas pour de bon.

— Eh bien non, parce qu'elle n'existe pas. C'est juste un personnage de dessin animé. Mais ses qualités — la force, la capacité à faire des choses bonnes —, ça c'est réel. Et tu as ces qualités en toi. Pour de bon. Je le sais... Là!

J'enfonçai légèrement mon doigt dans sa poitrine et continuai :

— Quand nous faisons semblant, avec l'épée, nous les faisons seulement sortir. Mais elles sont là, à l'intérieur de toi. Tu es forte et capable de faire de bonnes choses, comme Sheera.

Vénus secoua la tête.

— Si, insistai-je. Tu as plein de bonnes choses en toi, Vénus.

Elle secoua la tête avec plus de véhémence.

— Non! dit-elle.

— Alors, disons que je ne partage pas ton avis, et je ne suis pas la seule. Wanda les voit elle aussi, non? C'est pour cela qu'elle t'appelle «Belle Enfant».

— Non. Elle dit ça parce c'est quelque chose qu'on dit quand on est attardé.

Je la regardai.

— Qui t'a dit cela? C'est faux!

Elle laissa tomber l'épée de pouvoir par terre et l'y laissa. Son regard s'assombrit et redevint inexpressif et vide.

Je fixai l'épée de carton. Quelque chose était arrivé. J'avais gâché quelque chose par inadvertance, mais je ne savais pas quoi.

24

Ce fut ma première vraie conversation avec Vénus. Jusqu'à cet instant, nous n'avions pas eu un seul échange excédant quelques syllabes et encore moins un réel dialogue. Ce n'est qu'après que je réalisai vraiment ce qui venait de se passer.

D'un côté, j'étais complètement abasourdie. Plusieurs questions étaient éclaircies d'un coup. Par exemple, elle était capable de s'exprimer clairement. Sa syntaxe et son vocabulaire étaient acceptables. Les idées qu'elle formulait étaient relativement sophistiquées. Tout en n'écartant pas totalement l'hypothèse d'un retard mental, cet échange se situait dans des limites normales pour un enfant de sept ans. Même si elle était handicapée, son retard n'avait aucun rapport avec celui de Wanda. C'était une information précieuse et positive. D'un autre côté, j'étais attristée. Ce que m'avait dit Vénus montrait à l'évidence qu'elle était malheureuse et refoulée. Et, bien entendu, elle ne vint pas le lendemain.

De tous mes écoliers, celui qui faisait les progrès les plus encourageants était Billy. Au début de l'année, il avait été «partout à la fois» — bruyant, incontrôlable, exalté, explosif, incapable de se concentrer très longtemps sur quoi que ce fût. Ses résultats scolaires étaient catastrophiques parce qu'il ne restait jamais assis pour finir un travail. Son enthousiasme débordant était plus ennuyeux que charmant, il s'enflammait pour n'importe quoi, monopolisait l'attention et ignorait les autres. Il parlait fort, souvent avec agressivité. Et son sens de l'humour bizarre, qui consistait la plupart du temps à prendre au pied de la lettre une expression imagée, vous fatiguait bien avant qu'il eût cessé d'exploiter le filon.

Billy était l'un des rares cas où l'insistance de l'Inspection pour faire passer des tests aux écoliers s'était révélée utile. Billy était surdoué, alors que jusqu'alors il avait seulement été étiqueté comme perturbateur. Cette découverte avait constitué une base concrète sur laquelle j'avais pu travailler. En le considérant comme un enfant sous-estimé, mal orienté mais d'une grande intelligence, j'avais su comment l'occuper. Au début, cela n'avait pas été facile, car le niveau scolaire de Billy était très en dessous de ce qu'on pouvait attendre d'un surdoué. Il m'avait donc fallu trouver le moyen d'exploiter ses capacités. Par exemple, pour lui permettre de travailler sur des projets dans lesquels il s'impliquerait davantage, Julie et moi emmagasinions le plus possible d'informations. Entre autres, nous enregistrâmes sur des cassettes des articles pris dans des encyclopédies. Ou bien je confiais à Billy le micro et le magnétophone pour qu'il pût interviewer les gens au lieu d'écrire. Je m'enquérais de ses intérêts, sachant que, s'il était véritablement doué, il en avait forcément. Mais ils étaient difficiles à trouver. Papillonnant comme il l'était, Billy manifestait toujours un grand enthousiasme, mais il ne se tenait à rien.

Le tournant positif pour lui fut la mise en place du système des feux rouges. Il était tellement écervelé et farfelu que cette organisation stricte et comportementaliste semblait enfin lui donner le cadre nécessaire pour qu'il s'accoutume à un minimum de rigueur. Il s'y épanouissait. Mais, même ainsi, l'autodiscipline était une vertu difficile à acquérir. Malgré sa fervente participation et sa motivation pour gagner des étoiles et des friandises, il avait été le dernier à y parvenir. Les jumeaux eux-mêmes avaient réussi à conserver leur feu au vert bien avant Billy. Mais il y parvint, finalement, et en tira une grande fierté.

A son propos, je découvris quelque chose que je n'avais pas remarqué tout d'abord : lorsqu'il avait appris quelque chose, c'était acquis. Dès lors qu'il parvint, avant la récréation, à alterner des activités qui nécessitaient la station assise et la concentration, et d'autres qui lui permettaient de se déplacer, il fut très vite capable d'en faire autant après la récréation. Puis, ce fut l'après-midi entier, et éventuellement toute la semaine. Une fois qu'il eut saisi la méthode, son comportement devint beaucoup plus régulier.

La façon dont son esprit fonctionnait dans ce genre de situation m'intéressait. Il y avait toujours chez Billy un déclic conscient. Il lui fallait non seulement comprendre, mais aussi expérimenter logiquement. Pas uniquement consciemment, mais logiquement : ceci est relié à cela, qui est lui-même relié à autre chose, et de l'ensemble résulte telle conséquence. Quand je lui disais de s'asseoir et de travailler parce que, s'il se concentrait vingt minutes, il pourrait se lever et se détendre, il n'intégrait pas l'information. Lorsqu'il vit l'emploi du temps inscrit au tableau ainsi que le système des feux, lorsqu'il expérimenta la régularité des vingt minutes de travail suivies de dix minutes de détente, ce qui impliquait que le feu restât au vert, il ne l'intégra pas davantage. Il n'arrêtait pas de demander : «Pourquoi?», «Comment ça marche?» Mais finalement, à force d'expérimenter cette organisation, d'en avoir parlé, de l'avoir retournée dans tous les sens et de l'avoir contestée, il éprouva le déclic. Soudain, il comprit la raison de ce qu'on lui demandait et comment chaque comportement individuel contribuait à la réussite de tous. A partir de là, il parvint à une relative maîtrise de lui-même.

Dès lors qu'il put rester assis pendant vingt minutes, ses performances scolaires s'améliorèrent de façon remarquable, particulièrement en lecture, où il réussissait nettement moins bien qu'en calcul. Ce progrès était en soi une récompense, bien entendu. Car Billy s'intéressait à de nombreux sujets. Mais il n'avait pas les intérêts d'un garçon de neuf ans.

Les fleurs constituèrent son premier champ d'investigation. Un jour, il arriva en classe avec un beau livre sur les tulipes. Je me demandai comment il se l'était procuré, puisque sa famille n'aurait pu s'offrir un livre aussi extravagant, mais je ne posai pas de questions. Billy adorait ce livre, rempli de dessins exquis représentant des tulipes ainsi que des schémas en coupe du bulbe et de la fleur. Ces images le fascinaient. Dès que je m'en aperçus, je lui apportai d'autres livres. J'avais étudié la biologie à l'université, aussi je lui apportai l'un de mes manuels de botanique. J'expliquai à Billy comment, au cours de nos études, nous devions disséquer des fleurs et tenir un carnet, dans lequel nous dessinions les éléments dont elles étaient constituées, ou faire des diagrammes. Cela l'intrigua. Il voulut en faire autant. Comme je lui avais parlé de cela en février, nous manquions de fleurs pour nous livrer à cette activité. Aussi Julie lui apporta-t-elle un lis qu'elle avait trouvé par terre. Avec un soin et une concentration remarquables, Billy passa la matinée suivante à disséquer la fleur et à faire des dessins détaillés de tout ce qu'il découvrait, travaillant méticuleusement pour identifier étamine, pollen, etc.

Tout cela me fit penser que Billy serait prêt à réintégrer une classe normale après cette année passée avec nous, à condition d'être placé dans une structure suffisamment stricte. Pour le préparer à cette éventualité, Bob et moi décidâmes de l'intégrer, du moins à temps partiel, dans une classe de l'école. Mais cela posa aussitôt un certain nombre de problèmes. Où le mettre ? Billy allait sur ses dix ans, il aurait dû, normalement, être en cours moyen. Mais son niveau scolaire correspondait davantage au cours élémentaire. Fallait-il le mettre en cours élémentaire, malgré son âge et ses dons intellectuels ? A mes yeux, ce n'était pas sans inconvénient. Bien sûr, il était bien à ce niveau sur le plan scolaire, mais il ne cessait de faire des progrès. S'il se trouvait parmi des enfants plus jeunes que lui, il ne tarderait pas à s'ennuyer. Et je pensais vraiment que l'absence d'émulation avait contribué à renforcer ses problèmes de comportement. Je me mis donc à chercher une solution externe. Il y avait, dans une école voisine, une classe réservée aux enfants surdoués. On y accueillait des enfants de tous les âges, aussi suggérai-je que Billy pourrait y être admis. Pas toute la journée, pas même tous les jours. Je connaissais un peu l'institutrice chargée de cette classe et savais qu'elle consacrait deux après-midi par semaine à des projets qui correspondaient aux intérêts personnels des enfants. Pourquoi Billy ne se joindrait-il pas à eux ces deux jours-là ?

Bob ne manqua pas de sourciller lorsque je fis cette suggestion. Envoyer un enfant présentant des problèmes de comportement dans une classe pour surdoués ? Y envoyer un enfant qui savait à peine lire et écrire alors que l'année scolaire était déjà bien avancée ? Abasourdi par mon culot, il secoua la tête. Pourtant, l'idée le séduisait et il contacta l'enseignante. Nous eûmes un entretien. Puis elle revint pour voir Billy qui, comme d'habitude, manifesta un enthousiasme joyeux. Elle fut séduite. Oui, dit-elle, elle serait heureuse de le recevoir deux après-midi par semaine.

Parfois — rarement, très rarement — les choses se passent exactement comme on le souhaite. Toutes cocasses qu'elles puissent paraître, certaines idées aboutissent. Et c'est ce qui arriva. Armé de son livre sur les tulipes et de son carnet de notes, Billy nous quitta bravement. Sans hésitation. Sans s'inquiéter de savoir s'il trouverait les toilettes ou si le conducteur du bus scolaire saurait le ramener de cette autre école.

— Je vais dans une classe spéciale, dit-il à Jesse.

— Tu es déjà dans une classe spéciale, fit remarquer Jesse.

— Oui, mais celle-là est différente.

— Pourquoi ? Il y a autre chose qui ne va pas chez toi ?

Billy haussa les épaules.

— Non. C'est là où j'irai peut-être l'année prochaine.

— Mais pourquoi tu dois aller dans une autre classe spéciale ? Pourquoi tu restes pas ici, tout simplement ?

— Dans cette autre classe spéciale, les enfants font les trucs spéciaux dont ils ont envie. C'est ce que la maîtresse dit. Mme Sprang, elle s'appelle. Elle dit que je peux m'occuper des tulipes tout l'après-midi, si je veux, et les autres enfants font ce qu'ils veulent, eux aussi.

— Quel genre de classe c'est ? demanda Jesse. C'est une école ? Je trouve que cela ne ressemble pas à une école. Tu seras dans quel niveau ?

— C'est comme ici, il n'y a pas de niveau.

— Est-ce qu'ils y a des enfants de huit ans comme moi ? me demanda Jesse. C'est pour de bon ? Il dit la vérité ?

J'acquiesçai.

— Tu veux dire qu'il a le droit de faire ce qui lui plaît ? Il y a une classe spéciale, juste pour ça ?

— Pas exactement, répondis-je. Ils travaillent, aussi, comme partout, mais Billy n'ira là-bas que dans les moments qui sont consacrés aux projets.

— Il a de la chance, marmonna Jesse.

— Et ouais, c'est comme ça ! fit Billy avec un grand sourire.

Et cela se passa aussi bien que possible. Billy fréquenta la classe des surdoués deux après-midi par semaine et il s'y comporta parfaitement. Certes, il était impulsif, il ne pouvait pas s'empêcher de se faire remarquer, mais il ne boxait plus personne. Il ne jurait plus sans arrêt. Il ne faisait plus de réflexions agressives. Rien ne trahissait le fait qu'il passait le reste de la semaine dans une classe pour enfants présentant des troubles du comportement. Carol Sprang gérait la situation avec beaucoup d'assurance. Ses élèves jouissaient d'une certaine liberté en ce qui concernait le choix des projets sur lesquels ils travaillaient, mais elle était plutôt directive de nature, aussi exigeait-elle d'eux ordre et sens des responsabilités, ce qui convenait très bien à Billy. Il revenait de cette classe chaque fois un peu plus heureux et confiant. J'avais l'impression de le voir mûrir sous mes yeux.

Il en résulta que Billy ne tarda pas à voir dans cette classe de surdoués «sa» classe. Il ne manifestait pas de préférence. Il appréciait le temps qu'il passait avec nous et manifestait sans retenue le plaisir que lui procuraient nos activités, les goûters du vendredi et la compagnie des autres garçons, mais il aimait aussi son autre classe et les amis qu'il s'y était faits. Aussi, quand le mois de mars arriva et que l'autre école organisa une kermesse, ce fut tout ce dont Billy pouvait parler.

— Tu sais quoi? Dans mon école, il va y avoir une kermesse. Il y aura un jeu avec des coquilles d'œufs. Tu paies vingt-cinq cents et, ensuite, tu dois deviner si c'est un œuf entier ou non. Tu comprends, le plus souvent c'est juste une moitié de coquille vide. Il y a un grand plateau recouvert de sable et les œufs sont tous à moitié enfouis dedans, alors on dirait qu'ils sont tous entiers, mais, en fait, il n'y en a qu'un qui l'est. Tu donnes tes sous et tu en choisis un. Même si c'est pas le bon, t'as quand même un prix — tu sais, ces minuscules barres au chocolat. Mais si tu trouves le bon, alors t'as un grand prix.

— Comme quoi? demanda Jesse.

Billy haussa les épaules.

— J'sais pas. Ils ne nous l'ont pas dit, mais sûrement

quelque chose de bon. Et tu sais quoi ? Je vais y participer, Mme Sprang elle l'a dit.

— Pourquoi on n'a pas de kermesse dans notre école ? demanda Jesse, un peu fâché.

Théo arriva en courant. Il passait un drôle d'après-midi. Il avait trouvé un vieux bonnet tricoté dans la boîte à vêtements et l'avait enfoncé sur sa tête jusqu'aux yeux. Tout l'après-midi, il avait insisté pour le garder.

— Ouais ! Je sais quel jeu on pourrait proposer, dans cette classe ! plaisanta Billy. Regarde les jumeaux. Devine qui est qui ! Théo, ou Phil ?

Il se mit à rire. Jesse l'imita et tendit la main pour tirer le bonnet sur les yeux de Théo.

— Pour moi, c'est pas un problème si tu gardes ce bonnet idiot sur la tête, Théo.

Théo lui envoya un coup de poing, mais Jesse prit cela avec humour, maîtrisa facilement le petit garçon, puis le laissa partir.

— Vous viendrez, les gars ? demanda Billy. C'est vendredi prochain, le soir. Vous viendrez me voir à mon stand ? Je vous offrirai une partie gratuite.

Cette perspective charma Jesse.

— Tu parles si je vais venir, mon pote ! Je demanderai à ma grand-mère de m'amener. Tu n'as qu'à me dire où se trouve ton école et je viendrai. Et tu verras que je gagnerai le gros lot. Peut-être deux fois, même. Je suis bon pour les jeux de devinettes.

Après les cours, je demandai à Julie si elle voulait m'accompagner à la kermesse, le vendredi suivant. Elle hésita, puis elle hocha la tête, un petit sourire aux lèvres.

— C'est d'accord.

Elle semblait surprise que je l'aie invitée.

Le vendredi soir, je passai chercher Julie chez elle. Elle sortit de sa maison, portant un petit garçon dans un bras et un siège auto dans l'autre. Elle ouvrit la portière arrière et posa le siège.

— Je vous présente mon fils, Jon-Paul, dit-elle en bouclant la ceinture de sécurité autour du petit corps.

Je fus très surprise. Nous travaillions ensemble depuis six mois et j'ignorais que Julie était mère. J'avais supposé qu'elle n'était pas mariée, parce qu'elle ne portait pas d'alliance, mais je ne savais rien de sa vie privée. Elle n'avait jamais mentionné l'existence d'un mari ou d'un petit ami, aussi en avais-je déduit qu'elle n'en avait pas. Mais elle ne m'avait jamais parlé de Jon-Paul non plus. Ce manque de communication m'étonna. Comment se faisait-il que nous en sachions si peu l'une sur l'autre? Quand avions-nous cessé de parler? Parce que c'était évidemment le cas, et cela ne datait pas de la veille.

Quand nous arrivâmes, la kermesse battait son plein. J'adorais ce genre de manifestation et chaque fois que j'avais travaillé dans des écoles où il n'y en avait pas, je l'avais déploré. J'aimais travailler avec mes élèves à la préparation des stands, et j'aimais l'atmosphère décontractée suscitée par l'événement.

Les stands avaient été dressés dans les couloirs de l'école. C'était un bâtiment relativement récent, construit en forme de U et sur un seul niveau. Cela obligeait les visiteurs à descendre une allée, puis à remonter l'autre.

Toute cette animation ravissait Jon-Paul. C'était un petit garçon de trois ans, vivant et bavard, au visage triangulaire et aux grands yeux de biche. Rien ne lui plaisait davantage que d'être balancé au bout des bras de deux adultes. La plupart des stands proposaient des jeux qui ne correspondaient pas à son âge, sauf celui du cours moyen. Il consistait à jeter un hameçon, au bout d'un fil, par-dessus un drap. De l'autre côté, un élève y attachait un petit cadeau avant de le renvoyer. Jon-Paul voulut y jouer une bonne cinquantaine de fois.

Nous mîmes un certain temps avant de trouver le stand de la classe des surdoués. Jesse s'y trouvait déjà. Billy et lui étaient occupés à enfoncer les coquilles d'œufs dans le sable. Les tics de Jesse étaient plus prononcés que jamais, mais il était heureux de collaborer. Il y avait quatre autres élèves de la classe, ainsi que Carol Sprang.

Elle nous adressa un grand sourire.

— Je vois que vous avez enrôlé un autre des miens, dis-je en désignant Jesse du menton.

Carol approuva.

— Billy a dit : «On ne peut pas exclure mon copain.» Et quand Billy dit quelque chose, nous lui accordons toute notre attention. N'est-ce pas, Billy? ajouta-t-elle en passant la main dans les cheveux du garçonnet.

— Ouais! fit Billy d'un air content.

Il m'attrapa le bras.

— Vas-y! Jesse et moi, on a installé les œufs. Tu peux jouer. J'ai donné un dollar à Mme Sprang pour que tous mes amis puissent jouer.

— C'est très généreux de ta part, Billy, mais je tiens à payer.

Je lui tendis vingt-cinq cents.

— Non. Je veux t'offrir une partie, répondit Billy en me souriant. Parce que c'est ma classe, ici aussi. Et je veux que mes amis passent un bon moment. C'est moi qui paie!

— Très bien, je te remercie.

Je choisis l'un des œufs dans le sable. Billy le souleva. Ce n'était qu'une coquille vide.

— Houps! Tu as perdu, mais pas tout à fait, parce qu'il y a une confiserie. Qu'est-ce que tu préfères, maîtresse? Je te donne le choix.

Je choisis un Mars miniature.

Nous restâmes quelques minutes de plus et payâmes deux parties à Jon-Paul qui rayonnait, une sucrerie dans chaque main.

En partant, je proposai à Julie :

— Tu veux boire quelque chose?

— Il n'y a pas beaucoup d'endroits où je puisse l'emmener, dit-elle en montrant son fils.

— Je ne pensais pas à de l'alcool. Plutôt un café ou un thé ?

Nous allâmes dans un fast-food tout proche, où il y avait une aire de jeux pour les enfants. Jon-Paul était un petit garçon très éveillé. Bien qu'il fût presque vingt et une heures, il était encore plein d'énergie et fonça droit sur l'espace de jeux.

— Ma sœur le trouve hyperactif, expliqua Julie en le regardant. Elle pense que je devrais lui donner du Phénergan. Son fils en prend et elle dit que ça l'aide.

— Qu'est-ce que tu en penses ? demandai-je.

Julie ne répondit pas pendant un long moment. Finalement, elle haussa légèrement les épaules.

— Je ne sais pas. L'idée de lui donner des médicaments ne me plaît pas. Mais ça peut être utile. Certains soirs, je rentre à la maison très fatiguée alors que lui, il déborde d'énergie. Je me dis : « Oh, mon Dieu, s'il vous plaît... » Mais ce n'est pas une raison pour le droguer.

Jon-Paul courait vers notre table. Il grimpa sur mes genoux pour s'asseoir sur la chaise qui se trouvait à côté de moi.

— Jon-Paul ! dit sa mère. Qu'est-ce qu'on dit, quand on fait cela ? On s'excuse ! Quand on dérange quelqu'un pour s'asseoir, on dit : « Excusez-moi. »

— Excusez-moi, lança Jon-Paul à la cantonade.

Il tendit la main pour prendre son Coca, mais il fit tomber le verre et le soda gicla de tous les côtés.

— Houps ! dit Julie de sa voix calme habituelle. Il faut essuyer tout cela.

— Je veux le tien ! cria Jon-Paul. Donne-moi le tien !

Elle lui tendit son verre, puis se leva pour aller chercher des serviettes en papier et éponger le liquide. Pendant ce temps, Jon-Paul tenta de passer sur moi pour descendre de l'autre côté.

— Pourquoi tu ne laisses pas ton verre ? dis-je.

Et je le soulevai avant qu'il le prît.

— Non! protesta-t-il. Donne-le-moi!

— Tu vois ce panneau? Il y a écrit : «Pas de nourriture et pas de boisson.» Si tu veux jouer, tu dois laisser ton verre ici.

— Non! fit-il d'une voix fâchée.

Julie revint. Elle épongea le Coca et lui tendit les serviettes mouillées.

— Va les jeter, s'il te plaît.

Il en oublia ses griefs contre moi et s'éloigna, les serviettes à la main. Julie se rassit et but le reste de sa boisson.

— Il est tout le temps ainsi, dit-elle. Ma sœur a sans doute raison. Je devrais le faire examiner.

Je me fis la réflexion que des limites plus claires, moins de Coca et de sucreries, et des horaires réguliers amélioreraient sans doute la situation, mais je ne dis rien.

— Qu'en pense son père? demandai-je. Est-ce qu'il t'aide?

Julie secoua la tête.

— Son père ne le voit pas.

Il y eut un silence.

— En fait, reprit-elle doucement, je ne sais même pas qui est son père. Quand j'ai terminé mes études, j'avais l'intention de passer un an à me promener en Europe. C'était un projet de longue date, et j'avais économisé l'argent gagné avec mes jobs d'été. En fait, je ne suis pas allée plus loin que la France. Je m'y plaisais. Je suis restée un certain temps à Paris, puis à Lyon, avec quelques amis. Ensuite, je suis allée en Normandie et ensuite, je suis retournée à Paris. Et là, j'étais enceinte. Tout le monde rentre chez soi avec des cartes postales, moi je suis rentrée avec Jon-Paul, conclut-elle avec un haussement d'épaules.

— Waou! m'exclamai-je.

Et en vérité, elle m'étonnait. Avec ses longs cheveux,

ses manières enfantines et son apparence d'adolescente, Julie incarnait la petite jeune fille de province.

— C'est comme ça que j'ai commencé à travailler à l'école. J'avais besoin d'argent, mais je dus me contenter d'un temps partiel parce que ma mère ne pouvait garder Jon-Paul que le matin. Depuis cette année, ça va mieux. Il va au jardin d'enfants, ce qui me permet de travailler à plein temps.

— Je comprends. Tu avais l'intention d'enseigner, auparavant?

— Non. Je ne faisais aucun projet de ce genre. J'ai une licence d'histoire, mais cela ne donne pas du travail, fit Julie avec un petit sourire contrit.

Je la regardai. Nos regards se croisèrent brièvement, puis elle baissa la tête.

— J'aime bien ce que je fais, dit-elle. L'emploi du temps me convient. Mais je n'avais rien projeté dans ce sens.

Elle se tut un instant avant de reprendre.

— J'avais prévu de faire de grandes choses dans ma vie. Je voulais être juriste, faire de la politique, peut-être. Je pensais au Sénat. Ma mère a été sénateur, il y a plusieurs années. Margaret Nicholson... Vous n'avez pas entendu parler d'elle? Je me disais que je l'imiterais peut-être. Avocate et sénateur... La politique m'intéresse, les grandes causes... Vous savez, se battre pour les défendre. Mais, ensuite, je suis allée en France. J'ai cessé de penser au destin du monde pour me consacrer à mon propre futur.

Du menton elle désigna Jon-Paul, qui s'ébattait sur l'aire de jeux.

— Ce fut la fin de tous mes projets.

Je haussai légèrement les épaules.

— Je n'ai jamais planifié ce que je fais maintenant, moi non plus. J'ai une licence de biologie et je pensais m'orienter vers la nature. Etudier les ours dans le parc de

Yellowstone... J'adore Yellowstone. J'y ai passé quelque temps chaque année et c'est là que je voulais vivre.

Julie ouvrit de grands yeux.

— Et comment êtes-vous devenue enseignante?

— J'étais pauvre. J'ai pris un job pour payer mes études. C'est ainsi que je suis rentrée dans l'éducation spécialisée. J'ai franchi une porte et je ne suis plus jamais ressortie.

— Comment est-ce possible?

— Le premier jour, le directeur de l'école m'a annoncé : «Il y a un enfant avec lequel vous pourriez travailler.» Il m'a montré une petite fille de quatre ans qui se cachait sous un piano. «Que suis-je censée faire?» ai-je demandé. «Vous trouverez quelque chose», a-t-il répondu. J'avais très peur. Vous comprenez, je devais avoir dans les dix-huit ans, j'avais une licence de biologie... Comment aurais-je su quoi faire? «Mais qu'est-ce que je suis censée faire? Et si je me trompe?» ai-je répété. «Essayez au moins, a-t-il répondu. Vos erreurs vaudront de toute façon mieux que sa vie actuelle sous le piano. Rien ne peut changer, si personne n'essaie.» Et c'est ce que j'ai fait. A la fin, je me suis dit qu'il n'y avait rien au monde qui me plaisait davantage que ce métier.

— Vous avez de la chance, dit Julie. Tout le monde ne mène pas une vie aussi passionnante.

25

Le lundi suivant, Vénus ne vint pas à l'école une fois
encore. J'étais furieuse. Quand je signai le registre d'absence, je soulignai le nom de Vénus et inscrivis en face
«ENCORE», en lettres majuscules et rouges. J'espérais
que quelqu'un serait alerté, au secrétariat, et tenterait de
savoir ce qui se passait. Je devais m'occuper des autres
enfants et ne pouvais m'en charger moi-même.

Après la récréation du matin, j'installai les garçons
devant leurs classeurs. Il était environ dix heures quarante
et j'étais avec Phil en train de compter, quand on frappa
lourdement à la porte. Je me levai et allai ouvrir.

Wanda se tenait sur le seuil. Elle était vêtue de façon
complètement hors saison. Nous étions à la mi-mars,
mais la température restait très basse et il y avait de la
neige dans la cour. Pourtant, Wanda portait ce qui ressemblait à une blouse en coton imprimé et un cardigan.
Pas de manteau, pas de chapeau, pas de gants. Elle avait
aux pieds des pantoufles roses. Mais ce n'était rien à côté
de la façon dont Vénus était habillée. Elle avait un anorak, mais en dessous elle portait une espèce de T-shirt de
footballeur trois fois trop grand pour elle et un pantalon
de pyjama de garçon en flanelle. C'était tout. Aux pieds,
elle avait des bottes en caoutchouc.

— Elle venir à l'école, annonça Wanda. Belle Enfant venir aujourd'hui.

— Oui, tu l'as amenée. Merci, Wanda, mais vous êtes en retard.

Wanda braqua sur moi des yeux vides.

— Tu ne t'es pas réveillée ?

— Belle Enfant venir à l'école, répliqua Wanda.

— Où sont tes vêtements pour sortir, Wanda ?

Elle parut déconcertée et baissa le nez pour se regarder.

— Où sont tes gants ?

Wanda fixa ses mains.

— Pas de gants.

— C'est ce que je vois. Mais, rappelle-toi, je t'en ai donné la dernière fois que tu es venue. Où sont-ils ?

— Pas de gants.

J'abandonnai avec un sourire.

— Très bien. Merci d'avoir amené Vénus. Au revoir, maintenant.

Je refermai doucement la porte sur Wanda, qui n'avait pas bougé. Posant la main sur l'épaule de Vénus, je l'entraînai derrière mon bureau, où se trouvaient les portemanteaux.

— Accroche ton anorak.

Vénus ne réagit pas.

— Tu peux m'aider ? Lève ton bras, s'il te plaît.

Elle ne fit rien.

Jurant contre moi-même, je soulevai son bras et tirai sur la manche. C'était toujours pareil. Dès que j'avais un peu progressé avec elle, elle était absente et nous perdions tout. C'était sans espoir.

Je m'agenouillai devant elle.

— Ôtons tes bottes.

Comme elle ne répondait à aucune de mes sollicitations, je dus soulever sa jambe et lui ôter sa botte, qui vint facilement. C'était parce qu'elle ne portait pas de

chaussettes. Elle était pieds nus dans ses bottes en caoutchouc.

— Mon Dieu, regarde-moi ça ! Tu es sortie de la maison sans chaussettes !

Je la regardai, ainsi vêtue du T-shirt trop grand, du bas
de pyjama, et sans chaussettes.

— Que s'est-il passé ? demandai-je.

Pour la première fois, je me demandai comment elle se
préparait pour aller à l'école, le matin. J'ignorais toujours
si elle était aussi inerte à la maison qu'elle l'était à l'école.
Pourquoi en aurait-il été autrement ? En ce cas, il fallait
l'habiller, puisqu'elle ne pouvait le faire elle-même. Dans
la mesure où elle portait des vêtements relativement
appropriés, j'en concluais que la plupart du temps soit
elle les trouvait elle-même, soit quelqu'un les donnait à
Wanda. Ou peut-être Teri l'habillait-elle. De toute façon,
ce matin, l'organisation avait été défaillante.

— Tu vas devoir garder tes bottes aujourd'hui, lui
dis-je. Il fait trop froid pour rester pieds nus dans la
classe.

Vénus me regardait. Ses yeux n'étaient pas vides. En
fait, cela faisait un certain temps qu'ils ne l'étaient plus.
Maintenant, même lorsqu'elle ne réagissait pas, on avait
le sentiment qu'il y avait quelqu'un derrière ces yeux.
Quelqu'un à l'intérieur. Pas seulement une coquille vide.

Après que j'eus informé Bob que Vénus était arrivée
avec une heure et demie de retard et vêtue n'importe
comment, nous en discutâmes à l'heure du déjeuner. Où
en étaient les services sociaux ? Le représentant de l'Inspection s'inquiétait-il de ces absences ? Comment cela
s'était-il passé pour les frères et sœurs de Vénus ? Etaient-
ils absentéistes comme elle ? Qu'avait-on fait pour
Wanda, qui semblait errer misérablement ?

J'étais à la fois furieuse et frustrée. Je rappelai à Bob
que nous étions en mars, bientôt en avril. Non seulement

nous avions très peu avancé avec Vénus, mais c'était à peine si je savais quels étaient ses problèmes. Malgré mes visites au mobile home, malgré mes conversations avec Teri, j'ignorais si Vénus était aussi inexpressive à la maison qu'en classe. Après tout ce temps... Aucun test n'avait pu être effectué. Les réponses de Teri étaient vagues et incohérentes, ne fournissant aucune information intéressante. Je n'avais aucune idée des capacités scolaires de Vénus, je ne comprenais pas l'origine de ses problèmes. Je ne savais *rien*, en fait. Comment pouvais-je recevoir cette enfant, jour après jour, et en savoir si peu ? Comment pouvions-nous recevoir une enfant enregistrée à l'école et ciblée par les services sociaux et je ne sais combien d'autres organismes d'Etat, sans avoir rien changé ? On devait faire quelque chose pour cette enfant.

Bob était aussi frustré que moi. Il dit que c'était la preuve que la bureaucratie était paralysée dans ses propres blocages. Il me dit qu'il avait une fois de plus alerté les services sociaux. L'assistante sociale lui avait raconté qu'elle avait rendu visite à cette famille pour une autre raison. Elle n'avait pas vu Vénus, mais elle avait parlé avec Teri et abordé la question des absences scolaires. C'était à peu près tout ce qu'on pouvait obtenir des services sociaux, marmonna Bob.

Il déclara finalement que c'était un drame de la misère. Il savait combien il était difficile pour nous de gérer ce type de difficulté, mais la triste vérité était qu'on ne pouvait faire guère plus étant donné les circonstances. Il avait sans doute raison. Hormis la question des absences, il n'y avait aucune preuve que la loi était transgressée. Il s'agissait seulement d'une carence parentale ou d'un manque de soins. Et de toutes ces choses qui ne devraient pas se produire. Mais, dans le monde réel, elles arrivaient parce que la société devait trouver des moyens à la fois efficaces et mesurés pour aider ces gens surchargés d'enfants et manquant d'argent. Il fallait tenir compte de leur mode de vie et de pensée, si incompris des classes moyennes. Les structures familiales avaient changé. Les familles étaient éclatées, recomposées, elles comportaient bien souvent des adultes peu soucieux de procurer un foyer stable à des enfants qui n'étaient pas les leurs.

Quand Bob parlait ainsi, je savais que le terme «drame de la misère» n'était pas méprisant. Il n'ironisait pas à propos de Vénus ou des services sociaux. C'était seulement une constatation. Notre ville s'était développée au XIXe siècle, grâce à l'industrie sidérurgique. Avec la baisse du prix de l'acier, le déclin était venu, ainsi que les licenciements. Le taux de chômage était trois fois plus élevé que la moyenne nationale. Le centre ville était plein d'immeubles vides. Près des voies de chemin de fer, on apercevait les ruines des anciennes usines désertées. Vénus et sa famille n'étaient pas des exceptions dans notre communauté, et certainement pas dans notre école, qui tirait une grande partie de ses effectifs des couches les plus défavorisées. Il valait mieux ne pas s'attarder sur certaines choses, sinon on risquait d'abandonner avant même d'avoir commencé.

Quand je descendis après ma pause déjeuner, Vénus m'attendait près de la porte. Je l'ouvris et la fis entrer. Elle me suivit de bon gré, claudiquant dans ses bottes. Avec l'humour noir auquel on a tendance à recourir dans certaines circonstances, je me dis qu'au moins elle ne pouvait agresser personne ce jour-là. Si elle essayait, les bottes la trahiraient et elle s'étalerait à plat ventre.

Une fois dans la classe, je pris une cassette de Sheera dans un tiroir et la lui tendis.

— Tu veux la mettre dans le magnétoscope?

Elle ne bougea pas.

— Viens là.

Elle ne bougea pas. Je franchis la distance qui nous

séparait et m'agenouillai auprès d'elle. Je posai ma main sur son bras.

— Qu'est-ce qui se passe?

Elle me fixait. Je lui caressai la joue. Il y eut un mouvement imperceptible de recul, mais elle ne se déroba pas à mon contact.

— J'ai l'impression que quelque chose ne va pas. Tu peux me dire quoi?

De façon inattendue, ses yeux se voilèrent de larmes, qui coulèrent le long de ses joues avant même que j'aie réalisé ce qui arrivait. Je l'attirai contre moi.

— Allons, ma puce, qu'est-ce qui ne va pas?

Elle laissa échapper un énorme sanglot.

— Eh, là! Pauvre de toi!

Je m'assis par terre, là, près de la porte, la fis asseoir sur mes genoux et l'entourai de mes bras.

Vénus pleurait très fort, hoquetant inélégamment. C'était la première fois que je la voyais pleurer de cette façon. Auparavant, elle ne l'avait fait que sous le coup de la colère, lorsqu'on la maîtrisait au milieu de l'une de ses explosions.

Je posai la main sur son front.

— Qu'est-ce qui ne va pas, mon cœur? Tu ne te sens pas bien?

Elle ne me répondit pas. Elle sanglotait.

La sonnerie retentit. Nous étions encore par terre, près de la porte. Le bruit que faisaient les enfants en montant l'escalier commençait à emplir le couloir. Vénus se raidit et s'écarta de moi. Elle s'essuya le front, les yeux et le nez avec sa manche, puis son visage se ferma. C'était ahurissant à voir, parce qu'on aurait dit un film en accéléré comme lorsqu'on voit, pendant un documentaire, une fleur qui se ferme en quelques secondes. Les larmes se tarirent, les yeux se voilèrent. Quand les garçons firent irruption dans la salle, Vénus avait repris son aspect habituel.

Après les cours, Bob passa me voir. J'étais seule, car Julie avait dû modifier son emploi du temps de la semaine à cause d'un problème à la garderie. Elle devait donc s'en aller pour retrouver son fils sitôt après la sonnerie.

Je pensai qu'il venait me voir à propos de Vénus. A l'heure du déjeuner, nous avions en effet décidé d'organiser une rencontre entre l'assistante sociale, la police et tous ceux qui s'occupaient de cette famille pour trouver une stratégie, mais aussi pour voir comment nous pourrions mieux communiquer les uns avec les autres.

Assise à la table du milieu, je préparais les classeurs des enfants pour le lendemain, aussi je l'invitai à prendre place en face de moi.

— A propos de Vénus... commença-t-il.

Je levai les yeux vers lui.

— Euh... Non, il ne s'agit pas de Vénus elle même.

Il y eut un bref silence.

— On m'a... J'ai été sollicité à propos d'une suspicion de racisme.

J'ouvris de grands yeux.

— Cela m'ennuie de parler de cela avec toi, Torey, mais il le faut. Qu'est-ce que c'est que cette histoire ? Tu utiliserais un support inapproprié, sur le plan racial, avec Vénus ? Ce sont ces dessins animés ? Ces cassettes ?

— Julie ? répliquai-je.

Bob hésita, puis il hocha lentement la tête.

— Elle a cafardé ?

— Ce n'est pas cafarder, Torey.

— Bien sûr que si, et très franchement, Bob, je trouve cela totalement déplacé.

— Elle prétend t'en avoir parlé, donc elle n'est pas venue me voir derrière ton dos.

— Exact, elle m'en a parlé, mais je pensais que nous avions réglé cette question. Elle fait des interprétations erronées. Nous ne voyons pas les choses de la même façon, voilà tout.

— Ce n'est pas si simple, Torey. Je ne conteste pas le fait que tu es une bonne enseignante, mais ta façon de voir les choses est très personnelle. Et il ne s'agit pas non plus de cafardage. Je m'en étais aperçu tout seul.

— Vraiment? A quoi fais-tu allusion?

— Prenons les chansons, par exemple. Bien entendu, je trouve que ce que tu fais est très bien. On lit ce genre d'histoires dans le *Reader's Digest* : un groupe de petits garçons difficiles apaisés par la musique. Une classe d'enfants à problèmes qui travaille comme dans une opérette. C'est cool. Ou plutôt, ça a l'air cool. Mais comment assurer la transition avec le monde réel? Apprennent-ils à maîtriser leur comportement? Dois-je demander à tous mes enseignants de chanter les leçons? Ou, plutôt, devront-ils chanter lorsqu'ils s'adresseront à tes élèves? Parce que le but est bien de transférer tes enfants dans les autres classes, non? Tu as trouvé une façon très originale d'apprendre à ces enfants à se maîtriser pendant tes cours, mais cette méthode leur permettra-t-elle d'être intégrés dans des structures normales?

Pour être honnête, ces questions ne m'avaient jamais effleurée. J'étais surprise, et même un peu blessée, que Bob pût considérer cette activité innocente comme nocive. Pour ma part, je n'avais vu dans nos chants que des aspects très positifs.

— Et maintenant, continua Bob, j'apprends que tu utilises des personnages commerciaux, des personnages de dessin animé pour interagir avec Vénus. Elle passe du temps, à l'école — une bonne partie de son temps —, pour s'enfoncer dans un monde imaginaire discutable, tant sur le plan éducatif que culturel.

— Bon sang! m'écriai-je avec colère. J'ai l'impression d'entendre Julie!

— Non, ne crois pas cela. Elle le dit, c'est vrai, mais moi aussi, Torey. Je suis responsable de ce qui se passe ici. C'est moi qui rencontre les parents, qui rends des comptes à l'administration et aux gens influents. C'est moi qui dois justifier ce qui se passe dans mon école. Et donc, je t'ai observée, moi aussi. Je connais l'existence de cette caisse de cassettes et tout le reste.

— Parce que je n'ai pas cherché à te les cacher. Bien sûr que tu es au courant. Parce que je ne pense pas faire quelque chose de mal.

— Mais est-ce que cela convient?

— Oui, si ça l'aide à parler. Oui, si elle sort de sa coquille. Tu sais comment ça marche, Bob. Bon sang! Tu m'as appris à travailler de cette façon! Tu m'as appris à aborder les choses de façon originale si cela pouvait aider un enfant. Alors, comment peux-tu me le reprocher maintenant? Ce ne sont que des moyens justifiés par une fin. Vénus a manifesté un intérêt pour ce dessin animé, alors je m'en suis servie. Je cherchais un hameçon, et celui-là m'a semblé aussi valable qu'un autre. Je ne me suis pas dit: «Cherchons le personnage le plus blanc, le plus inintéressant de toutes les créations de Hollywood et utilisons-le pour pervertir l'esprit de cette enfant.» J'ai seulement pris ce que j'avais sous la main, ce qui pouvait m'aider à atteindre mon but.

— Ce n'est pas si simple.

— La fin justifie les moyens.

— Et je maintiens que ce n'est pas aussi simple. Je ne suis pas sûr de me réjouir du fait que tu lis des magazines et regardes des dessins animés avec cette enfant, parce que tu es une enseignante et que nous sommes dans une école. Tu trouveras dans les manuels des centaines de personnages pleins de force physique et morale. Quelque part, à un moment donné, nous sommes tous obligés d'établir la frontière entre les modèles qui conviennent aux enfants et ceux qui ne conviennent pas. Parce que nous sommes des éducateurs, nous avons la mission d'élever le niveau chaque fois que nous le pouvons.

«Je suis même très inquiet lorsque j'entends l'expression "culturellement inappropriés" pointer le bout de son nez à propos des modèles que nous proposons aux enfants. C'est une vraie question, Torey. Nous recevons dans cette école des enfants de toutes origines et j'ai travaillé pendant de longues années pour satisfaire les besoins de mes écoliers avec équité, quel que soit leur milieu. Je ne veux pas qu'on puisse nous critiquer sur ce plan.

— La race n'a rien à voir avec ça, dis-je. Ni maintenant, ni jamais. Il s'agissait de trouver un hameçon. Je te jure. Vénus a manifesté de l'intérêt pour un exemplaire de *Sheera* que j'avais apporté en classe, alors je m'en suis servie. Point à la ligne. Cela n'avait pas d'autre sens que cela. Pendant les premiers mois, je n'ai pas tiré la moindre réaction de cette enfant. Alors, je me suis dit : « Ce magazine l'intéresse, voyons ce que nous pouvons construire à partir de là. Utilisons les aspects positifs de ce personnage et aidons-la à les voir en elle-même. » Jamais l'idée ne m'a effleurée que, parce que la couleur de sa peau était différente de celle de Sheera, on pouvait me soupçonner de racisme. Et cela me paraît toujours absurde. Je travaille avec cette enfant, pas avec sa peau.

— Je le sais, dit Bob, et je sais que tu n'as pas eu cette intention. C'est bien pour cela que je t'en parle. C'est une question complexe et, souvent, nous n'avons pas conscience de la façon dont les autres perçoivent les choses. Comme je te l'ai déjà dit, ce n'est pas si simple.

— Mais ça devrait l'être, répliquai-je. Nous ne devrions pas en arriver à un point où nous avons si peur de nous blesser mutuellement que nous ne pouvons plus nous aider mutuellement. Vénus est importante pour moi. Son bien-être est important pour moi. Et finalement... finalement, j'ai trouvé un support qui me permet d'établir une relation avec cette enfant. Et maintenant, tu veux me ligoter avec ton « politiquement correct » ?

— Non. Je veux seulement que tu sois vigilante. Je ne te demande pas d'arrêter, Torey. Pour l'instant, continue. Mais je te dis seulement de faire attention à ce que tu fais. Demande-toi si tu as d'autres choix. Si tu peux, change d'option. La lucidité ne peut que nous rendre meilleurs.

Je baissai la tête. Il y eut un silence. Puis je levai de nouveau les yeux.

— Tu sais que le vrai problème n'est pas là, n'est-ce pas ?

— Que veux-tu dire ?

— Julie.

Bob hocha la tête.

— Je ne sais pas pourquoi, repris-je. Je ne sais pas ce qui cloche entre nous. Nous évoluons sur des planètes différentes. Nous ne sommes pas assorties.

— Je m'en suis aperçu.

Silence, de nouveau.

— Elle ne doit pas en être plus heureuse que moi, dis-je.

Bob acquiesça. Silence.

— Aucune chance qu'elle soit mutée ? demandai-je. Ou qu'elle travaille avec quelqu'un d'autre ?

— Vous en êtes à ce point ? demanda Bob.

Jusqu'à cet instant, je n'en avais pas eu conscience moi-même. Pendant tous ces mois, je m'étais efforcée de ne pas penser à mes relations avec Julie, aux raisons de notre mésentente. Je n'avais rien de particulier à lui reprocher. Elle n'était pas méchante. Elle n'avait pas une personnalité insupportable. Et même si ses méthodes étaient différentes des miennes, elles n'étaient pas mauvaises. Ineptes et inappropriées, parfois, mais pas mauvaises. Et sans doute pensait-elle la même chose des miennes. Je répugnais à admettre que je n'avais pas su l'intégrer à la classe. J'aimais me considérer moi-même comme quelqu'un de souple, de facile à vivre. J'aimais croire que j'avais suffisamment de charisme pour amener n'importe qui à m'apprécier tôt ou tard, à apprécier ma façon de faire les choses. Reconnaître qu'entre Julie et moi le courant ne passait pas, c'était reconnaître que je m'étais trompée.

— Est-ce qu'elle t'a dit quelque chose ? demandai-je.

Je me serais sentie mieux si j'avais su que la situation pesait aussi à Julie au point d'en parler à Bob. Cela me permettrait de penser que je n'étais pas la seule à en souffrir.

— Pas vraiment. Mais elle a mentionné ces petites divergences assez souvent pour que j'en déduise que cela ne devait pas aller fort entre vous.

Je regardai Bob.

— Y a-t-il une possibilité...

— Qu'elle soit mutée ? Je ne sais pas. Je vais me renseigner. Et nous devrons faire en sorte qu'elle puisse continuer à s'occuper de Casey Muldrow, puisqu'elle travaille toujours avec lui le matin. La question est aussi de savoir si elle le désire ou non. Je ne pourrai pas agir contre son gré parce que franchement, Torey, elle n'a rien fait de mal. Tu dois aussi savoir qu'au cas où elle souhaiterait s'en aller, il n'est pas certain qu'on t'envoie une autre assistante. Il se peut que tu doives terminer l'année seule.

— Je le sais. Nous n'avons pas de choix, ou seulement des mauvais choix, finalement.

— Ou, ainsi que le disait mon professeur de psychologie, «seulement des solutions inélégantes».

26

Le lendemain matin, Vénus n'était pas là. Cette fois, je ne perdis pas de temps à en discuter avec Bob ou qui que ce fût d'autre. A l'heure du déjeuner, je pris ma voiture et me rendis au mobile home. Quand j'arrivai, il y avait deux adolescentes allongées sur les quelques marches de bois qui servaient de perron au mobile home. L'une était la sœur aînée de Vénus, âgée de vingt-six ans. Je ne reconnus pas l'autre. Elles étaient appuyées à la paroi du mobile home et fumaient des cigarettes.

— Salut! Je suis l'institutrice de Vénus. Votre maman est là?

— Non, répondit la sœur de Vénus.

Elle exhala une longue bouffée, tout en me regardant avec une sorte d'insolence.

— Où est-elle? demandai-je.

— J'sais pas, mais elle est pas là.

— Je peux voir Vénus?

— Vous pouvez parler avec le copain de ma mère, si vous voulez. C'est lui qui garde les petits.

— D'accord. Il est là, si je comprends bien?

— Danny! cria-t-elle avec une telle force que je sursautai.

Quelques instants plus tard, Danny apparut sur le seuil.

273

Il avait les paupières lourdes comme s'il se réveillait. Peut-être était-il seulement ivre. C'était difficile à dire.

— Ouais? fit-il comme s'il ne m'avait jamais vue.

— Je suis venue à propos de Vénus. Je suis son institutrice. Elle n'est pas à l'école, aujourd'hui. Elle est censée y aller.

— On nous a dit qu'elle reprenait l'enseignement à domicile et de ne pas l'envoyer à l'école, répliqua-t-il.

Je le fixai avec étonnement.

— Première nouvelle!

— C'est ce que les services sociaux ont dit. Qu'on lui ferait les cours à la maison.

— Les services sociaux n'auraient pas pris une telle décision sans nous consulter auparavant. Et on ne m'a rien dit à ce sujet. Pourquoi la renverrait-on chez elle, de toute façon? Son comportement ne pose plus aucun problème.

— Paraît que c'est trop cher.

— L'enseignement à domicile coûte plus cher que l'école.

Il haussa les épaules.

— Ne me demandez pas pourquoi. C'est ce qu'ils ont dit. Payer une surveillante rien que pour elle, cela revenait trop cher.

Je n'y croyais pas. Les services sociaux n'auraient pas agi dans notre dos sans en parler auparavant à Bob. Et, certainement, Bob en aurait discuté avec moi.

— En tout cas, dit Danny, on n'a pas à vous l'envoyer puisqu'un enseignant va venir chez nous.

— Cela ne peut pas être vrai.

Il haussa les épaules.

— Vous n'avez qu'à vous adresser à eux. De notre côté, on fait ce qu'on nous a dit de faire.

Sur ces mots, il me tourna le dos et me ferma la porte au nez.

J'étais anéantie. Tandis que je regagnais ma voiture et pendant tout le trajet du retour, je fus trop abasourdie pour aligner trois pensées sensées. Pourquoi Bob ne m'aurait-il pas mise au courant si une telle décision était en suspens ? D'ailleurs, j'étais certaine qu'il ne l'avait pas envisagée, puisque, la veille, il était aussi contrarié par le retard de Vénus que je l'étais moi-même. Mais peut-être s'était-elle présentée en classe aussi mal fagotée parce que Wanda s'était imaginée à tort qu'elle devait aller à l'école et qu'elle l'avait habillée elle-même. Ceci pouvait expliquer cela. Peut-être même cela expliquait-il les larmes de Vénus, parce qu'elle savait qu'elle ne reviendrait pas.

Les pièces du puzzle commençaient à s'ajuster, mais je demeurais très troublée. Les services sociaux pouvaient-ils faire une chose pareille ? Le plus souvent, nous entretenions de bonnes relations avec leurs représentants. Une grande partie de nos enfants figuraient sur leurs registres et Bob et moi les avions rencontrés à plusieurs reprises. Nos deux assistantes sociales étaient un peu ternes, surchargées de travail et soumises à la pression bureaucratique, mais, la plupart du temps, elles se montraient compréhensives. Pourquoi auraient-elles conspiré dans l'ombre, sans nous en parler ? La communication était-elle à ce point interrompue, entre nous ?

Malheureusement, quand je rentrai à l'école, la sonnerie n'allait pas tarder à retentir, aussi je ne pus parler à Bob. Je montai donc en classe. Julie était là, rangeant le matériel qui avait été utilisé le matin. C'était la première fois que je la voyais depuis ma conversation avec Bob, et je me sentais un peu mal à l'aise en sa présence. Entre le fait qu'elle était allée voir Bob pour lui rapporter ce qu'elle désapprouvait dans mes méthodes et le fait que Vénus était retirée de l'école, je me sentais devenir paranoïaque. Peut-être était-ce Bob qui avait demandé que Vénus restât chez elle ? Peut-être tout le monde était-il au courant, sauf moi ?

Je passai un après-midi infernal. Vis-à-vis de Julie, je me comportais gauchement. J'étais inquiète à l'idée de ce que Bob pouvait m'avoir caché. Je me faisais du souci pour Vénus.

Billy se mit spontanément à chanter alors que nous étions debout, en demi-cercle, à attendre la sonnerie de la récréation. J'étais trop mal pour me joindre à lui.

— Qu'est-ce qui t'arrive? me demanda-t-il.

— Rien.

— Tu n'es pas sympa, aujourd'hui.

— Je suis comme d'habitude. Tu accordes trop d'importance à des détails.

— Pourquoi tu es fâchée contre moi? Je n'ai rien fait de mal, pourtant!

— Je ne suis pas fâchée.

— Si, tu es fâchée. Tu as été fâchée tout l'après-midi et personne n'a rien fait! Tu m'as fait asseoir sur la chaise-à-se-calmer.

— Je t'assure que tu te fais des idées, Billy.

Je me détestais, parce que je mentais. Je détestais Billy, parce qu'il faisait des commentaires sur tout. La sonnerie retentit, à mon grand soulagement.

Après les cours, j'allai voir Bob. Je lui rapportai les propos de Danny au sujet de Vénus. Bob ouvrit de grands yeux.

— Enseignement à domicile? On ne m'en a rien dit.

— Il a dit que les services sociaux en avaient décidé ainsi.

— C'est impossible. Ils n'auraient pas pris une telle décision sans nous en parler d'abord. Non, je ne sais pas où il a eu cette information, mais c'est faux.

— Tu es sûr que les services sociaux ne peuvent pas avoir arrangé ça?

— C'est inimaginable. Il t'a dit pourquoi?

Je secouai la tête.

— C'est louche, dit Bob.

— Il avait l'air très sûr de lui en me disant cela. Il semblait savoir ce qu'il disait, parce qu'il a fait allusion aux frais occasionnés par la surveillante supplémentaire qui a été engagée pour Vénus.

— Oui, mais ce n'est pas vrai.

— Tu en es sûr?

— C'est impossible, Torey. On aurait obligatoirement été consulté. L'enseignement à domicile est une mesure éducative. Même si les services sociaux voulaient l'appliquer, il fallait qu'il y ait urgence. Ils nous en auraient parlé, au moins en même temps qu'aux parents.

— Tu es sûr? demandai-je encore. Parce que lui, il avait l'air vraiment convaincu. Et, dans la mesure où la main droite ignore ce que fait la main gauche... entre nous, les services sociaux, la police et... Tu en es absolument certain?

— Ouais, affirma Bob. De toute façon, ce type ne me plaît pas. Il est aussi menteur qu'un arracheur de dents.

De retour dans ma classe, je rassemblai mes livres et mes papiers. La journée n'avait pas été facile et je ne tenais pas à m'attarder pour préparer mes cours. Je décidai donc de rentrer chez moi. Il n'était que seize heures quinze.

Comme je gagnai le parking, j'aperçus Wanda, de l'autre côté de la cour. Elle cueillait des pâquerettes dans l'herbe qui poussait le long du mur et elle les serrait dans sa main, comme un enfant de cinq ans.

Je la rejoignis.

— Bonjour, Wanda.

Elle leva les yeux.

— Où est Vénus, aujourd'hui?

— Elle venir à l'école, répondit-elle avec chaleur.

— Non, elle n'est pas venue. Tu as oublié de l'amener?

— Elle pas venir à l'école.

— C'est exact. Elle est restée à la maison aujourd'hui.

— Belle Enfant.

— Oui, Belle Enfant. Belle Enfant n'est pas venue à l'école. Tu sais pourquoi?

— Belle Enfant.

— Oui, c'est cela. Belle Enfant n'est pas venue à l'école. Pourquoi, Wanda? Pourquoi Vénus n'est-elle pas venue, aujourd'hui?

— Elle venir à l'école.

— Non. Elle n'est pas venue à l'école, répliquai-je avec un peu d'agacement.

Wanda souleva son bouquet de fleurs.

— Demain, Wanda. Demain, est-ce que tu peux amener Vénus à l'école? Tu pourras te souvenir de cela?

— Demain? répéta-t-elle sur un ton interrogateur.

— Oui. Demain. Après la nuit, quand ce sera une nouvelle journée. Tu peux amener Vénus?

— Elle venir à l'école.

— C'est cela. Elle doit venir à l'école. Tu peux essayer de te le rappeler? S'il te plaît! Fais-le pour moi. Tu veux bien l'amener à l'école demain?

— Belle Enfant? dit Wanda, sans s'adresser à personne en particulier.

— Oui. Belle Enfant.

Portant les pâquerettes à son nez, elle inspira profondément. Lorsqu'elle émergea, son nez était tout jaune.

— S'il te plaît. Tu t'en souviendras?

Mais elle ne répondit pas. Elle tourna seulement les talons et s'éloigna.

Le lendemain matin, Vénus vint toute seule à l'école. Bien plus, elle s'y trouvait déjà quand j'arrivai. Elle était appuyée contre le mur de la cour, au pâle soleil matinal. Pour la première fois, je me fis la réflexion qu'elle ne s'asseyait plus dessus depuis bien longtemps. Depuis plusieurs mois, pour être exacte.

Je la rejoignis.

— Bonjour. Tu es en avance. Tu veux monter en classe avec moi ?

Elle posa sur moi un regard sombre et expressif, mais ne dit mot. Je tendis la main vers elle.

— Viens !

Pas de réponse.

Je ne la touchai pas. Il restait trente minutes avant le début des cours. Si elle préférait rester dehors, c'était son droit. J'attendis quelques minutes, puis je me détournai et me dirigeai vers le bâtiment. Elle me suivit jusqu'à la porte, à quelques pas de distance. Sans échanger un mot, nous entrâmes et gravîmes les marches jusqu'à la classe.

Je sortis la clé de ma poche.

— Comment vas-tu, ce matin ? demandai-je en la faisant tourner dans la serrure. Tu m'as manqué, hier.

Elle ne quittait pas mon visage des yeux.

Une fois à l'intérieur, j'enlevai mon manteau. Vénus accrocha son blouson au portemanteau. Elle était mieux habillée que la dernière fois, bien que ses vêtements fussent froissés et miteux. Ce n'était pas extraordinaire : jamais je ne l'avais vue correctement vêtue.

— Tu sais que je suis venue chez toi, hier ? demandai-je. Je te cherchais.

Elle me regarda.

— Tu le savais ?

Elle secoua la tête.

— Danny prétendait que tu allais avoir un professeur à la maison, de nouveau. Il disait que tu ne viendrais plus à l'école.

J'écartai ma chaise de mon bureau. Vénus me suivait d'un regard intense tandis que je parlais. Je vis de grosses larmes se former dans ses yeux.

— Quelque chose ne va pas ? demandai-je.

Elle ne répondit pas.

— Je commence à en avoir l'impression, continuai-je. Je commence à penser que quelque chose ne va pas pour toi à la maison.

Son visage se crispa et elle se mit à pleurer.

— Viens, ma chérie.

Tendant les bras, je l'attirai contre moi et la pris sur mes genoux. Vénus éclata en sanglots, comme la fois précédente.

— Tu peux me dire ce qui ne va pas? Qu'est-ce qui t'est arrivé?

Elle ne répondit pas. Tout cela me faisait une très mauvaise impression. Si Danny était à l'origine de tout cela, qu'est-ce qui se tramait?

— Il faut que tu me parles, Vénus, dis-je doucement. Tu te rappelles, l'autre jour, quand nous avons parlé? C'était bien. Cela nous a aidées. C'est important, pour toi, de dire les choses parce que cela me permettra de t'aider.

Pas de réponse.

— Tu peux me dire ce qui ne va pas? demandai-je. Je vois bien que tu es malheureuse. Pourquoi?

Elle se contentait de pleurer. Comment pouvais-je l'amener à se confier? Je devais faire très attention aux questions que je posais si elle ne se confiait pas à moi volontiers parce que, si quelqu'un enfreignait la loi dans cette histoire, je pouvais entraver le cours de la justice en posant de mauvaises questions. Je connaissais deux exemples où des auteurs de sévices avaient été acquittés parce les policiers avaient posé des questions trop orientées à leurs victimes.

— Parfois, dis-je, on peut avoir des ennuis à la maison. Quand cela arrive, il est très important de le dire à des adultes en qui on a confiance. Parfois, on a de gros problèmes qu'on ne peut pas régler tout seul. Parfois, on a ces problèmes avec sa maman ou son papa. Ou son beau-père. Ou le petit ami de sa maman. Parfois, c'est avec les frères ou les sœurs. Quand cela arrive, la seule chose à faire est de le dire à un autre adulte. Un adulte qui vous veut du bien, comme moi. Ou M. Christianson.

Il peut vous aider à trouver une solution. Pour que cela aille mieux.

Vénus essuya ses larmes avec un pan de son T-shirt.

— C'est bien de parler. Parfois, des gens disent qu'il ne faut pas parler parce que c'est un secret. Ils disent qu'on doit garder les secrets. Mais les seuls secrets qui soient bons, ce sont les surprises. Comme quand tu offres un cadeau à quelqu'un pour son anniversaire. Mais on ne doit pas garder les mauvais secrets. Si quelqu'un t'a demandé de garder un mauvais secret, tu n'as pas à lui obéir.

La tête contre mon épaule, Vénus ne bougeait pas.

— Et, parfois, les gens te disent qu'il ne faut pas parler parce que, sinon, ils se vengeront. Ils te feront du mal. Ou bien ils feront du mal à quelqu'un que tu aimes. Ou bien ils te prendront quelque chose. Parfois, ils disent qu'ils te tueront si tu parles. Mais rien de tout cela n'est vrai. Ils disent cela pour te faire peur. C'est eux qui ont fait quelque chose de mal, et ils ont peur que quelqu'un s'en aperçoive et les punisse, alors ils essaient de te faire peur pour que tu te taises. Mais il ne faut pas les écouter. Si quelqu'un te dit ça, tu dois toujours en parler à une grande personne en qui tu as confiance pour qu'elle puisse t'aider.

Vénus ne prononça pas un mot.

Pour ce qui me semblait être la millionième fois depuis quelques jours, j'allai voir Bob dans son bureau.

— J'ai vu que Vénus est revenue, me dit-il.

— Je commence à avoir une très mauvaise impression. Pourquoi ce type m'aurait-il parlé d'enseignement à domicile si ce n'est pas vrai? demandai-je. Mon instinct me dit qu'il tente de couvrir quelque chose.

— Probablement. Mais quoi? Là est la question. Ce type est tellement louche que je le crois capable de n'importe quel forfait.

281

— Non, je ne te parle que de Vénus. La loi nous dit bien que, s'il y a un risque de sévices concernant un enfant, on doit en aviser la justice. Je crois qu'il est temps de faire une démarche officielle.

— Vénus t'a dit quelque chose?

— Eh bien... pas précisément.

Je décrivis à Bob le comportement inhabituel de Vénus, ses larmes.

— Si je rapproche cela de ses absences, de ses vêtements inappropriés, l'autre jour, et des bizarres excuses de Danny, hier, j'en conclus que quelque chose arrive à Vénus et qu'elle ne peut pas venir à l'école ces jours-ci.

Bob était pensif. Finalement, il hocha la tête.

— Je ne crois pas que ce soit suffisant pour ouvrir un dossier, Torey. Il nous faudrait des traces de coups, ou qu'elle dise quelque chose, ou... quelque chose de plus concret. Tout ce que je peux faire, c'est transmettre tes soupçons aux services sociaux. Une fois de plus. Parce que je pense qu'ils n'attendent que l'occasion de mettre ce type sous les verrous, eux aussi.

— Et toi? demandai-je. Qu'en penses-tu?

Bob réfléchit un instant avant de répondre.

— Je pense que tu as probablement raison, dit-il calmement. Je pense que je voudrais pouvoir sauver le monde, comme nous pensions pouvoir le faire dans les années soixante-dix. Je voudrais que tout puisse se résoudre aussi aisément que nous le pensions à l'époque.

27

Au milieu de cette tragédie concernant Vénus, je préparais l'année suivante pour les enfants. J'étais sûre que Billy était prêt à être réintégré dans une classe normale. Nous ne pensions pas qu'il était capable de suivre sa scolarité dans une classe pour surdoués. Malgré ses capacités intellectuelles et le fait qu'il avait fallu du temps pour les identifier, puis l'aider à s'en sortir, Billy avait encore besoin d'un gros soutien scolaire. Il n'atteignait pas le niveau des enfants de son âge en lecture et en calcul, bien qu'il en fût tout proche en lecture. Et son comportement était encore un peu trop impulsif, aussi était-il important de le placer dans une structure relativement autoritaire. Nous souhaitions qu'il continuât à travailler dans sa nouvelle classe deux fois par semaine, car nous sentions que cette expérience lui avait fait énormément de bien. Malheureusement, les autres classes de cette école étaient toutes engagées dans un projet qui consistait à décloisonner les enseignements et les niveaux, ce qui impliquait du bruit et un mode d'apprentissage un peu chaotique. Bob et moi pensions tous les deux que cela ne convenait pas à Billy, qui n'avait pas besoin d'aide pour être excité. Finalement, nous décidâmes de garder Billy dans notre école, avec l'idée de le mettre en cours moyen. Il viendrait de temps à autre chez moi pour bénéficier d'un soutien. En outre, il continuerait de rejoindre sa classe de surdoués deux après-midi par semaine. Nous espérions qu'un jour il pourrait y être intégré définitivement.

Jesse avait lui aussi fait de gros progrès pendant l'année, et son comportement était nettement moins agressif qu'au début. Il avait toujours tendance à «prendre la mouche», comme le disait Billy, mais il réussissait de plus en plus souvent à se calmer lui-même, à comprendre ce qui l'énervait et à savoir comment se tirer avec élégance d'une situation jusqu'à ce qu'il se fût maîtrisé. En outre, Jesse tirait une certaine fierté de ce sang-froid tout neuf et il nous le faisait souvent remarquer lorsqu'il avait réussi quelque chose de difficile.

Il n'était pas envisageable de lui faire intégrer une classe normale en raison des tics que causait le syndrome de Tourette. Ils variaient en intensité et, parfois, il se passait un certain temps sans qu'il fût trop gêné par eux. En revanche, ils avaient tendance à croître et à se multiplier lorsqu'il se sentait stressé ou mal à l'aise. Dans ces occasions, ses «aboiements» pouvaient se succéder sans interruption. Bien qu'il n'y fût pour rien, cela distrayait ses camarades. Je craignais qu'il ne fût martyrisé ou, pire encore, acculé à reprendre son ancien comportement s'il retournait dans une classe normale. Son principal problème, cependant, restait son niveau scolaire. Il avait fait de gros progrès en lecture et en calcul, mais il restait en retard d'un an sur les enfants de son âge. Je sentais qu'il pourrait encore progresser dans un environnement protégé, aussi nous décidâmes de le garder dans ma classe. Il passerait la moitié de la matinée en cours moyen, et le reste de la journée chez moi. Si cela s'avérait possible, on l'intégrerait définitivement en cours moyen, mais, pour l'instant, il semblait plus sûr de procéder ainsi.

Restaient les jumeaux. Pour eux, pas de changement. Leur intégration dans une classe normale, quelle qu'en fût le niveau, restait problématique. Ni l'un ni l'autre ne pouvait se tenir tranquille ou se concentrer plus de quelques minutes. Ni l'un ni l'autre ne semblait pouvoir retenir du jour au lendemain ce qu'ils avaient appris. Ils maîtrisaient le système des feux, mais il fallait sans cesse leur rappeler de s'y tenir. A la moindre défaillance, par exemple lors d'un goûter où j'avais oublié de cadrer leur comportement avec les feux, ils perdaient leurs points de repère. Nous avions dû redéfinir les règles le lendemain, comme si elles leur étaient totalement inconnues. J'aimais bien Théo et Phil. D'ailleurs, il y avait des moments où ils étaient vraiment de charmants petits garçons, affectueux, soucieux de bien faire. Ils ne se comportaient pas mal délibérément. Mais il étaient incapables de rester attentifs plus d'une minute, aussi fallait-il constamment les ramener à leur tâche si l'on voulait qu'ils la terminent.

Il aurait donc été totalement irréaliste de les intégrer dans une classe normale. Leurs parents étaient ravis de leurs progrès dans ma classe, nous décidâmes donc de les y maintenir.

Et Vénus? Bob et moi n'abordâmes même pas la question de son avenir. Son présent nous posait suffisamment de problèmes.

Et puis le temps changea. Un front froid et massif nous arriva du Nord. Les températures tombèrent brusquement au-dessous de zéro. La neige se mit à tomber, faisant courber les jeunes jonquilles. Elle tomba et tomba encore jusqu'à ce que les jonquilles disparaissent totalement. Nous étions enfouis sous soixante centimètres de neige. Tout s'immobilisa.

La tempête s'abattit sur nous un vendredi. L'école était fermée parce que plus personne ne pouvait se déplacer. Je passai une journée agréable, au coin du feu, à regarder de vieux films à la télévision. Mon plaisir était cependant légèrement atténué par le fait que le vendredi était le jour où je faisais mes courses et mon frigidaire était vide. Je dus me contenter d'une boîte de haricots et d'une salade d'endives.

Je passai le samedi à déblayer mon allée. La neige commençait à fondre. Le dimanche, il y eut une seconde tempête, mais, cette fois, il ne faisait pas si froid. Au lieu de neige, nous eûmes une pluie froide et drue qui se transforma rapidement en glace. En quelques heures, tout disparut sous le givre.

Je n'avais jamais rien vu de pareil. Devant ma porte, la congère ressemblait à de la crème brûlée... si vous donniez un petit coup sur la surface durcie, elle craquelait, révélant la neige qui se trouvait en dessous. Mais j'étais incapable de pousser mes investigations au-delà de la porte parce que la glace recouvrait tout, les trottoirs et la chaussée, à tel point qu'il était impossible de circuler, que ce fût à pied ou en voiture. La ville était plongée dans le silence et l'immobilité pour la seconde fois en trois jours. Puis on entendit comme des coups de feu. Sous le poids de la glace, les lignes à haute tension ployaient de plus en plus — le bruit provenait des transformateurs formant un arc électrique. Avant la tombée de la nuit, je n'avais plus de courant, comme bon nombre de mes voisins.

La fermeture de l'école fut maintenue le lundi et le mardi, malgré le dégel. Le courant n'avait pas été rétabli dans une grande partie de la ville et la circulation restait dangereuse sur les chaussées glissantes. Le mercredi, nous pûmes de nouveau nous aventurer dehors, mais il y avait beaucoup d'absents. Julie ne vint pas à l'école ce jour-là. Vénus non plus, mais ce n'était pas surprenant. Elle avait presque toujours manqué le premier jour qui suivait un congé, qu'il fût programmé ou non. Billy était aussi enthousiaste que d'habitude.

— Devine ce qu'on a fait, maîtresse! On a fait de la luge! Et on a fabriqué nos luges nous-mêmes! Parce qu'on n'en avait pas assez. Pas assez pour mes frères, moi et les enfants d'à côté. Alors, on les a fabriquées. Avec du carton. Il n'y a qu'à découper le carton en carrés et tu sais quoi? Elles marchent aussi bien que les luges qu'on achète dans les magasins. C'est vrai! Il faut me croire!

— Billy, elles peuvent pas être aussi bien que celles qu'on vend dans les magasins, marmonna Jesse. Autrement, pourquoi les gens dépenseraient leur argent s'ils pouvaient s'amuser gratis?

Les jumeaux semblaient avoir mal supporté de devoir rester chez eux. Ils étaient partout à la fois. Ils grimpaient sur les chaises, se pourchassaient à travers la classe. J'essayai de les intercepter et de les faire s'asseoir à leurs places.

— Si, elles sont aussi bien, insistait Billy. Parce que je me suis autant amusé qu'avec des vraies luges. Si on n'avait pas eu chacun la sienne, on aurait dû attendre son tour. Tu imagines! On était dix, et un seul pouvait glisser. Mais, comme on en avait une chacun, on glissait tous ensemble. Et c'était drôle!

— Ferme-la, dit Jesse en courbant le dos sur sa chaise.

— Pourquoi? J'ai raison.

— Fils de pute! lança Jesse avec hargne. Tu te vantes, c'est tout! Tu n'es qu'un gros vantard. Tu crois que tu sais tout.

— Jesse! dis-je.

— Dis-lui! Dis-lui qu'il arrête pas de la ramener!

— Billy, attrape ta chaise, dis-je.

Billy ne put s'empêcher d'exploiter mon expression. Il prit sa chaise et la souleva au-dessus de sa tête.

— L'attraper? Comme ça? Je la mets où?

Je m'emparai des disques de couleur et les agitai de façon significative. Mais il était déjà trop tard pour Jesse. Il se leva d'un bond et frappa Billy. Pas bien fort, sans doute — non qu'il ne l'eût pas souhaité, mais en raison de son angle d'attaque. Il atteignit Billy à l'épaule, cela suffit pourtant à lui faire perdre l'équilibre. Billy tomba, lâchant sa chaise qui s'effondra sur son dos. A cet instant, pour une raison inconnue, Théo estima qu'il devait se joindre à l'échauffourée. Telle une tornade, il sauta

287

par-dessus une table et décocha un coup de pied dans la jambe de Billy.

— Eh! criai-je. Eh! Eh! Eh! Qu'est-ce qui vous prend, aujourd'hui?

J'attrapai Théo et l'assis fermement sur la chaise-à-se-calmer la plus proche.

— Qu'est-ce que c'est que toutes ces bagarres? Nous n'en avions pas eu de pareilles depuis des siècles. Jesse, va sur cette chaise-à-se-calmer.

Billy pleurait, mais je ne savais pas si c'était de douleur, de surprise ou d'orgueil meurtri. Je l'entourai de mes bras et le serrai fort contre moi.

— Tu ne trouves pas que c'était idiot de brandir ta chaise au-dessus de ta tête?

Il sanglota de façon un peu exagérée.

— C'était pas ma faute. C'est lui qui m'a tapé. Je ne l'aurais pas lâchée s'il ne m'avait pas tapé. C'est sa faute. Il aurait pu me tuer. A cause de lui, cette chaise aurait pu me tomber sur la tête et me tuer.

— Grâce à Dieu, cet horrible scénario n'a pas eu lieu, non? Tu vas bien?

— Nooon. Je me suis fait mal au coude.

— Pauvre de toi! fis-je en lui frottant le coude.

Ce n'était pas le bon. Il me tendit l'autre et je le lui frottai.

— Maintenant, dis-je, assieds-toi sur ta chaise et restes-y. Tu as du travail.

Je me tournai vers les autres.

Phil était assis à sa place.

— J'ai été *sage*, dit-il gaiement.

— C'est bien. Heureusement qu'il y en a eu un pour l'être. Tu as ton classeur? Tu peux commencer?

Théo, qui était encore d'humeur frivole, regagna sa chaise en sautillant. Jesse, au contraire, traîna les pieds jusqu'à la sienne. Je m'approchai de lui et m'agenouillai pour être à son niveau.

— Ta journée commence mal. Il t'est arrivé quelque chose avant de venir à l'école ?

— Non.

— Tu n'as pas l'air de bonne humeur.

Ses tics confirmaient son stress. Il faisait des mouvements convulsifs de la tête.

— On se croirait au début, quand Billy et toi vous battiez tout le temps. Mais ce n'était plus arrivé depuis longtemps. Tout le monde parvient à se maîtriser joliment bien, maintenant. Alors, quand je te vois aussi en colère, je pense que tu dois avoir de bonnes raisons.

— Non.

Je m'assis tranquillement près de lui.

— J'ai dû rester chez moi tout le temps marmonna-t-il.

— Tu veux dire, pendant la tempête ?

Il acquiesça.

— Ma grand-mère ne m'a pas laissé sortir. Elle disait que c'était trop dangereux.

— Cela devait être énervant. Surtout si tu as vu que les autres enfants s'amusaient.

De nouveau, il hocha la tête.

— Je n'avais pas le droit de sortir du tout. Elle a dit : «Tu risque d'avoir un tic et de tomber sur la glace.» J'ai dit : «Ça n'arrivera pas», mais elle a dit : «Ce garçon, dans l'Illinois, il a glissé sur la glace, sa tête a heurté quelque chose et il est mort.» Elle a dit que c'était arrivé alors qu'il marchait avec sa grand-mère. Comme si ça faisait une différence. Comme ça. Parce qu'il avait une grand-mère, et moi aussi j'avais une grand-mère, la même chose allait m'arriver. Mais j'ai pas pu lui faire comprendre ça. J'ai dû rester à la maison tout le temps.

— Tu devais en avoir vraiment assez, dis-je.

— Ouais.

— Et tu as dû être furieux quand tu as entendu Billy raconter combien il s'était amusé. C'est ce qui est arrivé ce matin ?

Jesse haussa les épaules.

— Mince alors! fit Billy. Mince, ça fait mal! Je comprends pourquoi t'étais si en colère. A ta place, j'aurais été pareil. J'aurais sûrement fait un trou dans le mur avec mon poing.

— C'est pas vrai, Billy! répliqua Jesse. T'es encore en train de te vanter. Tu sais que t'arrêtes pas de te vanter?

Je me levai et posai la main sur son épaule.

— Je ne crois pas, Jesse. Je pense que Billy veut te manifester sa sympathie. Cela signifie qu'il essaie de partager tes sentiments.

— Ouais, fit Billy, parce que je suis ton copain. J'essaie d'être ton copain tant que tu me boxes pas.

— Alors, t'aurais pu passer chez moi et venir me chercher. Si tu étais vraiment mon copain, c'est ce que tu aurais fait.

— C'était pas possible puisqu'on pouvait pas prendre la voiture.

— T'avais qu'à me téléphoner.

— Toi aussi, t'aurais pu me téléphoner. T'aurais pu me dire ce qui se passait et peut-être que ma maman aurait parlé à ta grand-mère. C'est pas ma faute.

Il y eut un bref silence.

— De toute façon, dit Billy, ça m'embête de savoir que tu es resté enfermé. J'ai pensé à toi, je te jure. J'aurais voulu que tu puisses venir. On se serait bien amusés.

En fin de journée, je préparais mes cours du lendemain quand Bob passa la tête dans l'embrasure de la porte. Dès qu'il m'eut aperçue, il entra et ferma la porte derrière lui. Après avoir traversé la salle, il s'assit en face de moi.

— J'ai une bonne nouvelle pour toi.

Mais son ton résigné laissait présager qu'il émettait quelques réserves.

— Oui?

— Tu vas avoir une nouvelle assistante.

J'ouvris de grands yeux.

— J'ai longuement discuté avec Julie, dit Bob. Cela a commencé mercredi soir et cela nous a pris un bon bout de temps. Nous devions remettre ça le jeudi, mais il y a eu la tempête. Pour résumer, elle m'a dit que sa position dans la classe était devenue intenable. Selon elle, tu est froide et distante tout le temps, vous avez rompu le lien que vous étiez parvenues à nouer.

— Je n'ai pas été froide et distante! protestai-je.

— C'est ainsi qu'elle l'a vécu, en tout cas.

Le pire, c'était que je n'étais en effet pas au meilleur de ma forme ce fameux mercredi. Je me sentais mal à l'aise. Elle avait probablement raison en disant que notre relation s'était distendue. En revanche, j'avais du mal à accepter qu'elle m'accusât de froideur. C'était certainement vrai, pourtant.

— Quoi qu'il en soit, reprit Bob, elle éprouvait une gêne croissante, alors elle m'a appelé ce week-end. J'ai donné quelques coups de fil, pour voir si je pouvais trouver une solution. Et c'est fait. Julie est mutée. Elle continuera de s'occuper d'enfants retardés sur le plan scolaire, mais dans un autre cadre. Quant à toi, tu vas avoir une nouvelle assistante, Rosa Guttierez. Je ne sais rien d'elle, sinon qu'elle a travaillé longtemps dans le secteur, aussi doit-elle être compétente. Elle s'occupera de Casey Muldrow le matin et elle viendra t'aider l'après-midi, comme Julie.

J'approuvai du menton.

Il y eut un silence.

— Ecoute, dis-je, toute cette histoire me navre. Je regrette que cela n'ait pas marché entre Julie et moi. Et je suis désolée de t'avoir ennuyé avec ça.

— Ce n'est pas grave.

Je me sentais coupable, comme si j'étais arrivée à mes fins de façon malhonnête. Je me sentais gênée parce que j'avais le sentiment d'être une sorte d'inadaptée sociale. Mais, en même temps, je me sentais très, très soulagée.

28

Ce soir-là, en rentrant chez moi, je me sentais assez fatiguée. En raison de la tempête, qui avait dérangé la routine, les enfants s'étaient montrés instables et surexcités toute la journée. L'absence de Julie avait aussi pesé lourd, parce qu'un grand nombre des élèves qui bénéficiaient d'un soutien scolaire était venu. Pendant mes pauses, j'avais dû installer le matériel afin de leur consacrer suffisamment de temps. Si bien qu'à peine arrivée chez moi, j'ôtai mes chaussures et ouvris une bouteille de vin.

Etendue sur mon fauteuil inclinable, j'en étais à mon deuxième verre et je regardais un épisode de *Star Trek* quand le téléphone sonna. La première chose que je fis fut de regarder l'heure sur le cadran d'affichage du magnétoscope situé sous la télévision. Il était 16 heures 43. Ensuite, je me levai pour répondre.

La voix de Bob retentit à mon oreille :

— Je voulais te prévenir que la police va passer te voir, annonça-t-il d'une voix tendue.

— Que s'est-il passé ? m'inquiétai-je. Il y a un ennui ?

— Je n'ai pas le droit de t'en dire plus parce qu'ils veulent t'interroger. C'est à propos de Vénus. Je voulais juste que tu saches ce qui allait arriver.

— Que s'est-il passé ?

— Ils te le diront.

— Tu ne peux pas me donner un petit indice?

— Non. Prépare-toi, parce que c'est moche, dit-il en raccrochant.

Je regardai le verre à moitié plein que je tenais toujours à la main. D'habitude, je ne buvais jamais autant que cela en dehors des repas. Pourquoi l'avais-je fait, cette fois? Parce que j'en avais envie. Je le regrettais un peu. Je n'étais pas pompette, mais j'avais bu de l'alcool avec l'estomac vide. J'ignorais ce que les policiers attendaient de moi, mais j'espérais ne pas avoir à conduire. Je posai mon verre et me rendis dans la cuisine pour trouver quelque chose à manger et atténuer les effets du vin.

J'avais toujours l'impression de ne jamais trouver dans le réfrigérateur la nourriture dont j'avais besoin sur le moment. J'aimais en imputer la responsabilité à mon maigre salaire d'enseignante, mais, en vérité, je ne planifiais pas suffisamment mes courses. Par conséquent, je ne trouvai que du saucisson coupé en tranches et une boîte de haricots avec des morceaux de porc. Je venais de mettre mon assiette dans le micro-ondes quand le téléphone sonna.

C'était un sergent de police, un certain Jorgensen. Il m'apprit qu'il enquêtait à propos de possibles sévices perpétrés sur la personne de Vénus Fox et qu'il souhaitait s'entretenir avec moi.

Je mangeai vite ma petite collation, que je fis passer avec le reste de mon verre de vin. J'étais en proie à une terrible nervosité, comme lorsqu'on a été témoin d'un accident de voiture. Je savais que, si personne ne m'avait rien dit, c'était pour ne pas orienter mon témoignage. Cela signifiait que c'était grave, je le savais.

Deux inspecteurs arrivèrent vers 19 heures 30. L'un était un homme grand et blond, du nom de Millwall, qui devait avoir mon âge. L'autre était une femme, qui semblait approcher de la quarantaine. C'était une de ces femmes minces et athlétiques qui participent à des marathons. Son nom était Patterson, mais elle dit que je pouvais l'appeler Sam. «Une abréviation pour Samantha», expliqua-t-elle d'une voix amicale, qui semblait peu appropriée au caractère officiel de la visite.

Je leur proposai de s'asseoir dans le salon, mais Sam dit qu'elle devrait enregistrer l'entretien et que ce serait probablement mieux si elle pouvait poser le magnétophone sur une table. Nous nous installâmes donc autour de la table de la cuisine, encore encombrée du travail que j'avais rapporté à la maison ainsi que de la vaisselle sale et de la bouteille de vin. Embarrassée, je posai le tout sur le comptoir.

— Vénus Fox a été hospitalisée ce matin, dit Sam. A ce que j'ai compris, vous avez parlé à votre directeur il y a à peine une semaine et vous lui avez dit que vous suspectiez qu'elle était victime de sévices. Pouvez-vous nous fournir davantage de détails à ce sujet?

— Il faut d'abord que sache comment elle va!

— Elle est dans le coma.

A cet instant, je compris le sens de l'expression «froid intérieur». Ce fut justement ce qui m'arriva. Soudain, mes veines charrièrent de la glace.

— Que s'est-il passé? Vous pouvez me le dire?

— Il s'agirait d'hypothermie, mais l'hôpital doit nous fournir des informations supplémentaires.

De l'*hypothermie*. J'étais anéantie.

— Mademoiselle Hayden, nous vous serions très reconnaissants de nous dire ce que vous savez.

— Torey. Appelez-moi Torey, dis-je.

Soudain, cela me paraissait important. Toutes sortes de ridicules petits détails me paraissaient importants. Je remarquai la bouteille de vin que j'avais posée sur le comptoir, par exemple, et je me demandai si j'allais leur dire que je ne buvais pas, d'ordinaire. Parce que c'était vrai. Mais ils l'ignoraient.

Sam hocha la tête avec sympathie.

— Je sais que c'est difficile… Affronter de tels faits est éprouvant, mais si vous pouviez…

Je réfléchis un long moment. Prenant ma tête dans mes mains, je m'efforçai de réunir tous les détails qui m'avaient frappée durant les semaines précédentes. Hélas, mon esprit se refusait à mes investigations. Tout ce qui m'avait paru si important, si suspect, si peu conforme à ce que je savais de Vénus, s'évaporait. Tout ce que je parvenais à évoquer, c'étaient des détails. Ou peut-être n'était-ce qu'une accumulation de détails.

— C'était plus de l'intuition qu'autre chose, dis-je. Je n'ai pas remarqué de bleus ou de plaies, ni aucune preuve de sévices physiques. Elle n'était pas très soignée. Elle portait souvent des T-shirts à manches longues, ainsi que des pantalons, aussi ne voyais-je pas grand-chose. Par ailleurs, Vénus ne parle pas beaucoup. C'est l'une des raisons pour lesquelles elle est dans ma classe. Comme vous le savez sans doute, j'enseigne à des enfants qui présentent des troubles du comportement. Si Vénus était dans ma classe, c'était en raison de sa passivité et de son mutisme. Il était difficile de savoir ce qui se passait parce qu'elle était extrêmement renfermée.

Sam acquiesça.

— Oui. Nous la suivons depuis quelque temps déjà. Nous sommes en contact avec les services sociaux au sujet de cette famille et nous sommes conscients des problèmes comportementaux de Vénus, ainsi que du fait qu'elle ne parle pas. C'est ce qui nous a empêchés d'obtenir des informations à son sujet.

— Mais elle a commencé à parler, dis-je. Depuis février, ce sont ses absences qui m'ont beaucoup gênée. Elle manque deux ou trois jours par semaine.

— Il en a toujours été ainsi?

— Oui. Elle était dans ma classe depuis environ huit semaines lorsqu'elle a bénéficié d'un enseignement à domicile… Mais le reste du temps, oui, ses absences se sont répétées. Nous avons alerté les services sociaux, l'Inspection. Je suppose qu'on vous a déjà rapporté tout cela.

Sam feuilleta son carnet de notes.

— Oui, sans doute nous a-t-on avertis de ses absences.

— Mais j'en suis sûre! Je suis certaine d'avoir rédigé un rapport à ce sujet.

— Pourtant, répliqua Sam, les choses auraient dû rentrer dans l'ordre après l'intervention d'un fonctionnaire.

— Le directeur de mon école ne s'est pas arrêté là. Il a averti les services sociaux que quelque chose n'allait pas et ceux-ci devaient à leur tour vous contacter.

Sam parcourait ses notes.

— En effet, un policier a été envoyé dans cette maison bon nombre de fois, sous divers prétextes. Mais je ne vois rien qui concerne la petite fille.

— Ce *devrait* être le cas! Nous avons fait des rapports.

— Oui, bon. Donc, vous étiez en train de nous parler des soupçons dont vous avez fait part à votre directeur.

J'essayai d'expliquer pourquoi j'étais allée voir Bob la dernière fois. Je racontai aux policiers comment Vénus avait pleuré, ce qui ne lui ressemblait pas du tout. Je leur parlai de ses vêtements bizarres. J'essayai de leur expliquer pourquoi, malgré son incapacité à communiquer, j'avais pensé qu'elle était en souffrance, que quelque chose n'allait pas. Cependant, je devais admettre que mes soupçons étaient davantage fondés sur des intuitions que sur des preuves.

Sam semblait vraiment admettre la justesse d'une intuition. Elle ne cessait de m'y ramener. Qu'est-ce qui, à cet instant précis, m'avait mis la puce à l'oreille? Cette intuition que Vénus pouvait souffrir?

— Je l'ignore, dis-je. En dehors de ce que je vous ai dit, en dehors de ces deux fois où je l'ai vue pleurer et où elle s'est comportée bizarrement, je ne sais pas. Une sorte d'instinct, simplement.

— Un pressentiment? intervint l'officier Millwall.

— Oui. Je pense qu'on appelle cela ainsi.

296

— Nous devons être aussi précis que possible, vous vous en doutez certainement, répliqua Sam. Malheureusement, l'intuition ne suffit pas à faire arrêter le coupable.

J'acquiesçai.

— Je comprends ce que vous voulez dire, dit Sam. Ce n'est pas non plus que vos propos soient dénués d'intérêt. Mais nous avons une enfant qui ne parle pas, qui présente de sérieux problèmes de comportement, qui est actuellement plongée dans le coma. Je ne me demande donc pas si votre intuition est valable ou non. Je dis seulement que, si quelqu'un lui a fait du mal, je veux savoir qui et je veux m'assurer qu'il ne pourra pas recommencer. Aussi les précisions sont-elles très importantes.

Nous ne parlâmes pas beaucoup plus longtemps. Je ne pouvais pas dire grand-chose de plus. Je tenais moi-même un registre où je notais tout ce qui concernait mes élèves, mais il était à l'école et je n'étais pas certaine qu'il contînt quoi que ce fût d'intéressant pour la police, bien que j'aie pris quelques notes sur Vénus durant l'année. Et Bob, évidemment, avait le relevé exact de ses absences.

Sam et l'officier Millwall se levèrent, me remercièrent pour le temps que je leur avais accordé et l'aide que je leur avais apportée. Ils m'assurèrent que nous resterions en contact, puis je les raccompagnai jusqu'à la porte. Nous nous serrâmes la main et nous quittâmes.

Je sortis de cet entretien très secouée de savoir Vénus à l'hôpital, et vaguement mécontente. Ses absences avaient bien été signalées à la police. Du moins l'avionsnous cru. Si ce n'était pas le cas, qui était le maillon faible ? Bob ? Les services sociaux ? Ou était-ce seulement que chacun des services concernés avait passé l'affaire au suivant et que personne ne s'était soucié de vérifier si l'enquête avait bien été menée ? Si les absences avaient été signalées, pourquoi personne, parmi ceux qui étaient chargés de ce cas, n'en était sûr ?

Incapable de penser à autre chose, je téléphonai à Bob. Nous discutâmes de cette question. Il me dit que, d'après ce qu'il avait compris, Vénus avait été trouvée inconsciente chez elle et sa mère l'avait amenée aux urgences. Bob ne semblait pas en savoir plus que moi sur son état. A lui aussi on avait dit qu'elle était en hypothermie, mais il ne pensait pas que l'hypothermie suffisait à expliquer l'inconscience, surtout si on réchauffait le patient, ce qui était forcément le cas à l'hôpital. Je répondis que je n'en savais rien. Je n'étais pas très informée sur les effets de l'hypothermie. Nous parlâmes de ce trouble et Bob me dit que c'était un curieux diagnostic pour un soupçon de sévices perpétrés sur un enfant. Je lui demandai si je pourrais aller voir Vénus à l'hôpital le lendemain. Il n'en savait rien.

Je ne fermai pas l'œil de la nuit. Je ne pouvais chasser Vénus de mon esprit. Victime de sévices. Quand cela avait-il commencé? Depuis combien de temps cela durait-il? Je revins sur chacun des incidents que Vénus avaient causés dans la classe, je les retournai en tous sens dans l'espoir d'y trouver une nouvelle signification puisque j'avais des éléments me permettant de les comprendre. Tout ce que j'en déduisis, c'est que nous avions échoué avec elle. Cela, au moins, était clair. Moi autant que les autres. Aurais-je pu prévoir ce qui s'était passé? Etendue dans le noir, je cherchai une réponse à cette question.

Les nouvelles vont vite. Le lendemain, dans la salle des professeurs, toutes les conversations portaient sur Vénus. Entre son comportement violent dans la cour et le fait que tous les enseignants avaient eu, à un moment ou à un autre, l'un de ses frères et sœurs dans leur classe, tout le monde y allait de son interprétation personnelle. La rumeur allait bon train. Quelqu'un avait entendu dire que Teri et Danny étaient sous les verrous, et les enfants confiés à l'administration. Un autre disait que Wanda errait toujours dans le quartier. Un autre encore prétendait que Vénus avait cessé de respirer, qu'elle était sous respirateur. Plusieurs s'interrogeaient à propos des sévices physiques. L'institutrice de cours moyen avait entendu parler à la radio de vingt-sept fractures cicatrisées. Je dis qu'il ne pouvait s'agir de Vénus. J'étais presque certaine que de telles informations ne pouvaient encore être divulguées. Elle rétorqua qu'il ne pouvait y avoir deux cas du même genre au même moment. On n'était pas aussi violents, dans notre ville. En vérité, personne ne savait rien, et personne ne pouvait en savoir davantage. A mesure que la tension montait, l'atmosphère de la salle des professeurs se chargeait d'électricité.

Je voulais surtout préserver les enfants. A un moment ou à un autre, ils apprendraient qu'il était arrivé quelque chose à Vénus, mais jusqu'à ce que nous sachions quoi, il semblait inutile de leur en parler. En outre, il s'agissait d'un événement traumatisant, aussi fallait-il dispenser les informations avec précaution. Je souhaitais qu'ils n'entendent pas les propos tenus dans la salle des professeurs, si c'était possible.

Mais c'était trop demander. M. Grandes Oreilles prit la forme de Billy. Qui d'autre cela aurait-il pu être ? Nous revenions de la récréation, l'après-midi, lorsqu'il se planta devant mon bureau. Je rangeais le sifflet que j'utilisais pour les jeux d'extérieur.

— Qu'est-ce que les gens racontent ? me demanda-t-il.

— Que veux-tu dire ?

— J'ai entendu les gens parler — les adultes, les maîtresses, quelques grands. Qu'est-ce qui s'est passé ?

Jesse avait saisi quelques mots au passage.

— Qu'est-ce qui est arrivé à qui ? demanda-t-il.

— Qu'est-ce que tu as entendu, Billy ? demandai-je.

Je préférais partir de quelque chose de concret pour savoir ce que j'allais lui dire. Billy fronça les sourcils.

— Est-ce qu'on a tué quelqu'un ?

— Non.

— C'était Vénus ? demanda-t-il, comme s'il ne m'avait pas entendue.

— Non.

— Quelqu'un a dit que Vénus avait été tuée. Il paraît qu'elle a été renversée par une voiture et qu'elle a les deux jambes coupées.

— Non, répétais-je. Ce sont des ragots. Ce n'est pas vrai du tout.

— C'est Devon qui l'a dit, répliqua-t-il. Tu connais Devon ? Il est dans la classe de M. Jamieson, en cours moyen. Il est copain avec le frère de Vénus, Frenchie, et j'ai cru que c'était ce qu'il avait dit. J'ai cru que c'était ce qu'il disait aux autres quand ils en parlaient.

— Non, c'est complètement faux.

— Vénus est morte ? demanda Jesse avec une sorte de compassion.

— Non, Jesse. Venez ici, tous, et asseyez-vous. Nous allons discuter.

La conversation passa largement au-dessus de la tête des jumeaux. Très vite, il apparut qu'ils ne comprenaient même pas de quoi Billy et Jesse parlaient. Ils manifestèrent une certaine curiosité lorsqu'ils apprirent que Vénus était à l'hôpital, mais, bientôt, leur attention fut attirée par autre chose et ils commencèrent à s'agiter.

J'expliquai aux garçons que je ne savais pas grand-chose moi-même et que, vraisemblablement, il en allait de même pour les autres, y compris pour Devon, l'ami du frère de Vénus.

— Comment ça se fait ? demanda Jesse.

— Parce que personne ne nous a informés, répondis-je.

— Comment ça se fait ? insista-t-il.

— Parce que... ils ne l'ont pas fait, c'est tout. Aucun d'entre nous ne connaît personnellement la famille de Vénus, aucun d'entre nous ne travaille à l'hôpital. D'ordinaire, c'est par ces voies-là qu'on apprend quelque chose.

— Ouais, mais Devon connaît personnellement Frenchie, remarqua Billy.

— Pourtant, ce qu'il dit n'est pas vrai.

— Comment tu le sais?

— Je le sais parce que M. Christianson et moi avons parlé avec la police. Ils nous ont appris que Vénus est à l'hôpital. Donc, j'en déduis que Devon se trompe. A part cela, je n'en sais pas plus. Nous devons attendre que l'hôpital nous fournisse d'autres informations et, pour le moment, ce n'est pas le cas.

— Comment ça se fait? demanda une nouvelle fois Jesse.

— Parce que, pour l'instant, ils n'ont pas le droit.

— Pourquoi? fit Jesse.

Je lui souris.

— Parce que, pour l'instant, ils ne savent pas ce qui a fait du mal à Vénus, ils cherchent. Jusqu'à ce qu'ils le découvrent, ils ne peuvent pas en dire davantage.

— Qui c'est «ils»? demanda Billy. La police? Parce que le frère de Vénus a dit à Devon que les policiers étaient venus chez eux.

— C'est vrai.

— Pourquoi? s'étonna Jesse. Est-ce que quelqu'un a cassé une vitre pour rentrer dans leur maison? Vénus a été blessée par un voleur?

— Non, je ne crois pas que c'était un voleur, dis-je. D'ailleurs, nous ignorons si Vénus a été blessée. Mais quand quelqu'un est blessé et qu'on ne sait pas comment c'est arrivé, la police fait une enquête.

— Des gens méchants sont venus chez nous, un jour, déclara Jesse d'une voix tremblant d'une peur contenue. Ils ont frappé ma grand-mère sur la tête et ils lui ont volé son argent. Ensuite, elle a dû aller à l'hôpital. Maintenant, il y a des barreaux aux fenêtres du rez-de-chaussée parce qu'ils sont entrés par là.

301

— Nous, dit Billy, on a un fusil. Comme ça, on est en sécurité. Si un voleur rentre dans notre maison, il est mort! Ta grand-mère devrait acheter une arme.

— Elle dit que c'est pas bien d'en avoir une chez soi, à moins d'être policier. Elle dit que, si on avait un fusil, on risquerait surtout de blesser l'un d'entre nous. C'est ce qui arrive souvent chez les gens qui ont des armes.

— Je crois pas que ce soit vrai, dit Billy.

— C'est ce que dit ma grand-mère.

Billy haussa les épaules. Il y eut un silence. Billy se tourna vers la fenêtre. Quelques minutes passèrent. Billy regardait dehors, Jesse était en proie à ses tics. Ses épaules tressaillaient et sa tête s'agitait.

— Je me demande comment ce serait si quelqu'un de notre classe mourait, dit Billy sans cesser de contempler la fenêtre. Ce serait bizarre.

— Je ne veux pas y penser, dit Jesse.

— Les enfants ne sont pas censés mourir, dit Billy.

Un silence.

— Je ne l'aimais pas beaucoup. Elle était idiote. D'abord, elle arrêtait pas de m'attaquer. T'avais qu'à la regarder de travers, elle tournait psychopathe, reprit Billy. En plus, elle était bizarre. Elle ne parlait jamais. Elle était juste assise, comme ça, à me regarder. Mais c'est pas parce que t'aimes pas quelqu'un que tu veux qu'il soit mort.

— Les enfants meurent pour des tas de raisons, ajouta Jesse. Des tas d'enfants meurent, tu sais. Ils sont renversés par des voitures. Je connaissais un garçon qui est mort après avoir été renversé par une voiture. Il sortait de l'école pour prendre le bus. Son frère était dans ma classe quand j'étais en maternelle.

— Waou! fit Billy, impressionné.

— Et il y a des enfants tués par des armes. Comme ma grand-mère l'a dit, poursuivit Jesse.

— Il y en a aussi qui se noient, ajouta Billy. J'ai entendu parler d'enfants qui se noyaient.

— On peut tomber malade, aussi, avoir un cancer ou autre chose, dit Jesse.

— Ou être électrocuté. Ils en parlaient, l'autre jour, à la télévision. Il y a des enfants qui ont été électrocutés sur une voie de chemin de fer parce qu'ils jouaient là où il fallait pas.

— Il y a des tas de façons de mourir, dit Jesse.

— Ouais.

Les deux garçons demeurèrent pensifs un bon moment, puis Billy leva les yeux vers moi.

— Qu'est-ce qui se passe, quand on meurt?

— Je voudrais le savoir, Billy, mais je ne sais pas.

— Tu devrais. Tu es maîtresse, répliqua-t-il.

Je ne sentis pas, dans sa voix, l'habituelle intonation moqueuse. Il me fixait intensément.

— C'est triste, mais ce n'est pas parce que je suis professeur que je connais les réponses à toutes les questions. Je ne les ai pas. Personne ne les a.

— Mais tu peux les trouver? dit Billy avec espoir. Il n'y a pas un endroit spécial où les professeurs peuvent chercher?

Je souris encore.

— Ce sont les mêmes où tu peux aller toi-même.

— C'est pas normal. Il devrait y avoir un livre géant qui contiendrait toutes les réponses du monde.

— T'as qu'à aller au paradis, remarqua Jesse. Mais faut croire en Jésus notre Sauveur.

— Faut être bon, aussi.

— Ouais, admit Jesse.

— Moi, je crois pas dans ces histoires de paradis, déclara Billy. Quand notre hamster est mort, le prêtre a dit qu'il irait pas au paradis parce qu'il avait pas d'âme. Il faut avoir une âme pour aller au paradis.

Jesse fronça le nez.

— Je crois pas que ce soit vrai. Mon chien a été renversé et ma grand-mère a dit qu'il était au paradis.

— Peut-être qu'il avait une âme, suggéra Billy. Les chiens en ont sûrement une.

— Et aussi les hamsters, poursuivit Jesse. Je pense que tout a une âme, même les cailloux ou les trucs comme ça. Seulement, on ne le sait pas. Et, comme on le sait pas, on pense pas que c'est vrai.

— Ouais. Tu as sûrement raison, dit Billy.

Silence. Billy se tourna vers moi.

— Mais tu sais ce que je pense? Je crois que ça m'est égal, d'être mort, parce que c'est sûrement pareil que d'être vivant, et en même temps différent. Mais ce que je me demande, c'est à quoi ça ressemble de mourir. Je me demande ce qu'on sent. Tu penses que ça fait peur? Parce que je pense que ça fait toujours peur.

— Ouais, dit Jesse. Moi, ça me fait peur.

— Ouais, moi aussi, dit Billy.

— Moi aussi, dis-je. Mais je pense que la nature s'assure ainsi que nous faisons attention à rester vivants. Parce que, autrement, nous pourrions nous négliger nous-mêmes. En dehors de cela, je ne crois pas qu'on ait forcément peur au moment de la mort. Je pense que, lorsque l'heure est venue, on est sans doute prêt, c'est pourquoi on n'a pas peur. Par exemple, quand on est très petit et qu'on voit les grands enfants aller à l'école, on se dit que ce doit être effrayant de quitter maman et la maison pour une journée entière. Mais, quand on est plus âgé, on se dit que c'est intéressant, qu'on est pressé d'y aller. Ensuite, on voit les grands plongés dans leurs livres d'école et on se dit que c'est trop difficile, qu'on ne pourra jamais en faire autant. Plus tard, on entre en cours moyen, on a les mêmes livres et on se dit qu'ils sont intéressants. C'est parce que, entre-temps, on a grandi, et ce qui était effrayant lorsqu'on était petit ne l'est plus. Je crois que ce doit être la même chose en ce qui concerne la mort. Quand le moment arrive, on se sent probablement prêt. Je ne crois pas qu'on ait peur.

Un sourire content flottait sur les lèvres de Billy.

— Ouais! J'ai compris! Tu as sûrement raison!

Jesse ne se laissa pas aussi aisément rassurer.

— Mais les petits enfants? Qu'est-ce qui se passent quand ils meurent. Ils ne peuvent pas être déjà prêts!

Un silence. Je le regardai.

— Je ne sais pas, Jesse.

— On n'a pas les réponses pour tout, hein? demanda Billy.

— C'est cela, répliquai-je.

Jesse secoua la tête avec une sorte de lassitude.

— Cela ne devrait pas arriver aux petits enfants, dit-il. Les petits enfants ne devraient pas mourir.

— Ouais! soupira Billy. Plein de choses ne devraient pas arriver aux petits enfants. Plein de choses arrivent. Point à la ligne.

29

Le week-end arriva et ces deux jours me firent une impression bizarre, comme si le temps s'était arrêté. Nous souhaitions tous intensément avoir des nouvelles de Vénus, savoir comment elle allait, comment c'était arrivé, mais aucune information n'était fiable. La police avait donné des consignes de discrétion, si bien que les services sociaux étaient muets. Ni Bob ni moi ne pouvions en savoir davantage. Tout proches que nous étions de Vénus, nous restions des étrangers.

J'envisageai de passer à l'hôpital pour tenter de la voir, mais j'avais beau être pourvue d'une forte personnalité, je n'eus pas cette audace. Je craignais d'être prise sur le fait, de ne savoir que dire ou de me faire chasser comme une malpropre parce que j'étais au mauvais endroit au mauvais moment. Je craignais qu'on prît mon intérêt pour de la curiosité et ma présence comme une interférence gênante.

Ce sentiment de « temps suspendu » provenait du fait qu'il était difficile de vaquer à ses occupations sans constamment être amené à penser à Vénus, dont on ne savait rien. J'avais apporté chez moi les bilans d'évaluation et tout le travail destiné à préparer les enfants à l'année suivante, mais je ne cessais de penser à elle. Je travaillais sur son bilan d'évaluation. C'était l'« ordonnance » que je devais rédiger pour chaque enfant, où je planifiais les étapes d'apprentissage nécessaires pour atteindre différents objectifs éducatifs. Il s'agissait bien d'un «bilan prévisionnel». Ici, ce que l'enfant devait apprendre. Là, ce que j'allais lui enseigner et combien de temps il me faudrait pour cela. Mais, lorsque je me penchais sur le bilan d'évaluation de Vénus, je n'avais guère de quoi me réjouir. «Vénus peut identifier des sons associés à des consonnes». Je n'avais même pas réussi à la faire parler correctement. Je ne savais même pas combien de sons elle pouvait produire, encore moins ceux qu'elle pouvait identifier. J'étais presque certaine qu'elle n'avait pas la moindre idée de ce qu'étaient les consonnes.

Ou en étais-je, avec cette petite fille? Je ne pensais pas avoir jamais eu affaire à un enfant aussi insondable. Nous avions passé la plus grande partie de l'année ensemble, et j'en savais à peine plus que la première fois que je l'avais vue sur son mur, offrant son visage au soleil. Je me rappelais le langoureux mystère qui l'environnait. Elle m'avait fait penser à ces déesses de l'Antiquité parce qu'elle était à mille lieues de nous, qui nous trouvions au pied du mur, parce qu'elle paraissait détendue, indifférente aux allées et venues dans la cour, comme si elles ne la concernaient pas, comme si elles ne faisaient pas partie de son monde. Et je pense qu'elles n'en faisaient pas partie, en effet. Mais en quoi consistait le monde de Vénus? Je l'ignorais totalement.

En dépit de ce vide énorme, je n'avais pas le sentiment d'un échec avec elle. Je ne me sentais pas frustrée. Pourtant, cela m'était arrivé avec certains enfants, quand je savais n'aller nulle part ou me tromper. Avec Vénus, j'avais la conviction d'avoir raison. Le lien était subtil, mais il était là. Mais ce n'était pas le genre de commentaires que je pouvais faire sur un bilan d'évaluation. Comment aurais-je pu le formuler? Quels objectifs aurais-je définis?

«Je suis parvenue à lui faire traverser la salle de son

propre gré», «je suis parvenue à lui faire mettre une cassette dans le magnétoscope»… C'étaient là des variations trop minimes pour être signalées dans un bilan et, de toute façon, elles n'avaient rien à y faire. Les bilans d'évaluation étaient réservés aux appréciations scolaires : la lecture, l'écriture et le calcul. Beaucoup d'écoles géraient ces informations sur des ordinateurs, si bien qu'en dépit du terme «individuels», les objectifs n'avaient plus rien d'individuel du tout.

Je fixais le formulaire, que j'avais péniblement rempli. Qu'allait-il se passer, maintenant?

Pour ajouter au désordre général qui marqua cette période, on m'envoya une nouvelle élève. Elle s'appelait Alice, elle avait huit ans, bien qu'elle parût beaucoup plus jeune parce qu'elle avait la taille des enfants de la maternelle.

Elle avait de longs cheveux blonds retenus en arrière par un bandeau à la *Alice au pays des merveilles*. Elle aurait d'ailleurs très bien incarné ce personnage, sauf que sa chevelure se terminait par un embrouillaminis de boucles qui lui conférait un je-ne-sais-quoi de sauvage. Ses yeux étaient bruns et mobiles. Elle avait un air espiègle, renforcé par ses mouvements rapides et souples.

Elle était arrivée dans notre ville, avec sa famille, deux mois auparavant. Dans l'Est, d'où elle venait, elle avait fréquenté une école Montessori, où les enfants progressent à leur propre rythme, les apprentissages étant liés à des phases de «développement». Par conséquent, son niveau scolaire était très inférieur à ce qu'on pouvait attendre d'une enfant de son âge. Elle avait été inscrite en cours élémentaire dans une école proche du domicile de ses parents, tout en bénéficiant d'un soutien, mais il était rapidement apparu que les problèmes d'Alice n'étaient pas seulement scolaires.

En vérité, Alice était très, très étrange. Il n'y avait pas

d'autre mot pour la définir. Pour commencer, elle parlait à sa main droite. Elle écartait les doigts, elle se concentrait sur eux et elle leur parlait comme s'il n'y avait personne d'autre dans la pièce. Sa main avait même un prénom, Mimi, et Alice s'adressait à elle à la façon des très jeunes enfants lorsqu'ils parlent à leurs compagnons imaginaires. Alice avait aussi tendance à proférer des propos bizarres. C'étaient des déclarations un peu folles, qui semblaient n'avoir aucun rapport avec le contexte, mais dont la forme pouvait être poétique.

Lorsque nous fîmes connaissance, par exemple, ses premières paroles furent :

— Personne ne pleure. Avec des larmes. Personne ne mange. Avec de grosses bouchées. Personne ne demande. Avec des excuses.

— Assieds-toi là, Alice.

Je la poussai vers la table qui avait été celle de Gwennie.

— Tu veux accrocher ton gilet au portemanteau ? suggérai-je.

— Ils ont aiguisé leurs boucles de ceintures pour qu'elles soient aussi tranchantes que des épées, répondit-elle.

Pourtant, Alice pouvait s'exprimer normalement à d'autres moments. Elle dit bonjour aux garçons lorsqu'ils arrivèrent, et elle demanda à Billy où il avait acheté son blouson Adidas. Et elle pouvait accomplir des tâches scolaires. Bien mieux, alors qu'elle était censée avoir un niveau inférieur à celui des enfants de huit ans, elle était plus capable que Jesse et fit rapidement les exercices que j'avais recopiés à la hâte dans son livre et placés dans son classeur. En outre, elle pouvait rivaliser avec Billy en ce qui concernait la lecture.

La matinée fut épouvantable. Il n'y eut pas de catastrophes majeures, seulement le quotidien habituel. Pour commencer, Billy et Théo se bagarrèrent pendant que j'aidais Alice à commencer un travail. J'ignorais le motif de leur dispute. Une histoire de crayon, je crois, mais je ne parvins pas à savoir à qui il appartenait et à quel propos le conflit avait éclaté. Je les séparai et les fis asseoir sur les chaises-à-se-calmer.

Les aboiements de Jesse étaient particulièrement pénibles. Je ne sais pas s'il était stressé par l'arrivée d'Alice ou s'il avait eu des ennuis, mais il ne cessait de japper.

— Pourquoi ce garçon fait ça? demanda Alice.

— Jesse souffre du syndrome de Tourette.

Je lui expliquai brièvement que Jesse ne pouvait pas s'empêcher, parfois, d'émettre des bruits soudains ou de s'agiter.

— On dirait un dingo, répliqua-t-elle.

— Elle me traite! brailla Jesse.

— C'est pas vrai! protesta Alice. Un dingo, c'est un animal. Et il fait les mêmes bruits.

— C'est quoi, un dingo? demanda Phil.

— C'est un chien. Un chien sauvage qui vit en Australie, expliqua Alice. Il fait les mêmes bruits que ce garçon. Ark! Ark! Ark! Comme ça.

— C'est bien, assez discuté à ce sujet, dis-je.

— Elle se moque de lui, déclara Billy avec irritation. Pourquoi tu la laisses faire?

— Je ne la «laisse» pas faire, Billy. Alice est nouvelle, elle doit apprendre les règles. Et je te rappelle que tu ne dois pas dire «lui», quand tu parles de Jesse. Quand tu parles des gens en leur présence, appelle-les par leur nom, autrement c'est désagréable pour eux. Tu as l'impression d'être moins que rien quand quelqu'un parle de toi comme si tu n'étais pas là.

— Merde, alors! T'es vache avec moi, dit Billy. J'étais pas au courant, d'accord?

Je lui montrai la chaise-à-se-calmer d'un doigt autoritaire.

— Ce n'est pas le genre de langage que nous utilisons

ici, et ce ne sont pas des façons de s'adresser à son institutrice.

— Non, fit-il avec défi.

— Si, ou bien tu vas t'asseoir dans le bureau de
M. Christianson. Parce qu'ici, on ne parle pas ainsi.

Furieux, Billy se leva et traîna les pieds jusqu'à la
chaise-à-se-calmer.

— Maîtresse ! cria Théo. On voit la petite culotte de
cette fille.

Je me retournai, m'attendant à voir la robe d'Alice
remontée sous son cou. Mais elle était en grande conversation avec sa main et assise parfaitement normalement
sur sa chaise. En revanche, Phil était sous sa table, s'efforçant de regarder sous la jupe d'Alice.

— Va t'asseoir, Phil !

— Mimi n'aime pas ce garçon, dit Alice. Moi non plus.
Je n'aime vraiment aucun de ces garçons.

— Est-ce que tu peux resserrer tes jambes quand tu es
assise ? demandai-je.

La situation ne s'améliora pas. Après la récréation du
matin, Alice fit une de ses drôles de crises.

— Un, deux, trois, quatre. Fais ton paquet. Apporte-le
au magasin, dit-elle alors que je lui demandais de faire un
exercice de calcul.

De l'autre côté de la salle, Jesse soulevait notre énorme
boîte de Legos, pleine de millions de petites pièces, et la
fit tomber. Accidentellement. Je ne sais pas s'il n'avait pu
contrôler l'un de ses tics ou s'il avait mal évalué le poids
de la boîte, mais les Legos se répandirent en tous sens.

— Prends un balai, ça ira plus vite, conseillai-je.

— Tu veux les *jeter* ! s'exclama Billy.

— Non, mais Jesse pourra les ramasser plus facilement
avec un balai et une pelle. Ensuite, il les remettra dans la
boîte. Nous n'allons pas jeter les Legos, bien sûr !

— Où est le balai ? demanda Jesse.

311

— Qui l'a utilisé en dernier? rétorquai-je.

— Pas moi!

— Pas moi!

— Pas moi!

— Pas moi!

Ils s'étaient tous exclamés en chœur, sauf Alice, qui ouvrit de grands yeux.

— Ben... pas moi! dit-elle.

Nous ne trouvions pas le balai, aussi Jesse dut-il tout ramasser à la main. Billy tenait absolument à l'aider.

— Non, tu restes à ta place.

— Je prends le rouge, dit Alice. Le jeu commence.

— Quel jeu? demanda Billy, perplexe.

— Dieu est bon. Il nous serre contre son sein. Il nous serre contre lui, répondit-elle.

Billy la fixa avec stupeur.

— Mince! T'es vraiment bizarre! Je pensais que la psychopathe était bizarre, mais toi alors, t'es vraiment bizarre. Tu le sais?

J'intervins fermement :

— Billy. Je te prie de ne plus traiter Vénus de psychopathe. Nous en avons déjà parlé. Reprends ton travail, s'il te plaît.

— Oh! Oh! Maîtresse! Phil saigne du nez!

Je me retournai. C'était un euphémisme. Le sang jaillissait du nez de Phil et se répandait sur sa chemise. Il y en avait sur ses mains, sur la table, sur son pantalon.

Je traversai la salle, la boîte de mouchoirs en papier à la main.

— Viens à l'évier, Phil.

— Ouuuuuuuh! pleurnicha Alice. Du sang! Je vais être malade.

— Non, Alice, tu ne vas pas être malade. Jesse? Tu peux laisser les Legos une minute et venir aider Phil?

— Je vais être malade, affirma Alice.

Elle eut un haut-le-cœur.

— Le sang me rend toujours malade.

312

Abandonnant Phil, je fonçai vers mon bureau, pris la poubelle et la présentai à Alice, qui vomit immédiatement.

— Ouuuuuuuh! hurla Billy.

La seule chose qui me vint à l'esprit fut de chanter. Et le seul chant qui me vint à l'esprit n'était pas vraiment approprié à la situation.

— «Si tu es heureux et si tu le sais, commençai-je, frappe dans tes mains.»

Ce qui, évidemment, n'était pas très facile puisque je tenais une poubelle pleine de vomi. Mais les garçons, Dieu les bénisse, se joignirent aussitôt à moi. Même Phil, qui saignait encore. Alice nous regarda comme si nous étions fous.

Dans l'après-midi, Rosa Guttierez arriva. C'était une femme d'un certain âge, rondelette, avec des cheveux sombres et bouclés retenus en un chignon rebelle sur le haut de son crâne grâce à un foulard aux couleurs criardes. Rosa entra dans la pièce comme si elle était chez elle. Elle me dit bonjour avec chaleur et donna à Billy une tape dans le dos dès qu'elle le vit.

— Eh! Quel beau garçon tu fais! Quel âge as-tu? demanda-t-elle.

— Neuf ans, répliqua-t-il.

Il paraissait un peu interloqué, ce qui m'impressionna. Toute personne susceptible de décontenancer Billy avait droit à mon respect.

— Je suis nouvelle, dit Alice. Je suis arrivée aujourd'hui.

— Et elle a déjà dégueulé, précisa Billy.

— Très bien, ma chérie. Je suis nouvelle, moi aussi.

— Où est Julie? demanda Théo.

— Rappelle-toi, dis-je, nous en avons parlé l'autre jour. Julie va travailler dans une autre école et Rosa va venir dans notre classe à partir d'aujourd'hui.

313

Théo fronça les sourcils. Visiblement, il ne se souvenait de rien.

— Comment ça se fait? demanda Phil.

— Parce que M. Christianson l'a décidé, répondis-je. Maintenant, faisons en sorte que Rosa se sente bien avec nous parce qu'elle va nous rejoindre chaque après-midi.

— D'accord, dit Billy en se tournant vers elle. Donc, tu sais chanter?

Rosa s'avéra être la personne dont nous avions besoin. Elle travaillait dans les écoles du secteur depuis des années, principalement dans des classes réservées aux enfants mentalement attardés. Elle avait donc de l'expérience et se sentait à l'aise. Elle était vivante, avait les pieds sur terre et exprimait ce qu'elle avait sur le cœur sans difficulté, mais avec gentillesse et bonne humeur. Et elle chantait. Un peu faux et résolument trop fort, mais elle s'intégrait au groupe.

— Mon Dieu, je n'ai jamais vu une classe comme celle-ci, où l'on chante à tout bout de champ, me dit-elle quand nous entonnâmes «High hopes» avec enthousiasme, en attendant que tout le monde eût repris sa place après la récréation.

— Tu aimes ça? demanda Jesse.

— Je pense que c'est cinglé, dit Alice.

— Dieu a ses petits anges qui chantent pour lui au paradis, répondit Rosa. J'ai l'impression d'avoir des petits anges qui chantent ici, sur la terre. C'est bien, non?

— Je pense que c'est complètement idiot, dit Alice.

— Pourquoi cela? demanda Rosa.

— Je ne connais pas les paroles.

— Moi non plus, dit Rosa. Je chante juste «la-la-la» en rythme. Cela suffit, tu ne trouves pas?

— C'est parfait, dis-je.

— Je trouve quand même que c'est idiot, dit Alice. Cette classe est vraiment bizarre.

— Eh bien, intervint Billy avec philosophie, tu as trouvé l'endroit qu'il te fallait, alors.

La journée, qui avait si mal commencé, se terminait sur une note plaisante. Pendant que j'accompagnais les enfants jusqu'aux bus et aux voitures qui les attendaient, Rosa se rendit dans la salle des professeurs et rapporta deux Coca dans la classe. Assises à une table, nous bavardâmes. J'appris qu'elle avait quarante-huit ans et était originaire d'un petit village de l'état de Chihuahua, au Mexique. Elle était arrivée aux Etats-Unis à l'âge de dix ans, comme travailleuse immigrée. Elle avait épousé Joe, mécanicien dans un garage, alors qu'elle était encore adolescente, et avait eu six enfants coup sur coup, parmi lesquels deux fois des jumeaux. Elle avait commencé à travailler en tant qu'assistante dans une école du secteur quand sa plus jeune fille était rentrée à la maternelle parce que ses horaires coïncidaient avec les siens. Ses enfants étaient grands, maintenant, et ils avaient fondé une famille, à l'exception de la plus jeune, qui devait se marier à l'automne.

— Elle est professeur, me dit fièrement Rosa. Trois de mes enfants le sont. Nous avons l'enseignement dans le sang.

En une demi-heure, j'en avais plus appris sur Rosa que sur Julie en six mois. Nous parlions encore lorsque Bob parut sur le seuil de la salle.

— Torey?

Je levai les yeux.

— Nous avons une réunion, dit-il en tapotant sa montre-bracelet. Dix-sept heures, avec les services sociaux. Au siège du comté.

Je lui lançai un coup d'œil interrogateur, puisque j'ignorais que nous avions ce rendez-vous.

— Vénus... dit-il. Ils veulent nous parler avant de s'adresser à la presse.

Bob et moi fûmes introduits dans une grande salle de conférence. C'était une pièce agréable, claire, décorée

315

dans les tons beige pâle. Une immense table ovale occupait les trois quarts de l'espace. Je reconnus plusieurs des personnes qui s'y trouvaient : le directeur des services sociaux, deux assistantes sociales que je connaissais parce qu'elles s'occupaient de la famille de Vénus. Il y avait les deux policiers, Millwall et Patterson, et beaucoup d'autres gens, parmi lesquels des policiers en uniforme. Quinze de ces personnes s'assirent autour de la table. D'autres arrivèrent après que les portes eurent été fermées et se tinrent le long des murs.

— Je vous ai réunis pour vous exposer officiellement la situation concernant Vénus Fox, dit le directeur. J'apprécie l'implication de chacun d'entre vous dans cette affaire, et je veux remercier tous ceux qui ont donné de leur temps.

Et puis nous sûmes le fin mot de l'histoire. Vénus avait été amenée à l'hôpital, inconsciente, le matin qui avait suivi les deux tempêtes de neige. Elle souffrait d'hypothermie et d'engelures. Sa mère avait dit aux médecins que Vénus était sortie et avait erré dans l'obscurité, la nuit de la tempête, ce qui expliquait son état. Lorsqu'on avait déshabillé Vénus pour la soigner, le personnel de l'hôpital avait remarqué qu'elle était sous-alimentée. Son corps était couvert de bleus et d'écorchures, qui laissaient à penser qu'elle était victime de sévices. Elle était passée à la radio et ils avaient découvert cinq fractures des os, à des étapes différentes de guérison, ce qui prouvait qu'elles étaient survenues sur une période assez longue. Ils avaient trouvé vingt-deux autres fractures plus anciennes, toutes guéries.

Le directeur s'exprimait lentement et calmement, tout en nous exposant les faits, tous les horribles petits détails : ce qui avait été cassé, ce qui était guéri ou non, où se trouvaient les petites écorchures qui indiquaient qu'on lui avait ligoté les mains, comment ses cheveux s'éclaircissaient parce qu'elle était mal nourrie.

J'étais assise, glacée, aussi incapable de bouger qu'un bloc de granit.

— Que vient faire l'hypothermie dans tout cela? demanda quelqu'un.

— J'y viens, répondit le directeur d'une voix patiente, comme s'il s'adressait à des écoliers un peu lents d'esprit.

C'est alors que nous découvrîmes que le pire était encore à venir. Si Vénus était en hypothermie, c'était parce qu'elle devait dormir nue dans la baignoire d'une salle de bains non chauffée. Celui qu'on suspectait de toutes ces horreurs était Danny, le petit ami de Teri. Pour toute défense, il avait prétendu que Vénus était incontinente et que la baignoire était le seul endroit qui lui convenait. Le directeur précisa qu'on avait pu prouver que Vénus dormait dans la salle de bains depuis plusieurs semaines et qu'apparemment on l'y enfermait la plupart du temps lorsqu'elle était à la maison. Elle ne semblait être nourrie que lorsque Wanda pensait à lui donner quelque chose. D'ailleurs, Wanda était sans doute la seule à s'occuper d'elle. Danny avait interdit aux autres enfants de l'approcher.

Après cela, je n'entendis plus rien. C'en était déjà trop. Mon cerveau ne pouvait plus rien emmagasiner. Je restai là, à fixer la table. Le fil du bois, c'était tout ce qui parvenait à se graver dans mon esprit. Plus jamais je n'entendrais le mot «sévices» sans l'associer au pin blanc et marbré, sous le polyuréthanne luisant de cette table.

Comment avions-nous pu ne pas interpréter tous les indicateurs de cette horrible maltraitance? C'était la seule question et elle m'obsédait. Sans doute était-ce la seule question que tout le monde se posait. Vénus avait été parmi nous — battue, torturée, affamée —, nous l'avions vue presque chaque jour et pourtant, nous n'avions rien compris. Elle avait été enfermée dans une salle de bains. Elle avait dormi nue. Elle avait été nourrie de miettes. Pendant des semaines? Des mois? Comment était-ce arrivé? Comment étions-nous passés de «quelque chose ne va pas chez cette petite fille» à cette horreur? Comment avions-nous pu la côtoyer sans nous douter de l'ampleur du problème?

Je sortis désespérée de cette réunion. J'éprouvais un grand vide intérieur, comme si toute ma moelle avait été aspirée hors de moi. Cela me surprit. Je n'imaginais pas être envahie par l'horreur, un jour. Ou l'écœurement. Celui qui fait vomir les gens, dans les films, lorsqu'ils assistent à quelque chose de trop affreux. Mais si l'horreur m'avait crucifiée pendant toute la réunion, ensuite j'éprouvai seulement un sentiment de perte. Perte de quoi? Je ne le savais pas exactement. De mon innocence, sans doute. De la certitude que, lorsque j'étais aux commandes du navire, ce genre de choses ne pouvait pas se produire. De la certitude que, d'une certaine façon, j'étais meilleure que ces gens dont on parle dans les journaux, qui n'ont pas su voir ce qui se passait autour d'eux. J'avais présumé que cela ne m'arriverait jamais. Et maintenant, c'était là. J'avais passé de nombreux moments dans la classe, à lire ou à regarder des cassettes avec Vénus, et c'était quand même arrivé. De tous ceux qui étaient présents à cette réunion, j'étais celle qui avait passé le plus de temps avec Vénus, celle qui était le plus à même de remarquer certains indices et j'étais la plus coupable de n'avoir rien vu.

30

Après la réunion, Bob et moi dînâmes ensemble. Sa femme, Susan, se joignit à nous en sortant du travail. Nous choisîmes un petit restaurant italien qui paraissait tout droit sorti d'un mauvais film des années soixante-dix : mandoline ringarde et trop bruyante, bougies enfoncées dans des bouteilles de Chianti sur des nappes à carreaux rouges et blancs. Mais la nourriture était bonne, le vin bon marché et servi à volonté.

Nous exposâmes à Susan brièvement le cas de Vénus, mais, parce que nous étions tous deux accablés, la conversation ne tarda pas à s'enliser dans une ornière. Nous ne cessions de ressasser les mêmes questions, principalement : «comment?» et «pourquoi?». Si l'on ne pouvait répondre à ces questions, il n'y avait pas grand-chose à ajouter. Nous finîmes donc par aborder d'autres sujets. Mais aucun n'était très gai. Susan avait une amie atteinte d'un cancer au cerveau qui en était au stade terminal. Nous en discutâmes. Le repas me rappela Rome et je demandai à mes amis s'ils y étaient allés. Ils dirent que non. Côté souvenirs d'enfance, la conversation ne démarrait pas vraiment non plus. Bob nous raconta comment, pendant son enfance, son père avait fait faillite. Il en avait conservé une crainte pathologique du manque d'argent.

Nous n'étions donc pas loin de parler pour ne rien dire.

Finalement, nous évoquâmes cette première année durant laquelle Bob et moi avions travaillé ensemble. Inévitablement, la conversation tourna autour de notre idéalisme, que nous ne reconnaissions pas comme tel à l'époque, puisque nous estimions au contraire être réalistes. Nous énumérâmes toutes les petites choses qui nous avaient fait évoluer au cours des années. Cette discussion servait à masquer le fait que moi, du moins, je maîtrisais encore ce concept, ayant cet après-midi même affronté le coup dur porté à tout ce qui me restait d'idéalisme.

Les avocats me déconseillèrent d'aller voir Vénus à l'hôpital. Ils pensaient que cette démarche pouvait entraver le cours de la justice. Elle pouvait me dire quelque chose, ou bien je pouvais induire un point de vue, ce qui rendrait leur tâche plus difficile. La confusion la plus totale régnait. Il y avait tant de parties concernées que j'avais du mal à obtenir une information fiable pour savoir ce qui se passait exactement, et faire la lumière sur ce que je pouvais faire. Les frères et sœurs de Vénus avaient tous été pris immédiatement en charge, ce qui impliquait leur dispersion car ils étaient nombreux. Tous quittèrent l'école en l'espace de quelques jours. Wanda disparut. J'appris qu'elle avait été placée dans un foyer pour enfants plus jeunes, puis qu'on l'avait envoyée dans une structure réservée aux adultes, située dans une ville voisine. Danny avait été inculpé, ainsi que Teri pour complicité. Ils étaient donc tous deux en prison.

Finalement, le mieux que je pus faire, pour rester en contact avec Vénus, fut de lui envoyer un cadeau à l'hôpital. Nous confectionnâmes un petit livret. J'avais demandé à chaque enfant de se dessiner lui-même, puis de rédiger un petit texte sur nos activités et enfin d'ajouter quelque chose de gentil sur Vénus, s'ils y parvenaient. Ensuite, nous reliâmes le tout avec un ruban, si bien que des pages supplémentaires pouvaient y être insérées. J'avais dans l'idée de lui envoyer au moins une page chaque jour, par la suite, afin de lui raconter ce qui se passait dans la classe.

Rosa aida Théo, tandis que je me chargeais de Phil. Ils firent juste leur portrait et inscrivirent : « Porte-toi bien. Reviens vite. »

« Je regrette que tu sois à l'hôpital, écrivit Billy, j'avais l'habitude de t'appeler *sikopat* et j'aurais pas dû. J'ai jamais voulu te blesser. J'espère que tu reviendras bientôt. On fait de la pâte à sel. Si tu as de la chance, je t'enverrai quelque chose. Je vais toujours dans mon autre classe. J'ai appris plein de choses sur les fourmis, là-bas. Si tu as de la chance, je t'enverrai un dessin. Elles sont dans une ferme. Seulement, c'est pas une vraie ferme, c'est une ferme pour fourmis. Tu voudrais pas te pencher dessus. Je t'embrasse. Billy. »

Jesse écrivit : « Chère Vénus, reviens. Tu nous manques. Je pensais que tu étais gentille, parce que tu faisais pas beaucoup de bruit. On a une nouvelle fille. Elle s'appelle *Aliss*. J'ai été à l'hôpital et on m'a enlevé les amygdales. Ça fait drôlement mal à la gorge, mais j'ai eu le droit de manger plein de glaces. Autant que je voulais. Peut-être tu pourrais en avoir. En classe, on fait rien d'intéressant. Tu ne manques rien. »

Et, évidemment, Alice apporta sa contribution : « Tu ne me connais pas. J'ai huit ans. J'aime les lapins, les écureuils, les chevaux et tous les autres animaux. Je n'aime pas les garçons et les œufs brouillés. Je suis petite pour mon âge. Je viens d'arriver dans cette classe. Je sais pas pourquoi je dois faire ça, puisque tu me connais pas et je te connais pas et que ça a l'air idiot. Je suis une fille et, comme ça, nous serons deux filles dans cette classe quand tu reviendras. Reviens ! Il y a trop de garçons !!!!! J'espère que tu te porteras mieux bientôt. Reviens vite. Ton amie. Alice. »

Nous vécûmes deux semaines d'attente troublée, pendant lesquelles nous eûmes peu de nouvelles et encore moins d'informations précises, parce que tout était maintenant entre les mains de la police et des magistrats. J'avais appris que Vénus était sortie de l'hôpital et qu'elle vivait dans une famille d'accueil, mais je n'en savais pas davantage.

Sam Patterson vint deux fois dans ma classe, après les cours, et nous parlâmes de mes tentatives auprès de Vénus. Elle examina le peu de choses qui me restaient du passage de Vénus parmi nous. Vénus avait fait preuve d'une telle inertie que je n'avais aucun travail, aucun dessin d'elle accroché aux murs, comme c'était le cas pour les garçons. Il n'y avait pas grand-chose à montrer, sinon sa table et l'épée de Sheera.

En une autre occasion, Bob et moi rencontrâmes le juge d'instruction chargé de l'affaire. Il examina mes registres, qui mentionnaient clairement les nombreuses absences de Vénus et l'exaspération que j'en ressentais. Il me parla de ce que j'avais tenté de faire avec elle. Il nous dit sa frustration parce que Vénus ne parlait toujours à personne. Je lui demandai s'il savait ce qu'était devenue Wanda. Il l'ignorait. Bob lui demanda à son tour s'il avait été prouvé que Wanda était bien la mère biologique de Vénus. Il acquiesça, d'un bref mouvement du menton.

— Cette famille n'est guère prometteuse, n'est-ce pas? marmonna-t-il d'une voix lasse.

Bob approuva de la tête. Quant à moi, je me fis la réflexion qu'on étiquetait facilement les gens en quelques phrases. Mais, lorsqu'on tentait d'agir différemment, on avait bien du mal à accomplir quoi que ce fût.

Et puis un vendredi matin, environ dix jours plus tard, il y eut un bruit de pas lourds dans l'escalier. J'étais debout sur une chaise, en train d'accrocher le planning du mois de mai, lorsque je l'entendis. Je m'arrêtai et me tournai vers la porte, pour comprendre ce que c'était. Il n'était que huit heures vingt, quinze minutes avant que la sonnerie ne signalât aux enfants qu'ils devaient rentrer en classe.

A travers la porte vitrée, je vis apparaître la tête de Bob. Il portait quelque chose. Il y eut un choc contre la porte, qui s'ouvrit. Un fauteuil roulant franchit le seuil de la salle, suivi de Bob. Il portait Vénus dans ses bras.

— Je t'amène quelqu'un, m'annonça-t-il gaiement.

— Bonjour, dis-je en descendant de mon perchoir.

Bob installa Vénus dans son fauteuil. Elle n'était plus la même par bien des aspects. Ses longs cheveux emmêlés avaient été coupés court, à la garçonne. La couche épaisse de saleté avait disparu, ainsi que les croûtes et l'impétigo. Elle portait une jolie petite tenue, constituée d'un haut de tissu vichy vert et d'un pantalon vert, avec une garniture de dentelle assortie. Ses pieds bandés disparaissaient dans des pantoufles en formes de chien.

A cause des engelures, elle avait perdu des doigts à chaque pied. Elle aurait dû être debout et marcher à l'aide de béquilles, mais elle n'avait pas encore essayé. J'imaginais aisément pourquoi. Passive comme elle l'était auparavant, je devinais combien il devait être difficile d'engager une rééducation physique avec elle. Par conséquent, elle était réduite au fauteuil roulant.

Quand Bob fut parti, je m'agenouillai auprès d'elle.

— Je suis contente que tu sois revenue, lui dis-je.

J'hésitai un instant. Que lui dire ? Je voulais m'excuser. Désespérément. Je voulais qu'elle sache que je regrettais mon aveuglement, que je regrettais d'avoir concouru à sa souffrance, même sans le vouloir. Il s'agissait d'exprimer ma culpabilité, et ce n'était pas facile. L'espace de quelques minutes, un silence gêné s'établit entre nous.

— Je suis désolée que tant de mauvaises choses te soient arrivées, dis-je très bas. J'espère qu'à partir de maintenant, tout ira mieux pour toi.

Elle me fixa sans répondre.

— Tes pieds te font encore mal ? demandai-je.

Elle jeta un coup d'œil à ses chaussons, puis elle revint à moi. Elle ne répondit pas.

— Peut-être seront-ils guéris bientôt, dis-je. Mais, pour l'instant, je vais te porter jusqu'à ta table. Je vais te montrer ce que nous faisons en ce moment.

Les enfants furent ravis.

— Eh, tu es revenue ! cria Billy. Cool ! Un fauteuil roulant ! Je peux m'asseoir dedans ?

— Pourquoi tu as un fauteuil roulant ? demanda Jesse.

Il contourna la table de Vénus, se pencha et regarda en dessous.

— Qu'est-ce que tu t'es fait aux pieds ?

Théo et Phil passèrent à toute allure.

— J'ai un cadeau pour toi ! s'exclama Théo.

Il courut vers son panier.

— Regarde ! Je l'ai fait pour toi.

Il sortit un morceau de papier crépon tout chiffonné. La semaine précédente, nous avions confectionné des tulipes en papier, c'était visiblement de là qu'il avait tiré son idée, mais ce n'était qu'un morceau de papier rose.

Il le mit sous le nez de Vénus.

— C'est une fleur, déclara-t-il. Je l'ai faite pour toi.

Il la posa sur la table.

Phil, légèrement surexcité, martela de ses poings la table de Vénus, puis il sauta sur la sienne. Je le fis descendre.

Alice s'approcha d'un pas nonchalant.

— Les souvenirs des jours enfuis permettent de ressusciter le passé, dit-elle.

— Alice, pourquoi ne pas te présenter toi-même ? suggérai-je.

— La douleur et la terreur d'être si imparfait ne s'en iront jamais.

— Très bien. Plus tard, peut-être.

Je ne comprenais toujours pas les phrases étranges d'Alice, mais elle semblait poussée à les dire quand l'émotion menaçait, aussi n'insistai-je pas.

La matinée se passa normalement. J'eus recours au système des feux pour stabiliser les enfants, parce qu'il régnait dans la classe une atmosphère de fête. Ce n'était pas tant la présence de Vénus qui suscitait cette excitation que son fauteuil roulant. Tout le monde voulait l'essayer ou le pousser. Par ailleurs, c'était une journée de printemps très ensoleillée et chacun sentait l'approche de l'été. Aussi je dus souvent élever voix pour que tout rentrât dans l'ordre.

Au fond, je m'attendais sans doute à ce que Vénus fût différente. J'espérais une sorte de bouleversement cataclysmique survenu pendant les semaines passées parce que c'était ainsi que je l'avais imaginée durant tout ce temps. Mais je me trompais. Elle était silencieuse et passive, comme avant. S'il y avait une modification, c'était qu'elle était plus silencieuse et plus passive encore qu'auparavant, puisqu'elle permettait aux garçons de bondir autour de son fauteuil d'une façon qui aurait provoqué sa fureur autrefois. Elle restait assise, immobile, le visage pétrifié.

La différence résidait dans une intimité forcée. Je devais la porter en bas ou en haut de l'escalier car nous ne voulions pas utiliser le petit ascenseur poussif qui se trouvait à l'autre extrémité du bâtiment. Je devais l'amener aux toilettes. Cela m'obligeait à me demander quand elle en avait besoin car, bien sûr, elle ne le disait pas. Aussi, à chaque interruption des cours, je l'emportais aux toilettes, l'aidais à retirer ses vêtements et la déposais sur la cuvette, après quoi je l'en retirais.

Je trouvais étrange de devoir intervenir pour des actes aussi privés et j'avais le sentiment de franchir des limites interdites, mais je n'avais pas le choix. Alors, je m'efforçai de lui transmettre de la douceur, en lui donnant le sentiment que quelqu'un se souciait de son corps. Je vou-

325

lais qu'elle sût combien il était important pour moi qu'elle ne fût pas bousculée, qu'on ne lui ôtât pas brutalement ses vêtements ou qu'elle ne subît pas trop longtemps le désagrément d'une vessie trop pleine. Il devint crucial à mes yeux qu'elle sût que le monde était rempli de gens comme moi, différents de ceux qu'elle avait connus.

Voulant revenir le plus vite possible à une forme de normalité, je descendis chercher Vénus à l'heure du déjeuner, dès que j'eus fini mon repas. Son fauteuil roulant avait été poussé dans la cour et l'une des surveillantes se trouvait auprès d'elle.

— Tu veux monter? demandai-je.

Vénus leva les yeux vers moi. Ils étaient énigmatiques. Son expression était totalement insondable.

J'attendis une réponse. Rien.

— Tu veux monter et regarder une cassette? demandai-je.

Pas de réponse.

— Bon, pourquoi ne pas essayer?

Je pris les poignées du fauteuil et la poussai à l'intérieur.

Nous nous dirigeâmes vers l'ascenseur, que nous attendîmes un instant. Il était vraiment poussif. J'aurais pu monter l'escalier deux ou trois fois tandis que nous patientions.

— Ce sera bien quand tu pourras marcher de nouveau, dis-je.

Nous sortîmes de l'ascenseur et je fouillai dans ma poche, en quête de la clé.

— Cet ascenseur est pénible, ajoutai-je.

J'ouvris la porte et poussai Vénus à l'intérieur de la salle.

— On regarde une cassette? J'en ai une nouvelle. Une amie me l'a donnée.

Pas de réponse.

326

Je sortis la cassette d'un tiroir de mon bureau et la lui tendis. Pas de réaction. Vénus ne manifesta aucune intention de la prendre.

— C'est dur de recommencer, hein?

Pas de réponse.

Je posai la cassette sur ses genoux.

— Je suis désolée, dis-je.

Elle ne bougea pas.

Je m'agenouillai près du fauteuil et posai ma main sur sa joue pour tourner son visage vers moi.

— Je suis désolée de ne pas avoir compris ce qui t'arrivait, Vénus. Je suis désolée de ne pas t'avoir aidée davantage.

Nos yeux se rencontrèrent. Elle me fixait. C'était un long regard scrutateur, qui ne me lâchait pas.

— Je ne savais pas. Pas vraiment. Je ne savais pas que tu avais de tels problèmes, dis-je. Si je l'avais deviné, j'aurais pu tenter de t'aider. Je suis vraiment, vraiment désolée de ne pas l'avoir fait.

Silence. Elle m'observa encore un moment, puis elle baissa les yeux et regarda ses mains, sur ses genoux. Jusque-là, elles étaient jointes. Maintenant, elle les tordait. Silence. Je ne savais plus que dire. Je ne savais même pas ce que j'allais faire.

Elle leva les yeux.

— Est-ce que tu as toujours mon épée? murmurat-elle d'une voix enrouée.

— Oui. Tu veux que j'aille la chercher?

Elle hocha la tête.

Je traversai la pièce. J'avais mis l'épée en haut d'une armoire, parce que je craignais qu'elle ne fût abîmée par les garçons. Je grimpai donc sur une chaise et descendis l'épée. Elle était un peu poussiéreuse.

— Accorde-moi une minute, je vais l'essuyer.

Je pris un chiffon, sous l'évier. Je frottai les billes colorées de façon à les faire étinceler.

— Voilà!

Je lui tendis l'épée. Vénus la prit. Ses gestes étaient extrêmement lents. Elle s'en empara, la rapprocha de sa poitrine et la souleva, le tout au ralenti. La saisissant par la poignée, elle fit courir son autre main sur les motifs qui ornaient la lame. Son expression était indéchiffrable. Puis elle la tendit devant elle, accomplissant ainsi le mouvement le plus large que je lui avais vu faire depuis son retour. Toujours très lentement. C'était une lenteur réfléchie, aurait-on dit. Une lenteur méditative. Comme si elle voyait cette épée pour la première fois et essayait de la mesurer.

— Par l'honneur du Crâne ancestral, dis-je tranquillement, puis je lui souris.

Elle me regarda. L'épée était toujours tendue devant elle, mais Vénus s'immobilisa pour poser les yeux sur moi.

Je lui souris. Pas elle. Elle se contenta de me fixer un moment, puis elle baissa les yeux et, lentement, baissa l'épée et la déposa sur ses genoux. Elle plaça son autre main dessus, puis elle serra l'épée contre son cœur, comme pour la bercer.

— Ça ne marche pas, dit-elle très bas.

Je la regardai.

— Ça ne marche pas vraiment.

31

Rosa fut ravie de voir Vénus.

— Regardez-la! N'est-elle pas jolie? N'est-ce pas la plus ravissante petite fille que j'aie jamais vue, assise là dans son bel ensemble vert? Tu ressembles à une petite fée des prés!

Vénus la fixait.

— Je te présente Rosa, dis-je. Elle nous aide l'après-midi. Tu te rappelles Julie? Julie travaille dans une autre école, désormais. Rosa vient tous les jours.

Pas de réponse. Pas même un battement de cils.

— Et je vais t'aider toi, petite fleur, précisa Rosa avec chaleur. Nous devons faire du calcul aujourd'hui, non? Un exercice de calcul? Parce que c'est ce que je vois dans ton classeur.

Rien. Pas de réponse.

Alice était persuadée de faire partie de la vie de Vénus.

— Moi et elle, on va être de très bonnes amies, dit-elle en entrant dans la classe après le déjeuner. On peut s'asseoir à la même table?

— Jusqu'à maintenant, tout allait mieux quand chacun était assis à une table différente, répondis-je.

— Pourquoi? Pourquoi ça? demanda Alice. Je l'ai remarqué dès que je suis arrivée. Cinq enfants et cinq tables. Maintenant, six enfants et six tables. Pourquoi nous tous, on serait pas assis ensemble et quand d'autres enfants viendraient d'autres classes, ils prendraient les autres tables? Alors, moi et elle, on pourra être ensemble parce qu'on est des amies. Hein? Comment tu t'appelles, déjà? Toi, là?

Vénus ne tourna même pas la tête.

— Tu sais ce que je voudrais savoir? demanda Billy. Qu'est-ce qui est arrivé aux Ecureuils?

— Les écureuils? s'étonna Alice.

— Ouais. Il y a longtemps, on était tous des Ecureuils, ici. C'était une sorte de club qu'on avait fait, et il n'y avait que nous à en faire partie, pas les autres élèves qui viennent des autres classes. Pourquoi on a arrêté?

Maintenant que Billy abordait le sujet, je m'aperçus qu'en effet nous avions oublié les Ecureuils. Sans doute au moment où j'avais mis en place le système des feux. C'était à peu près à cette époque que nous avions commencé à chanter et le chant nous avait soudés, bien plus que le gang des Ecureuils n'avait réussi à le faire.

Les enfants se mirent à bavarder.

— Dites donc, la bande, fis-je, il est temps de se mettre au travail.

— Mais on peut pas refaire les Ecureuils? demanda Billy.

— Nous en parlerons plus tard. Un peu avant la sortie, au moment de notre discussion quotidienne. Pour l'instant, ouvrez vos classeurs.

— Mais je peux m'asseoir avec cette fille? demanda Alice, déjà debout. On peut faire ça?

— Oui, renchérit Billy, est-ce qu'on peut faire ça? Pourquoi on mettrait pas les tables autrement? Ça fait une *éternité* qu'on est comme ça!

Il avait bien appuyé sur le mot «éternité», comme si je les avais soumis à la torture en ne changeant jamais la disposition des tables.

Je souhaitais les faire travailler, pourtant je ne pus m'empêcher d'entrer dans la discussion.

330

— La dernière fois que nous avons mis plus d'une personne par table, nous n'avons eu que des bagarres.

— Ouais. Et la dernière fois que nous avons mis une personne par table, c'était il y a million d'années, dit Billy. On aurait dit des siècles. Dans ma classe spéciale, on s'assoit où on veut. Tous les jours. Je peux m'asseoir à côté de quelqu'un d'autre chaque fois que j'en ai envie.

— Dans ta classe spéciale, les élèves ne tentent pas de s'entre-tuer, répondis-je.

— Ici non plus, remarqua Alice.

Il me vint à l'esprit qu'elle avait raison. Nous n'étions plus le même groupe que celui que nous étions lorsque j'avais attribué une place à chacun.

— Ouais ! s'exclama Billy. Alors, tu veux bien, dis ?

Jesse fit chorus :

— Oui, moi aussi, j'en ai envie !

— Ouais. Moi et Jesse. Elle et elle. Et les jumeaux ensemble. Ça marche ! S'il te plaîîîît ? gémit Billy.

Je fis la grimace.

— Très bien, c'est d'accord. Nous allons essayer. Chacun s'assoit à la place de son choix.

Les jumeaux, qui n'avaient pas cessé de batifoler pendant toute la discussion, tournèrent vers moi des visages surpris quand les autres se levèrent.

— Eh, vous deux, vous voulez être l'un à côté de l'autre ? demanda Billy. Tu veux te mettre là, Théo ?

— Comment ça se fait ?

— Il n'est pas obligé, Billy. Théo, chacun peut choisir sa place. Si tu veux en changer, tu as le droit.

— Je veux être à côté de Billy ! cria Théo.

— Ouais, moi aussi ! s'exclama Phil.

Tout d'un coup, ils étaient quatre à la même table.

— Du coup, je ne crois pas que ça va marcher, remarquai-je.

— Pourquoi pas ? demanda Jesse.

— Vous allez vous disputer si vous êtes tous ensemble, voilà pourquoi.

— Comment tu le sais ? protesta Billy. Tu ne nous fais jamais confiance. Tu n'essaies pas de voir si on peut être sages. Tu penses seulement qu'on sera méchants. Tu supposes, voilà ce que tu fais.

— C'est parce que je vous connais bien, répondis-je. Mes suppositions ne sont pas trop risquées.

Billy se pencha par-dessus la table, vers les jumeaux.

— Ecoutez-moi, vous deux ! Vous pouvez être de sales petits cons, parfois, et cela porte sur les nerfs de la dame. Est-ce que vous pouvez vous tenir tranquilles et bien vous conduire, si en échange vous avez le droit de rester ici ?

Les deux garçonnets ouvrirent de grands yeux.

— Alors, vous pouvez ?

— Ouais, dit Théo.

— C'est promis ?

Théo et Phil acquiescèrent solennellement.

— Tu vois ? me dit Billy. Permets-leur de rester, alors.

Jesse se mit à pouffer.

— Sinon, Billy va les boxer !

Bill lui donna une tape amicale sur l'épaule.

— C'est toi que je vais boxer, mon pote.

Pendant ce temps, Alice s'était installée à la table de Vénus. Elle choisit la chaise qui se trouvait juste à côté du fauteuil roulant.

— J'ai huit ans, dit-elle. Le 28 janvier, c'est mon anniversaire. Quel âge tu as ?

Vénus était assise, la tête baissée. Elle ne leva même pas les yeux vers Alice.

— J'ai des crayons brillants, dit celle-ci en fouillant dans sa trousse. Tu peux te servir de celui-là, si tu veux, continua-t-elle en en posant un devant sa voisine. Tiens, c'est pour toi.

Pas de réponse.

— Prends-le, je te le donne.

Pas de réponse.

— Il y a une déesse qui porte le même nom que toi, dans la mythologie. Tu le savais ?

332

Pas de réponse.

— C'est la déesse de la beauté. Tu vois, tu as un nom célèbre. J'ai jamais entendu quelqu'un d'autre s'appeler comme ça, à part toi et elle.

Pas de réponse.

— Tu as de la chance. Plus de chance que moi. Tout le monde pense à *Alice au pays des merveilles* quand je dis comment je m'appelle. Ils me disent tous : «Tu as vu le lapin blanc, ces derniers temps?» Et je déteste ça. J'en ai marre que les gens disent ça.

Vénus ne réagissait toujours pas. Elle fixait ses genoux. Alice se pencha vers elle.

— Pourquoi tu parles jamais?

— Alice, intervins-je, Vénus n'aime pas qu'on soit trop près d'elle.

— Ouais, dit Billy, elle va t'en coller une.

Il abattit son poing dans le creux de sa paume.

— Elle me l'a fait, à moi. Hein, Vénus? Au début, c'était une vraie bombe atomique. BOUM! hurla-t-il très fort.

— Cela suffit, Billy.

Les jumeaux n'y résistèrent pas.

— BOUM! cria Théo en se levant d'un bond.

— BOUM! répéta Phil.

— BOUM! conclut Billy, pour faire bonne mesure.

Il me jeta un coup d'œil espiègle, puis il feignit de s'absorber dans le contenu de son classeur.

Alice poussa un gros soupir.

— Un monde de tombes et de cimetières, murmura-t-elle. Un monde de frayeurs et de pleurs.

Jesse me sourit d'un air béat.

— Tu sais quoi? J'adore cette classe.

Il était inutile, désormais, de surveiller Vénus pendant les récréations. D'ailleurs, on avait renvoyé les assistantes engagées pour la surveiller à l'heure du déjeuner. Vénus ne constituait plus une menace pour personne. Cependant, je décidai de reprendre nos entretiens. Aussi, quand les autres dévalèrent l'escalier pour aller en récréation, je les confiai à la garde de Rosa et restai dans la classe.

— Tu veux aller aux toilettes ? demandai-je.

Autant se débarrasser de cette corvée le plus vite possible, pensai-je.

Vénus me regardait. Il me vint à l'esprit qu'à un moment donné, tout comme les autres, autour d'elle, j'avais cessé d'attendre d'elle une réponse. Après toutes ces années où j'avais travaillé avec des enfants qui pouvaient parler mais se taisaient par choix — un trouble d'origine psychique, bien entendu —, j'aurais dû avoir une meilleure approche du refus de parler. Pourtant, je m'étais habituée à son silence. Cependant, elle pouvait parler, elle l'avait prouvé. Après cette coupure, après le traumatisme qu'elle avait subi, nous pouvions établir notre relation sur de nouvelles bases. Aussi, lorsqu'elle ne me répondit pas, cette fois-ci je n'abandonnai pas. Au lieu de cela, j'attendis, retenant son regard du mien.

Elle baissa les yeux.

— Vénus, est-ce que tu veux aller aux toilettes maintenant ?

Silence.

— Tu sais que ce sera plus facile si tu parles. Je sais que tu n'y es pas habituée. Je suis certaine que c'est un peu effrayant de commencer. Mais ce serait mieux si tu parlais. Alors, est-ce que tu veux aller aux toilettes maintenant ?

Pas de réponse. J'attendis. Silence. J'attendis.

Le silence est une drôle de chose. La plupart d'entre nous ne le supportent pas longtemps. Pour la plupart, nous ressentons de la gêne au bout de quatre-vingt-dix secondes. Une des ruses que j'avais utilisées, pour lutter contre le refus de parler, c'était d'apprendre à me sentir à l'aise même si le silence se prolongeait davantage. Il s'agissait de maintenir l'attention de chacun sur la conversation et risquer une question si la concentration s'avérait défaillante. Mais il ne fallait pas essayer de remplir les blancs sans nécessité. Aussi, je continuai à attendre. Finalement, elle hocha imperceptiblement la tête.

Si je repartais de zéro avec Vénus, autant aller jusqu'au bout. Inutile de craquer à mi-chemin. C'était tentant, évidemment. Pauvre enfant, qui revenait à l'école après avoir subi de graves sévices physiques, qui souffrait encore de ses blessures. Il était très, très tentant de lui manifester de la sympathie, d'encourager les plus petits gestes et de s'en réjouir. J'étais partagée. Bien sûr, j'avais envie de me comporter ainsi. Mais une voix plus forte, en moi, disait : « C'est maintenant, ou jamais. » Pour son bien, autant que pour le mien, Vénus devait commencer à répondre de manière fiable, de préférence verbalement, et, puisqu'elle était capable de parler, je ne pensais pas trop en demander.

Aussi, j'insistai.

— Excuse-moi, mais je n'ai pas entendu ta réponse.

Silence.

— Tu veux aller aux toilettes maintenant, Vénus ?

Elle hocha plus fermement la tête.

— Pardon ?

Pas de réponse.

— Je suis désolée, mais je n'ai rien entendu.

Elle hocha la tête, de façon très claire cette fois.

— Pardon ?

Vénus leva vers moi des yeux troublés. Elle ne comprenait visiblement pas que je sois obtuse à ce point.

Je mis ma main en coupe autour d'une de mes oreilles, et je me penchai.

— Pardon ? Je n'ai pas entendu.

Elle hocha franchement la tête, les yeux rivés sur moi.

— Je ne t'entends pas.

Silence. Ses yeux allèrent de ses genoux à moi, revinrent à ses genoux.

— Oui, dit-elle doucement.

— Un peu plus fort, s'il te plaît.

— Oui.

Elle n'avait pas donné toute sa voix, mais elle n'en était pas loin. Je souris.

— Tu veux aller aux toilettes?

— Oui.

— Très bien, je t'y emmène.

En côtoyant des enfants qui refusaient de parler, j'avais découvert qu'une fois qu'ils avaient commencé, il fallait le leur demander à intervalles réguliers, jusqu'à ce que ce fût acquis. Aussi, dès que nous fûmes aux toilettes, je serrai les freins du fauteuil roulant et je dis :

— Tu penses que tu peux rester assez longtemps debout pour que je puisse baisser ton pantalon?

En effet, lors de notre précédente visite aux toilettes, j'avais éprouvé de la difficulté à déshabiller un enfant de sa taille.

Pas de réponse.

— Pardon?

Pas de réponse.

Je m'assis sur mes talons. Vénus me regarda.

— Tes pieds te font très mal?

Pas de réponse.

J'attendis. Rien. J'attendis plus longtemps.

Elle hocha lentement la tête.

— Pardon?

Pas de réponse.

— Pardon?

— Oui, dit-elle enfin à vois basse.

Et cela continua ainsi. Phrase après phrase. Question après question.

— C'est fait?

— Veux-tu que je t'aide à t'essuyer?

— Est-ce que tu peux remonter ta culotte toute seule, si je t'aide à tenir debout?

— Est-ce que tu peux mettre tes mains sous le robinet?

— Veux-tu que je te donne une serviette de papier?

Elle répondit à toutes. Finalement. Cela nous prit plus que les vingt minutes de la récréation. Les enfants avaient regagné leurs places depuis dix minutes quand nous retournâmes en classe. Rosa avait déjà commencé le cours d'art plastique et ils étaient penchés sur leurs œuvres.

— Regarde ce que je fais! cria Alice en montrant l'argile qu'elle était en train de modeler.

Je poussai le fauteuil de Vénus jusqu'à sa table.

— Tu veux de la terre glaise? lui demandai-je.

Pas de réponse.

— Pardon?

— Oui, dit-elle.

Et je lui en donnai.

32

En raison de l'importance de ses problèmes, à la fois physiques et affectifs, Vénus avait été placée dans une famille d'accueil dont les parents étaient particulièrement qualifiés pour recevoir ce type d'enfant. Ses frères et sœurs avaient été dispersés dans plusieurs foyers de la ville. Wanda habitait dans un centre spécialisé pour adultes et travaillait dans un atelier réservé aux handicapés.

Mme Kivie, la mère adoptive de Vénus m'impressionna beaucoup. Elle vint me voir au bout de la semaine qui suivit le retour de Vénus. Son mari et elle avaient l'expérience des enfants victimes de sévices, même sans les problèmes affectifs de Vénus, aussi se sentait-elle apte à gérer la situation. Plus important encore, elle témoignait d'une authentique chaleur quand elle lui parlait ou l'aidait. On sentait que ses gestes affectueux n'étaient pas destinés à faire bonne figure devant l'institutrice. Ses sourires, ses paroles, ses caresses étaient vraiment adressés à Vénus.

Dans un environnement aussi favorable, nous espérions tous que Vénus allait s'épanouir rapidement. Bien soignée, soutenue, encouragée pour la première fois de sa vie, elle pouvait désormais accomplir les progrès que les circonstances lui avaient auparavant interdit de faire.

Pourtant, les premières semaines de mai passèrent sans que l'on pût rien noter de ce genre.

Vénus parlait, désormais, mais le changement n'était pas spectaculaire. On devait lui arracher chaque mot. Elle ne répondait jamais sans laisser passer de longs silences, que ce fût en classe ou en tête à tête avec moi. Elle ne s'exprimait jamais spontanément. Elle répondait quand on s'adressait à elle et prononçait rarement plus d'un mot. C'était le seul progrès évident que nous avions fait. Rien d'autre n'arriva. Vénus demeurait fermée, passive et, si on m'avait demandé de qualifier son comportement, j'aurais dit qu'elle était déprimée.

Déprimée ? Dès que j'y eus pensé, je me dis que c'était bien cela. C'était bien ainsi que la dépression devait se manifester. Cela me prit par surprise, non seulement parce que cela ne correspondait pas au contexte — pourquoi aurait-elle été déprimée à ce moment-là, alors que tout allait mieux ? —, mais aussi parce qu'elle avait toujours été tellement «repliée sur elle-même» qu'auparavant, déjà, on aurait pu y penser. Pourtant, avant son hospitalisation, je n'avais jamais envisagé une telle possibilité. En dépit de son attitude souvent catatonique en classe, on sentait la vie en elle. Elle s'exprimait par ses violentes réactions envers les garçons ou lorsqu'elle jouait à Sheera avec moi.

Mais maintenant, plus rien. Vénus ne voulait plus regarder les cassettes. Elle ne réagissait plus à nos jeux de la même façon enjouée. Elle était plus facile et plus douce en classe, elle travaillait davantage. Plus rien ne rappelait son ancien comportement dangereux, lorsqu'elle passait à l'attaque sans avoir été provoquée. Je souhaitais qu'elle fît des progrès, mais pas à ce prix.

Le jour où cette idée me vint, je passai au secrétariat après les cours et appelai Ben Avery, le psychologue scolaire. Comme la plupart de ses confrères, il était bien trop occupé pour venir voir Vénus sur-le-champ. Il avait la charge de deux cents écoliers et devait superviser, dans tout le secteur, les tests d'évaluation qui avaient toujours lieu en mai. Pourtant, il n'était pas question pour lui d'abandonner une enfant qui avait besoin d'un bilan psychologique. Il me promit de passer dès qu'il le pourrait. Nous en profitâmes pour bavarder quelques instants. Il me dit qu'une dépression n'avait rien d'étonnant après toutes les perturbations qui venaient de survenir dans la vie de Vénus. Je m'étonnai qu'un changement aussi favorable, d'un environnement épouvantable à une famille chaleureuse, pût provoquer une dépression. Ben me répondit quelque chose à propos des bizarreries de l'esprit humain.

J'en parlai un peu plus tard à Bob. Je savais que Vénus avait besoin d'une aide psychologique. Mon statut d'enseignante ne me permettait pas d'avoir de plus amples informations, mais je pensais qu'il pourrait en obtenir et me les transmettre.

En dernier lieu, je téléphonai à Mme Kivie. Je lui dis m'inquiéter pour Vénus, qui me paraissait particulièrement abattue. Je lui parlai de dépression. Elle me répondit qu'en effet Vénus lui paraissait très passive, mais d'après son expérience avec les enfants victimes de sévices, ce n'était pas inhabituel. Il leur fallait du temps pour intégrer tous ces changements. Elle m'apprit en outre que Vénus était suivie par un psychiatre de l'hôpital et que celui-ci avait bien conscience du problème. Selon elle, c'était tout ce que nous pouvions faire.

Et, apparemment, elle avait raison. Personne n'avait d'avis particulier sur l'aide qu'il convenait d'apporter à Vénus pour qu'elle franchît ce nouvel obstacle. Je ne trouvai donc rien de mieux que d'être encourageante et patiente, de continuer à lui donner de petits coups de pouce chaque fois que je la sentais trop bloquée pour tenter quoi que ce fût.

De façon inattendue, ma meilleure alliée fut Alice. Alice n'était pas rebutée par l'attitude lointaine de Vénus.

Pour quelqu'un qui a l'habitude de parler à sa main, s'adresser à une personne, même si elle vous ignore complètement, constitue sans doute un progrès. Aussi, Alice ne cessait-elle de bavarder gaiement et d'interagir avec Vénus, même si cette dernière ne participait à rien. Sur le plan scolaire, Alice était particulièrement performante. Elle pouvait expédier son travail à toute allure, avoir une petite discussion avec Mimi et, ensuite, s'arranger pour que Vénus fît ce qu'elle avait à faire.

— Eh! Tu veux faire ça? demandait-elle. Je vais t'aider.

Elle ouvrait le classeur de Vénus et prenait les choses en main, quoi que ce fût.

— Regarde! Un exercice de calcul, des additions. Tu veux que je t'aide?

Alice poussait alors sa chaise près de Vénus et posait Mimi sur la table, paume ouverte.

— Deux plus trois, disait-elle. Voilà comment tu dois t'y prendre. Mimi, montre-nous le trois. Là. Il y a trois doigts. Maintenant, tu en comptes deux de plus. Ça fait cinq. Tu vois? Tu comprends comment il faut faire?

Souvent, Vénus ne prononçait pas un mot. D'ailleurs, non seulement Alice faisait tous les frais de la conversation, mais elle faisait aussi tous les exercices de calcul. Pourtant, elle accomplissait une prouesse : sous sa houlette, Vénus inscrivait les résultats.

— C'est toi qui écris, disait Alice, Mimi est occupée, parce que c'est elle qui fait les comptes. Toi, tu écris.

Et Vénus prenait le crayon et écrivait le résultat.

Je les laissais faire. En apparence, aucune des deux filles ne faisait ce qu'elle était censée faire. Alice passait beaucoup plus de temps sur le travail de Vénus que sur le sien et Vénus n'accomplissait pas grand-chose par elle-même, mais il se passait quelque chose entre ces deux-là. Bien que Vénus parût ignorer totalement Alice, j'aurais juré qu'il n'en était rien. Elle écrivait vraiment ce que lui dictait Alice. Elle ne s'écartait pas d'Alice comme elle le faisait quand un des garçons s'approchait d'elle. Et, lorsque Alice était absorbée dans ses propres activités, ou qu'elle était lancée dans une grande conversation avec Mimi, je voyais souvent Vénus l'observer furtivement. Vénus ne bougeait que les yeux, jamais la tête, mais elle était bien en train d'observer.

Au début de l'année, en raison de l'agressivité des garçons, nous n'avions pas tenu de réunions matinales comme j'en avais eu l'habitude auparavant avec mes précédentes classes. A cette époque, ils étaient incapables de rester assis si longtemps sans tenter de s'entre-tuer, aussi expédiais-je rapidement l'appel et les formalités du même genre pour passer à des activités qui me permettaient de les maintenir à au moins trois mètres les uns des autres.

Ce temps réservé à la discussion me manquait beaucoup. C'était une bonne transition entre la maison et l'école. En outre, cela donnait aux enfants l'occasion de s'exprimer sur ce qui avait pu arriver chez eux, les chagriner ou les énerver. Cette porte ouverte à la communication permettait ensuite de mieux gérer les difficultés qui pouvaient se présenter en classe. Je préférais ce fonctionnement démocratique à l'autocratie bienveillante. Mais les garçons étaient beaucoup trop agités pour cela.

A mesure que l'année s'écoulait et que les enfants se stabilisaient, nous en étions venus à pratiquer ce qui équivalait à des discussions matinales. Quand le système des feux avait commencé à produire des effets bénéfiques, ils terminaient souvent leur travail un peu avant la sonnerie, ce qui leur laissait dix à quinze minutes de loisir. Pour maintenir le calme, je leur avais demandé à chacun de me dire une bonne et une mauvaise chose qui leur étaient arrivées dans la journée. Ils aimaient beaucoup cela. Billy, bien entendu, avait demandé à recommencer le lendemain et bientôt nous avions institué, en fin de journée, une séance régulière de débriefing, comme nous l'appelions.

Le débriefing prit de l'ampleur. Nous disions toujours la meilleure et la pire chose de la journée, mais nous abordions d'autres sujets. J'avais introduit certaines discussions nécessaires sur la propriété de chacun, la prise en compte du point de vue d'autrui ainsi que les problèmes d'éthique soulevés par certains codes en usage, en récréation par exemple, tels que : «Celui qui le trouve le garde, et tant pis pour celui qui l'a perdu.»

Nous calmâmes des disputes pour savoir à qui appartenait un livre de lecture, s'il était exactement pareil à un autre. Nous choisîmes le lieu où l'on pouvait déposer ses baskets pour éviter d'empester la classe. Nous définîmes ce que signifiait : «Il me regarde bizarrement.» Nous préparâmes des goûters, célébrâmes des succès et autres événements particuliers et discutâmes du changement de certaines règles. Et parfois, si je trouvais une bonne activité dans un livre ou un magazine réservé aux enseignants qui pouvait nous donner une occasion de réfléchir, nous la saisissions.

L'une de ces «occasions de réfléchir» se présenta ainsi : si vous pouviez poser une seule question à n'importe qui dans le monde, et avoir une réponse, quelle serait-elle? Je pensais que ce pouvait être un bon tremplin pour des conversations intéressantes.

Billy bondit immédiatement, le doigt dressé.

— Moi! Moi! Moi! cria-t-il d'une voix perçante.

— Très bien, dis-je. Nous t'écoutons, Billy.

— Euh… Je demanderais à Dieu ce qui arrive vraiment quand on meurt, fit-il avec une certaine grandiloquence.

— C'est une bonne question, répondis-je.

— Moi, je demanderais à Dieu ce qui va se passer dans le futur, dit Jesse. C'est ce que je veux savoir.

— Ouais! approuva Billy. C'est pareil que quand on va mourir, parce que c'est intéressant de savoir. Est-ce que tu peux t'arrêter de penser à ça, par exemple, qu'un

343

jour précis du calendrier, tu vas mourir? Le premier février, par exemple. Mais, chaque année, le premier février passe, sans que tu le saches. Sans que tu saches que c'est le second jour le plus important de ta vie, après celui de ta naissance. Ou alors, c'est un mardi. Et toutes les semaines, il y a un mardi, et c'est le jour où tu dois mourir.

— Je te remercie de cette pensée amicale, dit Jesse.

— Mais tu ne trouves pas ça intéressant? Tu y avais déjà pensé?

— Oui, c'est très intéressant, dis-je. Et, oui, j'admets que je n'y avais jamais pensé.

— Mais tu vas mourir, ce jour-là. Et il a l'air ordinaire. On ne sait pas. Il est comme les autres jours, mais un jour, il sera très important pour nous.

Je souris à Billy.

— C'est très intéressant, je suis d'accord avec toi. On laisse les autres poser leur question, tu veux bien? A toi, Alice.

— Moi, je pose la mienne à Mimi, dit-elle en levant sa main devant ses yeux.

— Moi, à Mickey Mouse, dit Théo. Je lui demanderais si ça lui plaît de vivre à Disney Land.

— Moi, je demanderais à ma grand-mère ce qu'elle va m'offrir pour mon anniversaire, dit Jesse, parce que c'est en juin et que je n'ai pas envie d'attendre.

— Eh, c'est pas juste! cria Billy. Jesse a déjà eu son tour. S'il passe une deuxième fois, moi aussi.

— Tiens-toi tranquille Billy, s'il te plaît. Nous allons faire plusieurs tours, mais chacun doit d'abord avoir répondu une fois. Alice, tu as trouvé quelque chose?

— Les étoiles brillent dans le ciel. Le vent s'en est allé, comme la peine.

Je dressai les sourcils. Le psychothérapeute d'Alice estimait qu'elle lâchait ces sentences étranges sous l'effet du stress. Je n'étais pas certaine qu'elle fût stressée, quand nous tenions ce genre de réunion, mais j'ignorais totalement pourquoi Alice était décalée un instant, et parfaitement en phase avec les autres à un autre. Parfois, c'était tellement brutal qu'on avait l'impression qu'elle faisait une crise, au sens médical du terme. Mais ceux avec qui j'en avais discuté n'avaient jamais entendu parler de ce genre de décalage brusque.

— Ce n'est pas la question pour l'instant, Alice. Tu n'as rien d'autre à dire?

Elle battit des paupières comme si elle se réveillait.

Phil leva la main, imitant en cela Billy qui avait appris à le faire dans sa «classe spéciale».

— Je demanderais à Dingo si ça lui plaît, de vivre à Disney Land.

— Théo et toi, vous en connaissez un rayon sur Disney Land, je crois, lui dis-je en souriant.

Phil se tortilla de plaisir et approuva de la tête.

Je me tournai de nouveau vers Alice.

— Et toi?

Elle consultait Mimi, une fois encore.

Vénus était la suivante. Elle avait tourné la tête et observait Alice, qui parlait à Mimi. D'habitude, je n'aurais pas songé à inclure Vénus dans la discussion, mais mon intuition me disait qu'à cet instant, elle était très présente.

— Vénus?

Ayant remarqué ce changement dans le rituel, Billy se pencha en avant sur sa chaise. Il était visiblement prêt à me demander pourquoi j'interrogeais Vénus, contrairement à ce que je faisais d'ordinaire. Je lui fis signe de se taire et il se rassit.

Vénus me fixait.

— Si tu pouvais poser une question à quelqu'un, dans le monde entier, à qui t'adresserais-tu?

Il y eut un long silence. Je vis Vénus inspirer profondément. Ses yeux balayèrent l'assistance, puis s'arrêtèrent sur Alice. Ils se vidèrent alors de toute expression et je crus l'avoir perdue. Je ne risquai pas la question une seconde fois et je ne savais pas trop combien de temps je devais attendre. J'hésitais.

Puis Vénus revint à moi.

— Alice, souffla-t-elle.

— Tu voudrais poser ta question à Alice?

Elle hocha imperceptiblement la tête.

— Je veux savoir pourquoi elle parle tout le temps avec sa main.

33

La dépression de Vénus ne guérit pas. Elle l'engluait, comme une toile d'araignée. La petite fille restait courbée dans son fauteuil roulant, jour après jour, comme si elle y était collée. Elle me paraissait toujours fatiguée, ses mouvements étaient lents et léthargiques, comme si tout lui coûtait un effort. Malgré cela, elle progressait. Elle interagissait davantage. Elle parlait, d'une certaine façon, avec Alice. Elle répondait oui ou non, si on attendait suffisamment longtemps. Et elle pouvait occasionnellement participer à la classe, comme elle l'avait fait lors du débriefing. Ce n'était pas encore spontané, mais c'était un début.

En revanche, nous ne parvenions pas à la mettre debout ou à la faire marcher. Elle demeurait obstinément dans son fauteuil, en dépit de toutes les séances de physiothérapie, en dépit des encouragements que nous lui prodiguions tous — les médecins, ses parents adoptifs et moi-même. Nous faisions tout ce qui était possible pour qu'elle recouvrât sa mobilité et quittât son fauteuil, mais Vénus refusait d'essayer. Chaque fois que je la dressais sur ses pieds, elle était un véritable poids mort. Hormis les fois où je la menais aux toilettes et lui demandais de se tenir debout, le temps de la rhabiller, elle ne tentait pas de se lever, encore moins de faire quelques pas.

La troisième semaine de mai, nous tînmes une grande réunion à propos de Vénus, afin de coordonner nos efforts. C'était la première fois que toutes les personnes impliquées se retrouvaient au même endroit, et cela incluait les travailleurs sociaux, sa mère adoptive, le pédopsychiatre de l'hôpital, Sam Patterson, qui poursuivait l'enquête, deux kinésithérapeutes et, bien entendu, Bob, Rosa et moi. Chacun évoqua le type de progrès accomplis par Vénus et ce qui restait à faire. Je leur rapportai combien Vénus me semblait déprimée et le psychiatre répondit que c'était normal en pareil cas. Cela arrivait souvent. Je demandai pourquoi. Il dit quelque chose d'un peu confus à propos du deuil de ce qu'elle avait perdu.

Quelqu'un d'autre demanda :

— Que peut-elle regretter ? D'avoir dormi nue dans une baignoire ? D'avoir été battue jusqu'à ce que ses os soient brisés ? Pas grand-chose à pleurer, dans tout cela.

Le psychiatre haussa légèrement les épaules, puis il eut un petit geste d'impuissance.

— C'était tout ce qu'elle possédait.

Les kinésithérapeutes dirent ensuite combien il était important pour Vénus de marcher, parce que ses muscles fondraient si elle ne les utilisait pas. En outre, ses pieds allaient causer des problème, si aucune pression ne s'exerçait sur eux. En effet, les endroits où ses doigts avaient été amputés cicatrisaient sans qu'une nouvelle répartition du poids eût lieu.

Pour finir, je pense que nous étions tous plus ou moins accablés à l'idée que ces orteils manquaient à Vénus. Quelqu'un suggéra que là était la cause de sa dépression et plusieurs autres opinèrent avec componction. Elle ne supportait pas d'avoir perdu une partie d'elle-même. Cela avait un sens.

Pas pour moi. Indubitablement, cette perte était pénible, mais je ne pouvais admettre qu'elle fût à elle seule l'origine d'une telle dépression ou de son refus de se lever et de marcher. Nous nous engageâmes dans une discussion générale sur la dépression et la nécessité de remettre Vénus sur ses pieds, puis nous perdîmes le fil. Certains se lancèrent dans de longs discours théoriques et des clans se formèrent. Les tenants de la psychologie favorisaient les explications d'ordre psychique, les travailleurs sociaux partaient dans des digressions sur la prévention. Malgré la compétence de tous ces professionnels dont j'avais tellement souhaité la collaboration en ce qui concernait Vénus, mais aussi en ce qui concernait tous les enfants dont j'avais la charge, nous ne parvînmes pas à identifier la cause des problèmes de Vénus, et encore moins à trouver des solutions. J'étais contente que cette réunion ait eu lieu, contente aussi que tant de gens de formations différentes fussent impliqués, mais je m'en allai frustrée.

En classe, la vie continuait. Quatre d'entre nous — Jesse, les jumeaux et moi-même — avions nos anniversaires en mai. Nous décidâmes donc de les célébrer ensemble. Nous projetions d'organiser une grande fête, que nous n'aurions pas osé envisager pour Halloween ou Noël. Je m'engageai à confectionner un gâteau spécial. Rosa devait apporter de la glace. Comme c'était l'anniversaire de Théo et de Phil, leur maman proposa d'apporter des cookies. Tout le monde devait apporter des jus de fruit.

Comme c'était notre première «vraie fête», je voulais qu'elle fût mémorable. Aussi, la veille, j'autorisai les enfants à décorer la salle pendant la demi-heure qui précédait la sortie. C'était assez risqué car cela impliquait des déplacements dans la classe pour porter les banderoles. Les jumeaux, qui n'avaient besoin d'aucun encouragement pour sauter et grimper sur les meubles, en profitèrent pour s'exciter. En l'absence de Billy, qui se trouvait dans son autre classe, Jesse voulait affirmer son autorité et prétendait régenter tout le monde. Mais nous y parvînmes et la sonnerie retentît sans que personne n'eût tué quelqu'un d'autre. Ou ne se soit tué lui-même.

Le jour de la fête, les jumeaux arrivèrent en costume-cravate. Je ne l'avais pas envisagé et craignis qu'ils ne se salissent s'ils chahutaient, ce qui était probable, mais ils avaient très envie de montrer leurs beaux vêtements.

— C'est mon costume de mariage, dit fièrement Théo.

Billy s'esclaffa :

— Tu es marié? Qui est ta femme? Alice?

Théo brandit son poing en direction de Billy.

Immédiatement, je m'emparai des disques de couleurs. J'avais de moins en moins recours au système des feux. Les garçons parvenaient à se contrôler sans que j'aie besoin de les récompenser ou de les punir, aussi souhaitais-je m'affranchir peu à peu d'une méthode aussi rigide. Néanmoins, la menace constituée par les disques fonctionnait encore. Il me suffisait de les désigner pour que les enfants qui se maîtrisaient le mieux, comme Billy, comprennent le message.

— Retire ce que tu as dit! cria Théo.

Billy me lança un regard empreint de dédain.

— Je plaisantais! Personne, ici, ne comprend la plaisanterie. Vous ne tiendriez pas une seconde dans ma classe spéciale, les mecs. Là-bas, on n'arrête pas de plaisanter.

— Retire ce que tu as dit! cria de nouveau Théo.

— De toute façon, intervint Alice, je ne me marierais pas avec un bouffon comme toi.

— Billy, dis-je d'une voix menaçante.

— C'était juste une plaisanterie.

— Les plaisanteries ne sont bonnes que si tout le monde les trouve drôles, remarquai-je.

— D'accord! Excuse-moi, Théo. Je ne voulais pas te vexer, marmonna Billy.

— Tu sais quoi? dit Phil. Au mariage, Théo a fait pipi

dans son pantalon. En plein milieu de l'église, et ça a coulé par terre.

— Retire ça! hurla Théo.

Et tout le reste de la matinée se déroula de la même façon.

Vénus aussi était arrivée à l'école tout endimanchée. Elle portait un ravissant petit haut rose, orné de fanfreluches, et un pantalon assorti. Elle était vraiment jolie. Alice commenta la première son apparence lorsqu'elle vit Vénus arriver, le matin. Mais ce fut Rosa qui fut la plus démonstrative en entrant dans la classe, l'après-midi.

— Mais regardez-moi cette petite fleur! Avez-vous jamais rien vu de plus mignon?

Elle se pencha et embrassa Vénus sur la joue. J'aurais pensé que Vénus allait se reculer prestement, mais il n'en fut rien. Au contraire, je crois qu'un léger sourire erra sur ses lèvres.

Nous nous efforçâmes de poursuivre la journée normalement, dans la mesure du possible. La fête devait avoir lieu pendant les quarante-cinq minutes qui s'écoulaient entre la récréation et la fin des cours. La mère de Théo et de Phil apporta donc les cookies pendant la récréation et je sortis mon gâteau. Il était au chocolat et représentait un train. Pour éviter toute contestation, j'avais confectionné un wagon par enfant, et j'avais pris soin d'y mettre exactement le même nombre de couleurs, les mêmes confiseries et le même glaçage. J'avais dessiné le nom de chacun sur les côtés des wagons, le mien sur la locomotive et celui de Rosa sur le fourgon de queue.

Pour que tout se passât bien, j'avais prévu le déroulement de la fête dans les moindres détails. Pendant les quinze premières minutes, nous devions jouer à des jeux, ensuite nous écouterions une musique apaisante tout en fabriquant les chapeaux que nous allions porter, et enfin nous consacrerions le dernier quart d'heure à manger le gâteau, les cookies et la glace. S'il nous restait du temps, Billy m'avait extorqué la permission de les laisser jouer dans la cour de récréation. Je reconnaissais qu'aucun d'entre eux ne pourrait supporter davantage d'excitation, entre les quatre murs de la classe, sans tuer quelqu'un.

Pour ce qui concernait les divertissements, Billy avait apporté son jeu de Twister[1], ce qui me consterna un peu car je le soupçonnais de vouloir surtout en profiter pour regarder sous la robe d'Alice. A ma grande surprise, cela se passa plutôt bien. Alice se montra assez réservée dans ses gestes. Quant aux garçons, ils étaient surtout occupés à se contorsionner de façon à adopter les postures les plus absurdes. Tout le monde riait tant et s'amusait si bien que j'accordai une seconde partie.

Vénus, bien entendu, ne se joignit pas aux autres. Je l'encourageai à nommer les couleurs, mais elle s'y refusa. Elle fit tourner la girouette à ma place deux fois, mais, sinon, elle se contenta de regarder. Rosa, qui ne voulait pas la laisser à l'écart, vint près d'elle quand nous allions commencer la deuxième partie.

— Tu peux m'aider à préparer ce qu'il faut pour les chapeaux, non?

Vénus leva les yeux vers elle.

— Nous ferons de beaux chapeaux, tu veux bien? Le tien sera rose, pour aller avec tes jolis vêtements. Est-ce qu'elle n'est pas jolie, aujourd'hui, Torey? Ce rose te va si bien. Allons, viens m'aider, belle enfant.

Elle prit les poignées du fauteuil et poussa Vénus près de la table où nous avions disposé les éléments nécessaires à la fabrication des chapeaux.

Je déclarai ouverte la partie de Twister. Les garçons et Alice jouaient avec enthousiasme, manifestement heureux. Il y eut bien quelques poussées, mais elles n'étaient pas intentionnelles.

Nous allions terminer, quand Rosa s'approcha de moi pour me glisser à l'oreille :

---

1. Jeu de société qui consiste à poser ses pieds et ses mains sur un tapis de sol selon un ordre déterminé au hasard par une girouette.

— Quelque chose ne va pas avec la petite Vénus.

Je levai les yeux mais ne vis rien, car Vénus me tournait le dos.

— Elle pleure, dit Rosa. Elle a commencé à pleurer quand je l'ai poussée vers la table. Je lui ai demandé ce qu'elle avait, mais elle a refusé de répondre. J'ai pensé que, peut-être, elle voulait rester avec les autres. Je lui ai dit : « Tu veux regarder le jeu ? Je veux bien, tu sais. » Mais elle n'a rien dit. Elle a seulement continué de pleurer. Alors, j'ai pensé qu'il valait mieux vous prévenir.

J'acquiesçai.

— Vous voulez bien terminer la partie à ma place. Je lui remis la girouette, me levai et rejoignis Vénus.

Elle pleurait, en effet, les coins de sa bouche rabaissés, les joues mouillées, mais elle ne produisait aucun bruit. Je m'agenouillai près de son fauteuil.

— Qu'est-ce que tu as, ma chérie ?

Elle pleurait sans répondre.

Je me levai, pris une boîte de mouchoirs et en sortis un. Revenant auprès d'elle, j'essuyai son visage, ce qui eut pour effet de la faire pleurer encore plus. Je m'agenouillai de nouveau et lui caressai la tête.

— Qu'est-ce qui ne va pas, Vénus ?

Il n'entrait pas dans ses habitudes de pleurer. La dernière fois qu'elle l'avait fait, c'était avant que les sévices dont elle était victime eussent été découverts. Je gardais toujours à l'esprit que je n'avais pas été suffisamment attentive à sa détresse, que, si je lui avais consacré un peu plus de temps, l'horrible épisode qui l'avait amenée à l'hôpital aurait pu être évité.

Pourtant, les mêmes obstacles qui s'étaient présentés à moi alors se mettaient ce jour-là en travers de mon chemin. Vénus refusa de parler. Puis le jeu prit fin et les autres enfants nous rejoignirent en sautillant, réclamant mon attention. Je me relevai.

— Vous pouvez vous charger d'eux ? demandai-je à Rosa.

J'en éprouvai quelques remords car je ne lui confiais pas une tâche facile, mais j'avais besoin d'être un peu seule avec Vénus. Rosa me tapota l'épaule de façon plutôt maternelle.

— Bien sûr, mon chou. Vous réussirez, avec l'aide de Dieu.

Je poussai Vénus et la boîte de mouchoirs dans le couloir. Il n'y avait pas d'autre endroit où aller, étant donné l'agencement de l'immeuble et le fait qu'elle était en fauteuil roulant.

Une fois encore, je m'agenouillai et touchai le visage de Vénus. Elle pleurait toujours, silencieuse et inconsolable. Plusieurs minutes passèrent ainsi. Ma position n'était pas très confortable et je sentais que j'allais soit devoir m'asseoir par terre, soit me mettre debout. Dans les deux cas, j'aurais du mal à la réconforter.

Finalement, je me levai.

— Voici ce que nous allons faire, dis-je.

Je serrai les freins du fauteuil, puis je soulevai Vénus dans mes bras, après quoi je m'assis à sa place et la déposai sur mes genoux. Je mis ensuite mes bras autour d'elle et la serrai contre moi. Elle enfouit son visage contre ma poitrine et pleura.

Derrière la porte de la classe, je pouvais entendre les voix des autres enfants. L'excitation les faisait crier, mais je ne perçus rien d'inquiétant. Intérieurement, je remerciai la providence, qui m'avait envoyé Rosa.

Je baissai les yeux vers Vénus. Elle sanglotait. Prenant un autre mouchoir, j'essuyai ses larmes.

— Tu peux me dire ce qui ne va pas? demandai-je.

Elle secoua la tête.

— Tu avais juste besoin de pleurer.

Elle hocha le menton.

— Très bien. Tu pleures. Parfois, on en a besoin.

Elle acquiesça et me prit le mouchoir de la main, avant de le presser contre son nez.

— Parfois, repris-je, c'est tout ce qu'on peut faire.

Elle hocha la tête.

Les minutes passaient. D'après les hurlements de joie, de l'autre côté de la porte, je devinai que Rosa avait sorti le gâteau.

Je passai une main sur le front de Vénus, comme pour repousser ses cheveux en arrière, sauf que les siens étaient courts.

— Tu sais quoi? lui dis-je. Je pense que tu es une petite fille exceptionnelle. Je le pense vraiment. Je ne crois pas te l'avoir déjà dit. Je le savais, mais, parfois, on oublie de dire les choses aux gens. Surtout quand on pense du bien d'eux. Et moi, je trouve que tu es exceptionnelle. Je l'ai su dès le premier jour d'école. Tu t'en souviens? Moi, oui. Tu étais sur ton mur. J'ai pensé que tu étais belle.

Au lieu de la rassurer, mes paroles parurent accentuer son chagrin. Elle fondit de nouveau en larmes.

— Je suis contente que tu sois dans ma classe. Je suis contente d'être ta maîtresse.

Elle pleurait. Je pris un mouchoir propre et le passai doucement sur ses joues.

— Qu'est-ce qui ne va pas, ma chérie?

— J'veux rentrer à la maison.

— Tu veux rentrer à la maison?

Elle hocha la tête.

— Pourquoi? Tu ne te sens pas bien?

— Je veux rentrer chez moi.

— Tu veux que j'appelle Mme Kivie?

Elle se redressa et me regarda droit dans les yeux.

— Non! Je veux rentrer dans *ma* maison.

Là-dessus, elle se remit à pleurer, le nez contre ma poitrine.

J'avais fini par comprendre.

— Ah! fis-je simplement.

Elle pleura, pleura et pleura. Je l'enveloppai de mes bras et la serrai le plus fort que je pus.

Lorsqu'elle n'émit plus que quelques hoquets et reniflements, Vénus resta blottie contre moi, les joues

355

mouillées et plutôt collantes. J'épongeai ses larmes du mieux possible, jusqu'à ce qu'une petite montagne de mouchoirs s'élevât sur ses genoux.

— Je veux rentrer à la maison, murmura encore Vénus, d'une voix entrecoupée de larmes.

— Oui, bien sûr ma chérie.

— Je veux Wanda.

— Oui.

— Elle m'appelle «Belle Enfant».

— Oui. C'est ce qui est arrivé, non? Rosa t'a appelée «belle enfant» et cela t'a fait penser à Wanda?

Vénus hocha la tête.

— Je veux être avec elle.

— Oui, je comprends. C'est très dur pour toi, n'est-ce pas?

Vénus hocha la tête.

— Tout ce qui est arrivé doit te faire très peur. Ce doit être effrayant de se retrouver toute seule, dans une nouvelle famille.

— C'est pas ce que je voulais, fit-elle d'une petite voix. Je voulais que ça s'arrête, c'est tout. Je ne savais pas qu'on allait m'emmener.

Et l'énormité de ce qui lui était arrivé m'apparut soudain clairement. Jusqu'à cet instant, j'avais envisagé les choses de mon propre point de vue. Je n'avais pas imaginé qu'il y en avait un autre. Voici une enfant qui vivait dans les conditions les plus atroces. Même s'il n'y avait pas eu ces terribles sévices, sa situation familiale était affreuse, entre la pauvreté, les demi-frères et sœurs et les petits amis de la mère. De notre point de vue, celui de la classe moyenne instruite, la seule solution était de secourir l'enfant. La sauver de son environnement en la retirant de son milieu, en lui donnant un nouveau foyer, de nouveaux parents, de nouveaux vêtements et, dans la foulée, une nouvelle identité. Cela semblait non seulement bien, mais enviable. Bien entendu, c'était ce qu'elle voulait, elle aussi. Bien entendu, elle grandirait, elle se développerait normalement, et tout s'arrangerait. Pour la première fois, je comprenais qu'en sauvant Vénus, nous avions aussi détruit tout ce qu'elle aimait.

— Je suis vraiment désolée, Vénus, dis-je très bas. C'est vrai, je t'assure. Ta maman doit te manquer beaucoup, ainsi que tes frères et sœurs.

Elle acquiesça.

— Tu as pu les voir?

Elle secoua la tête. Il y eut un petit silence.

— Eh bien, cela peut peut-être changer, dis-je.

De nouveau, un silence, pendant que je réfléchissais à ce que je pouvais faire.

— Je ne te promets rien. Je vais devoir me renseigner auprès de la police et des services sociaux à propos du droit de visite. Tu veux que je fasse cela? Tu veux que je demande si tu peux voir tes frères et sœurs?

Elle leva les yeux vers moi.

— Wanda? demanda-t-elle.

— Oui, Wanda aussi. Tu veux que je m'informe à ce sujet?

Elle hocha la tête. Quelques minutes s'écoulèrent, paisibles. Vénus était nichée contre ma poitrine. Elle ne pleurait plus.

— Je voudrais avoir des pouvoirs magiques avec mon épée de Sheera pour revenir en arrière, avant que tout ça arrive, murmura-t-elle. Je voudrais que ce soit vrai.

— Oui, je te comprends.

— Je voudrais que tout redevienne comme avant, pour que je puisse retourner à la maison. Ma maman serait là, et Wanda, et tout le monde. Rien n'aurait changé.

— Oui. Malheureusement, ce qui se passait, ce que Danny te faisait était mal. La loi ne le permet pas. Et lorsque des parents ou d'autres adultes, quels qu'ils soient, montrent qu'ils sont incapables de s'occuper d'enfants, alors d'autres gens les leur retirent.

— Je prendrais mon épée magique et je le tuerais.

— Oui. Je comprends ce que tu ressens.

— Avec mes pouvoirs, je ferais revenir maman. Ma maman n'a jamais rien fait. Je la ferais revenir, avec Wanda et mes frères. Je ferais que tout soit comme avant que Danny arrive. Je ferais un enchantement spécial pour que les méchants hommes ne puissent plus faire de mal à maman, ou à Wanda, ou à moi. Qu'ils ne puissent plus battre mes frères. Ou ma sœur, Kali. Sauf qu'elle, je la ferais pas revenir, parce qu'elle était méchante avec moi. Voilà ce que je ferais, avec mon épée de Sheera.

— Ce serait bien, n'est-ce pas ?

Vénus hocha la tête. Il y eut un moment de silence. Elle poussa un gros soupir.

J'écoutais ce qui se passait de l'autre côté de la porte.

— Je crois qu'ils sont tous un peu énervés, en classe, remarquai-je. Tu veux bien qu'on les rejoigne ?

Vénus ne répondit pas.

— Tu auras ta part de gâteau. Tu l'as vu ? Je l'ai confectionné en forme de train, et il y a un des wagons qui est pour toi. Ton prénom est inscrit dessus.

— Non, je n'en veux pas.

— Pourquoi ?

— Je n'aime pas le chocolat.

— Tu n'aimes pas le chocolat !

— Non.

— Tu ne l'as jamais dit ! Pas une seule fois, pendant tout ce temps. Tu te rappelles, au début ? Tu te rappelles, quand j'essayais de te faire manger des Smarties ? Je comprends, maintenant, pourquoi tu ne les mangeais pas ! Et moi qui te les enfournais dans la bouche !

Vénus gloussa. C'était un son inattendu, ténu et charmant.

— Tu trouves cela drôle ?

— Ouais ! Je croyais que j'allais vomir.

Je ris aussi.

— Bon. En ce cas, on pourrait peut-être boire un peu de jus de fruit ? suggérai-je. Et manger quelques cookies ?

Ils sont recouverts d'un glaçage rose. Tu aimes le sucre, j'espère?

Un autre gloussement.

— Ouais.

Je me levai et la déposai dans son fauteuil.

— Très bien. Allons nous régaler.

34

Depuis le retour de Vénus, j'avais souhaité continuer de passer la récréation de l'après-midi avec elle, même s'il n'était plus nécessaire de la séparer des autres pour éviter les conflits. Je pensais qu'elle avait besoin de ce face-à-face et il m'était difficile de lui consacrer du temps dans le tohu-bohu de la classe. Mais je le faisais aussi parce que cela me plaisait. Ce que je préférais, dans l'enseignement, c'était nouer une relation avec un enfant, chercher, trouver et faire renaître le phénix de ses cendres.

Nous ne revînmes jamais vraiment aux cassettes ou aux magazines qui contaient les aventures de Sheera. Sans nul doute, était-ce en partie dû au fait qu'elle était clouée dans son fauteuil. Peu après son retour, j'avais compris à quel point nos interactions, à propos de Sheera, avaient été physiques. Il ne s'était pas seulement agi de lire une bande dessinée ou de regarder des dessins animés. Le plus gros du jeu avait consisté dans la métamorphose de Vénus en Sheera, grâce au tournoiement sur elle-même. Désormais, nous aurions dû l'édulcorer d'une façon qui aurait seulement mis en évidence son invalidité temporaire. En outre, j'étais sensible aux critiques de Julie concernant l'inadéquation de ce choix, tant sur le plan culturel que racial. Je devais admettre que Sheera n'était pas la meilleure héroïne que j'aurais pu trouver.

Par conséquent, nous avions fini par utiliser ces vingt minutes pour lire. Je soulevais Vénus de son fauteuil et la déposais sur le sol, devant la bibliothèque. Elle fouillait parmi les livres et en choisissait un. Ensuite, nous nous calions bien parmi les coussins et nous lisions. Elle aimait cela. Et je crois qu'elle appréciait la liberté et le confort qu'elle éprouvait à quitter un moment son fauteuil. Elle n'aurait pas rampé par terre devant les autres enfants, mais elle le faisait avec une sorte de bonheur lorsqu'elle était seule avec moi. Elle se blottissait aussi contre moi comme elle ne l'avait jamais fait les premiers temps.

Nos lectures étaient éclectiques : mythes grecs, livres d'images, ainsi que tous les *Winnie*, de A. A. Milne. Mais le préféré de Vénus était un petit livre de poésies, intitulé *Rimes de quatre sous de papa Renard*. Il était illustré de petits dessins pleins d'humour, représentant des renards vêtus comme des paysans d'autrefois qui faisaient des pitreries très drôles. Vénus s'absorbait dans la contemplation des dessins, qui étaient très détaillés.

Ce fut pendant ces instants que Vénus se mit à parler spontanément.

— Regarde ces petits insectes, me dit-elle en faisant glisser son index sur quatre minuscules insectes posés sur une branche d'arbre. Et regarde, là, il y en a plus. Et il y a aussi des vers de terre.

— Combien d'insectes ? demandai-je.

Du bout du doigt, elle les compta soigneusement :

— Un, deux, trois, quatre ! Et là, il y en a un, deux, trois, quatre.

— Combien cela fait-il, en tout ?

— Un, deux, trois, quatre... cinq, six, sept, huit. Huit.

— Combien de vers de terre ?

Le doigt de Vénus parcourait l'image.

— Deux. Il y a beaucoup de choses sur cette branche. Ces insectes. Je pense que ce sont des fourmis. Et puis il y a une coccinelle. Et des souris. Et des vers de terre. Et des oiseaux. Et les renards. Et...

Elle se pencha sur la page.

— Je ne sais pas ce que c'est... Qu'est-ce que c'est?

— Des écureuils, peut-être? suggérai-je.

Vénus acquiesça.

— Des écureuils. Et là, encore plus de souris. Et des oiseaux. Et des insectes.

— Tu peux les compter?

— Un, deux...

Et elle compta sans s'arrêter jusqu'à ce qu'elle parvînt au nombre de vingt-quatre, qui était juste. Et c'est ainsi, grâce aux *Rimes de quatre sous de papa Renard*, que je découvris que Vénus connaissait les nombres et pouvait même faire des additions ou des soustractions.

Les poèmes eux-mêmes avaient le balancement des comptines pour enfants :

Monsieur Farceur
raillait sa sœur.

Ou encore :

Il l'a épousée
parce qu'il ne pouvait lui résister.

Vénus les savait très vite par cœur et elle aimait les chantonner. Son préféré était un poème intitulé «Miam, miam».

Miam, miam, ces p'tits gâteaux
Dis-moi quelque chose de très, très sot
Eh bien, il y avait un gars qui s'appelait Jo
Il mangeait les boutons de son manteau.

Chaque fois que nous en arrivions à cette comptine, elle riait. Chaque fois qu'elle disait le titre, elle riait. Même si la journée avait été maussade, même si elle avait paru triste, en classe, «Miam, miam» parvenait toujours à la dérider. Ainsi, les *Rimes de quatre sous de papa Renard* étaient le livre que Vénus choisissait le plus souvent.

Et puis, le lundi qui suivit notre goûter d'anniversaire, Vénus fouillait parmi les livres lorsqu'elle tomba sur un livre de poche. C'était la suite de *Rimes de quatre sous de papa Renard* et cela s'intitulait *Les Chansonnettes de papa Renard.*

C'était en fait un petit livre de chansons. Plusieurs des poèmes du premier volume avaient été mis en musique, mais il y en avait aussi de nouveaux. Il n'était pas très apprécié des enfants pour la raison très simple qu'il fourmillait de partitions. Par ailleurs, je n'avais presque jamais eu d'instruments dans mes classes, excepté un minuscule xylophone et très peu d'élèves capables de s'en servir. Je l'avais quand même gardé dans ma bibliothèque parce qu'il contenait beaucoup de ces merveilleux dessins que les enfants aiment tant. Cependant, la plupart du temps, il demeurait au sommet d'une pile de livres, ou bien oublié sur une étagère.

— Je ne savais pas que tu l'avais, dit Vénus en l'ouvrant. Qu'est-ce que c'est?

— C'est un livre de chansons, qui contient surtout des partitions. Tu vois, ils ont mis certains poèmes de l'autre livre en musique.

Vénus rampa vers moi, le volume à la main, et s'assit.

— Chante les chansons, demanda-t-elle.

— Je ne peux pas.

Elle leva les yeux vers moi.

— Je ne sais pas lire les notes, expliquai-je.

Elle fronça les sourcils.

— Tu chantes d'autres chansons.

J'acquiesçai.

— Parce que j'en connais déjà les mélodies. Tu vois ces notes? Elles indiquent sur quel air on doit chanter cette chanson. Mais je ne la connais pas, alors, il faudrait que je déchiffre les notes.

— Fais-le.

— Malheureusement, je ne sais pas les déchiffrer.

De nouveau, elle leva les yeux. De nouveau, elle fronça les sourcils.

— J'ignore comment les lire, repris-je. Je connais le nom des notes, et je sais comment on appelle ces lignes, mais je ne sais pas comment les mettre ensemble pour en faire une chanson. C'est comme de lire des mots. Parfois, tu connais les lettres et tu sais comment les assembler, mais tu ne sais pas quel mot elles font parce que tu ne peux pas le lire.

— Et toi, tu ne peux pas lire ça?

— Non.

— Pourquoi, non?

— Parce que je n'ai pas appris à le faire.

Il y eut un silence. Elle m'observait avec attention.

— Tu es bête? demanda-t-elle.

Ce n'était pas de l'humour. A la façon dont elle le disait, il était clair que c'était une question innocente.

— Je le suis sûrement un peu, parce que j'ai appris à lire les notes quand j'étais petite, mais je n'ai jamais suffisamment compris pour que cela se grave dans ma tête.

Vénus regarda de nouveau le livre. Le silence se mua en réflexion profonde. Elle effleurait la page du bout du doigt, dessinant une note.

— Je suis bête, moi aussi, déclara-t-elle tranquillement.

— Tout le monde l'est, pour certaines choses. Il y a toujours quelque chose que l'on ne sait pas faire. Personne au monde ne sait tout faire.

— Je croyais que tu pouvais, souffla-t-elle.

— Je voudrais bien, répliquai-je, mais ce n'est pas le cas. Même les maîtresses ignorent certaines choses.

Un silence.

— C'est bon, dit-elle très bas. Je t'aime bien, de toute façon.

— Moi aussi, je t'aime. Beaucoup.

Elle me sourit.

— Oui. Je sais.

Après la crise du goûter d'anniversaire, Vénus sembla renaître à la vie. Le changement ne fut pas brutal, mais progressif, un peu comme quand la nuit fait place au jour, peu à peu. En classe, elle réagit davantage, surtout vis-à-vis d'Alice.

Alice était un drôle de petit personnage, qui inventait parfois des jeux étranges. L'un de ses préférés consistait à écrire le nom de Vénus sur ses devoirs, puis à s'en réjouir haut et fort lorsqu'ils étaient rangés dans le classeur de Vénus, au lieu du sien. Cela me semblait plus stupide que drôle, mais Alice trouvait cela hilarant. Et un jour, Vénus comprit la plaisanterie.

— Regarde, dit-elle un après-midi, je suis Alice.

Elle avait écrit le nom d'Alice en haut de l'une de ses propres pages, dans son classeur.

— Oh! J'ai donc deux Alice, aujourd'hui! m'écriai-je avec une surprise feinte.

— Appelle-moi Alice, me dit Vénus en souriant.

— Appelle-moi Alice, dit Alice.

Toutes deux semblaient apprécier le jeu et riaient très fort. Rosa et moi joignîmes notre rire au leur.

— Vous êtes des oies stupides, leur dit Billy.

— Non, nous sommes Alice! cria Alice.

Vénus et elle éclatèrent de rire.

— Tu devrais leur dire d'arrêter, me dit Billy. Moi, tu m'interdis de rire comme ça. Tu ne traites pas les garçons de la même façon que les filles, dans cette classe.

— Peu m'importe que vous soyez des garçons ou des filles, Billy. Quand je traite les gens différemment, c'est parce qu'ils ont des besoins différents.

— Alors, elles ont besoin de rire?

— Elles ne font de mal à personne en riant.

— Peuh! marmonna-t-il. Je préférais quand elles se taisaient tout le temps.

Et puis ce fut la dernière semaine d'école. Je m'efforçai de ranger la classe tout en poursuivant nos activités, de façon à ne pas rester trop tard le dernier jour. Je devais

365

retrouver la même salle l'année suivante. Vénus, Alice et les jumeaux devaient revenir. Néanmoins, selon le règlement, tout devait être enlevé des salles, excepté ce qui appartenait à l'école et serait rangé dans des armoires et des tiroirs, fermés à clé le jour de la sortie. Par conséquent, chaque fois que nous disposions d'un peu de temps durant la dernière semaine, j'encourageais les enfants à m'aider à tout ranger pour l'été.

Jesse, surtout, adorait cette activité. Il avait vraiment le sens du rangement. Pour lui, nettoyer et trier constituait un passe-temps agréable. Cette semaine-là, le mardi fut nuageux et humide, aussi les enfants restèrent-ils dans la classe pendant la récréation de la matinée. En principe, les surveillantes nous aidaient en organisant des jeux dans les salles de classes. Mais Jesse, qui avait sorti les livres de la bibliothèque, demanda s'il pouvait en être dispensé. Cela me sembla raisonnable, aussi lui en donnai-je la permission avant de gagner la salle des professeurs.

Au bout de cinq minutes, on frappa bruyamment à la porte. C'était un garçon de cours élémentaire, dont la classe était à côté de la mienne.

— Mademoiselle Hayden ! Il faut que vous veniez vite. L'un de vos élèves est en train de se bagarrer avec la fille en fauteuil roulant.

Je bondis hors de la salle, le garçon sur les talons.

— J'ai cherché une surveillante, expliqua-t-il, mais je ne l'ai pas trouvée.

— Tu as eu raison de venir me chercher.

— Elle criait comme s'il voulait la tuer.

Maudissant le fait que deux surveillantes étaient censées superviser huit classes, je grimpai l'escalier quatre à quatre. J'avais entendu les hurlements depuis le rez-de-chaussée.

Quand j'entrai dans la classe, les deux surveillantes s'y trouvaient déjà. Vénus était par terre. Billy pleurait. Jesse saignait du nez. Alice, recroquevillée dans un coin de la pièce, se faisait réconforter par Mimi, qui lui caressait gentiment la joue. Les jumeaux galopaient en tous sens.

— Que se passe-t-il? demandai-je.

— Elle est cinglée! cria Billy en montrant Vénus. Elle a essayé de tuer Jesse, et moi j'ai fait ce que j'ai pu pour l'en empêcher.

Quoi que l'élève de cours élémentaire en ait pensé, Vénus semblait la plus fraîche des trois et, visiblement, elle n'était pas blessée. Assise par terre, elle braquait sur Jesse et Billy des yeux furieux.

— Elle a vraiment essayé de me tuer, dit Jesse. Elle s'est levée de son fauteuil. Je ne savais même pas qu'elle pouvait tenir debout, mais elle s'est jetée sur moi.

Sa main recouvrait son nez. A travers ses doigts, le sang giclait.

— Viens près de l'évier, Jesse, lui dis-je.

Posant la main sur l'épaule de Jesse, je le poussai doucement dans la bonne direction. Billy, qui pleurait davantage d'humiliation que de douleur, nous suivit.

— Pourtant, je lui avais rien fait. J'ai essayé d'être un bon Samaritain et d'aider ce pauvre Jesse avant qu'il voie trente-six chandelles.

— A certains moments, on a raison de jouer les bons Samaritains, à d'autres, ce n'est pas une bonne idée, lui dis-je.

— Mais j'ai rien fait! Cette fille est redevenue cinglée.

— Qu'est-ce qui a fait saigner ton nez? demandai-je à Jesse. C'est Vénus qui t'a frappé?

— Non. C'est la tête de Billy qui m'a écrasé le nez quand il a reculé. Il voulait l'empêcher de me frapper, et c'est lui qui m'a frappé, à la place.

— C'était pas exprès! gémit Billy. C'est pas juste si on me gronde. Je m'occupais de mes affaires.

— Très bien, dis-je. Laisse-moi écouter tous les témoignages, ensuite, je me ferai ma propre opinion. Tu veux bien aider Jesse pendant que je m'occupe des jumeaux?

Reniflant avec exagération, Billy hocha la tête.

Je me retournai. Et c'est à cet instant que je la vis. Vénus s'était hissée sur ses pieds, près de la bibliothèque. Elle tendit la main et saisit son épée de Sheera, appuyée contre une étagère. La serrant contre son cœur, elle la berça un instant, puis elle jeta un coup d'œil à son fauteuil. Tenant toujours son épée, elle pivota sur elle-même.

Je la regardais, sans bouger ni parler. Il y avait environ deux mètres entre Vénus et le fauteuil. D'après son expression, j'aurais juré qu'elle se demandait si elle pouvait les franchir. S'appuyant d'une main sur une étagère, elle fit un pas hésitant. Elle s'immobilisa, vacilla durant quelques secondes, mais resta debout. Elle regarda alors autour d'elle et m'aperçut en train de l'observer.

— Tu veux de l'aide? demandai-je.

Elle ne répondit pas tout de suite. L'espace de quelques instants, ce fut l'ancienne Vénus, fermée, sans réactions, qui me regarda. Puis elle hocha faiblement la tête. Je traversai la pièce pour la rejoindre, plaçai une main sous son coude et l'autre sur son épaule.

Elle ne bougea pas et je compris qu'elle s'était attendue à ce que je la soulève dans mes bras pour la porter jusqu'au fauteuil.

— Tu n'as qu'à marcher doucement. Je te soutiens. Tu ne tomberas pas.

— Il faudrait l'envoyer chez M. Christianson! cria Billy depuis l'autre côté de la salle. Il faudrait la punir! Elle a essayé de nous tuer, Jesse et moi. Exactement comme avant!

Je le fixai. J'avais très envie de lui dire de se taire, pour commencer. Bla-bla-bla, bla-bla-bla. Tel était notre Billy.

Au lieu de le gronder, je me mis à chanter : «De grands espoirs. J'ai de grands espoirs. J'ai attrapé une tarte aux pommes, très haut dans le ciel des espoirs. Tous les problèmes ne sont que des bulles de savon! Ils éclateront bientôt. Ils sont faits pour exploser! Oups! A peine ils disparaissent, un autre problème se gonfle!»

C'était ridicule. Durant quelques minutes hors du temps, absurdes, je restai là à me balancer avec Vénus, tout en chantant «High hopes» à Billy, pendant que Jesse saignait du nez, que les jumeaux couraient de tous côtés et qu'Alice parlait à sa main. Mais cela marcha. Vénus réussit à regagner son fauteuil clopin-clopant. Jesse, un grand mouchoir sur le nez, se mit à chanter parce qu'il aimait le passage «explosif». Et Billy en fit autant. Il commença par gémir bien fort, tout en se frottant la main, le poignet, le bras et le coude, puis il se mit à chanter de mauvaise grâce. Nous reprîmes la chanson au début et commençâmes à mimer la fourmi et le bélier, ce qui attira Théo et Phil, car ils voulaient faire le bélier et la fourmi, eux aussi.

Alice restait à l'écart. Je m'approchai d'elle et l'incitai à remuer les bras. Elle jeta un coup d'œil implorant à Mimi, qui fut d'accord, apparemment, puisque Alice se joignit à nous.

Il nous fallut chanter deux fois «High hopes» et une demi-douzaine de refrains pour que chacun retrouvât sa raison. Je cessai alors de chanter.

— Très bien. Regardez l'horloge : la récréation est terminée, puisqu'il est dix heures dix. Regagnez vos places, s'il vous plaît.

— Tu vas pas l'envoyer sur la chaise-à-se-calmer ? grommela Billy.

— Occupe-toi de ton travail. Puisque tu n'es pour rien dans ce qui s'est passé, je n'ai pas besoin de m'adresser à toi, d'accord ? Alors, montre-moi que je n'ai aucune raison de penser que tu es un faiseur d'histoires.

L'air pincé, Billy alla s'asseoir.

Quand les garçons furent au travail, j'allai vers Vénus et m'assis près de sa table.

— Je ne peux permettre que les enfants se fassent du mal mutuellement, ici, lui dis-je doucement. C'est l'une des règles de vie dans cette classe.

Elle me regarda.

— Tu peux m'expliquer ce qui t'a mise hors de toi?

— Il avait pris mon épée de Sheera, murmura-t-elle.

Elle tenait encore l'épée sur ses genoux.

— C'est même pas vrai! cria Jesse depuis sa chaise. Je n'ai pas pris son imbécile d'épée! J'étais seulement en train de ranger, et je l'ai changée de place.

— Merci, Jesse, mais je m'en occupe. Toi, tu fais ton travail.

Quand mes yeux revinrent à Vénus, elle était en larmes.

-— Ton épée de Sheera est importante, n'est-ce pas?

Elle acquiesça.

— Jesse ne voulait pas l'abîmer. Il rangeait, c'est tout. Il m'aidait à tout préparer pour la fin de l'année.

— Il a dit qu'il allait la jeter, murmura-t-elle.

Je lui souris et tendis la main pour lui caresser la joue.

— Je ne l'aurais pas laissé faire. Ce n'étaient que des mots.

Il y eut un silence.

— Et tu sais quoi? dis-je.

— Quoi? demanda-t-elle.

— Ton épée est bien magique, finalement.

Vénus leva les yeux vers moi.

— Elle t'a fait marcher, dis-je en souriant. Je l'ai vu. Ton épée magique t'a rendue capable de marcher.

35

Et le dernier jour arriva.

En l'occurrence, ce n'était qu'une demi-journée. Les années précédentes, j'avais organisé un pique-nique ou une sortie pour célébrer la fin de l'école, mais nous disposions de trop peu de temps pour cela. Pourtant, je voulais fêter l'événement d'une façon quelconque, aussi suggérai-je aux familles de se joindre à nous pour manger des pizzas au lieu de passer prendre les enfants à l'heure du déjeuner. Les mères des jumeaux, de Billy et d'Alice avaient accepté la proposition, ainsi que la grand-mère de Jesse. La mère adoptive de Vénus venait aussi.

Après cette conversation avec Vénus, lors du goûter d'anniversaire, j'avais dit aux services sociaux et à ses parents adoptifs combien ses frères et sœurs lui manquaient. On avait fait en sorte qu'elle vît ses frères, qui ne vivaient pas très loin, mais elle n'avait pas encore rencontré Wanda, en grande partie parce que celle-ci vivait dans un foyer pour handicapés mentaux, à une cinquantaine de kilomètres. Je souhaitais ardemment les réunir. Si Wanda était la mère biologique de Vénus, celle-ci l'ignorait et pensait à elle en tant que sœur. Pourtant, on ne pouvait nier qu'elles étaient liées de façon particulière. Indépendamment de leur lien de parenté, j'étais convaincue que c'était Wanda, toute débile qu'elle parût aux autres, qui avait maintenu Vénus en vie pendant toute cette période affreuse où l'enfant avait été victime de violences. Il me semblait particulièrement injuste de les maintenir séparées. Par conséquent, je suggérai que ce serait vraiment bien si Wanda pouvait se joindre à nous, pour cette «pizza party».

Sur le plan logistique, la réalisation de mon plan se révéla un vrai calvaire. Je dus appeler au moins dix fois les services sociaux pour tout mettre au point. Ensuite je passai une demi-douzaine de coups de fil au foyer, puis à la famille adoptive de Vénus, pour organiser le transport de Wanda et faire en sorte qu'elle arrivât à temps à l'école. La mère adoptive de Vénus accepta de ramener Wanda au foyer après la fête. Elle comptait en outre passer au centre commercial après le déjeuner et, si Wanda le souhaitait, elle pourrait les y accompagner, Vénus et elle. En revanche, nous ne trouvions personne pour aller chercher Wanda. Personne, que ce fût au foyer ou parmi les travailleurs sociaux, ne voulait faire les cent kilomètres aller et retour. Finalement, ce fut Rosa qui proposa de s'en charger.

Les enfants et moi passâmes la matinée à mettre au point les derniers détails. Il y avait des papiers à distribuer et à remplir, les affaires à rassembler et à emporter. Chacun avait apporté des sacs pour y mettre ce qui lui appartenait.

Finalement, je sortis les classeurs.

— Oh non! s'exclama Billy. Tu ne vas pas nous faire travailler le jour de la sortie!

— Oh non! répétèrent les jumeaux, Jesse et enfin Alice.

Même Vénus grogna.

— Cette fois, ce sera différent, affirmai-je. Vous ne remarquez rien de différent?

— Non! dit Billy.

— Regarde mieux. Tu ne vois rien?

Tous les enfants se démontèrent la tête pour examiner le classeur que je tenais à la main.

— Rien, dit Billy. Celui-là, c'est celui de Théo.

— Qu'en pensez-vous, les autres ? demandai-je.

— Je ne vois rien, dit Phil.

— Il est épais, dit Théo.

— C'est vrai, répondis-je. Il est épais parce qu'il contient tous vos travaux de l'année.

— Waou ! s'écria Jesse. Ils y sont tous ?

— Oui. Et je vais vous les donner pour que vous les emportiez chez vous. Mais, avant de les mettre dans vos sacs, feuilletez-les. Regardez les progrès que vous avez faits depuis le mois de septembre.

Les enfants prirent leurs classeurs. Seuls ceux d'Alice et de Vénus étaient minces : Alice, parce qu'elle était arrivée au début du mois de mai, et Vénus, parce qu'elle avait commencé à vraiment travailler à peu près à la même époque.

— Ben dis donc ! s'exclama Jesse. Quand je suis arrivé, je ne faisais que des additions à un seul chiffre. Maintenant, je peux faire des multiplications.

— Et moi, dit Billy, je ne savais pas lire. Regarde ça, c'est du niveau d'un cours préparatoire !

— Moi, je coloriais, dit Théo.

— Qui aurait pensé que j'irais dans une classe pour surdoués ? disait Billy en feuilletant son classeur.

— Je me souviens de ça ! Vous vous rappelez, les mecs ? demanda Phil en brandissant un poème d'Halloween.

Voyant les garçons fort occupés, je m'approchai de la table d'Alice et de Vénus. Je m'accroupis près du fauteuil roulant.

— Tu sais à quoi je pense ? lui dis-je. Wanda vient déjeuner avec nous et j'ai pensé que tu voudrais peut-être lui faire une surprise.

Vénus posa sur moi un regard interrogateur, mais ne dit mot.

373

— A mon avis, Wanda ignore que tu es en fauteuil roulant et cela risque de lui faire peur.

Vénus plissa légèrement les paupières.

— Alors, pendant que les garçons et moi feuilletons les classeurs, je me suis dit que tu voudrais peut-être t'exercer à rester debout. Comme l'autre jour, quand tu as repris ton épée de Sheera. Et, pendant que tu y es, tu pourrais t'entraîner à faire quelques pas. Aussi, quand Wanda verra comme tu t'y prends bien, elle sera moins effrayée, parce qu'elle comprendra que tu vas mieux.

Vénus ne disait toujours rien.

— Qu'est-ce que tu en penses ?

Vénus me regardait en se mordillant la lèvre inférieure.

— Je peux t'aider, suggéra Alice. Je te tiendrai la main, comme ça tu ne tomberas pas.

— C'est une bonne idée, dis-je. Qu'est-ce que tu en penses ? Tu veux essayer ?

De longues minutes s'écoulèrent. Vénus scruta attentivement mon visage, puis elle baissa les yeux avant de lancer un bref coup d'œil en direction d'Alice.

Finalement, elle hocha la tête.

— Je vais essayer.

Et elle le fit. Je restai près d'elle un instant, pour la soulever hors de son fauteuil et l'aider à garder son équilibre tandis qu'elle faisait quelques pas hésitants. Ensuite, Alice me remplaça. Tenant les mains de Vénus, elle la soutint avec sollicitude. Vénus ne resta pas longtemps sur ses pieds. Au bout de dix minutes, elle était trop fatiguée pour continuer, mais elle l'avait fait. Elle s'était levée et elle avait marché, avec l'aide d'Alice — plus important, elle l'avait voulu.

Et puis ce furent les quinze dernières minutes. Tout avait été emballé, scellé, emporté. Les enfants étaient assis devant des tables sur lesquelles il n'y avait plus rien, dans une salle aux murs nus.

Je leur distribuai des feuilles de papier quadrillé

— Voici ce que nous allons faire, pendant le temps qui nous reste. Tout le monde a un crayon ? Très bien. Maintenant, je veux que vous repassiez dans votre tête toute l'année scolaire qui vient de s'écouler, tout ce que nous avons fait, tous les événements qui ont eu lieu, et je veux que vous écriviez ce que vous avez préféré. Dites-moi ce qui vous a plu le plus, pendant toute l'année. Et, quand ce sera fait, pliez votre feuille et déposez-la dans cette boîte. Je vais l'emporter chez moi, puis je lirai ce que vous avez écrit pour me rappeler toutes les bonnes choses que nous avons accomplies ensemble.

Les six enfants penchèrent une tête studieuse sur leur feuille et écrivirent. Billy fut le premier à plier sa feuille et à la déposer dans la boîte.

— Tu vas descendre et te poster devant la porte d'entrée pour guetter l'arrivée des parents, lui proposais-je.

Ensuite, ce fut le tour d'Alice et de Jesse.

— Allez au réfectoire, vous trouverez les plateaux de carton et tout ce dont nous avons besoin pour notre fête. Disposez-les sur les tables. Nous serons quinze en tout. Disposez donc quinze plateaux.

Théo, Phil et Vénus finirent d'écrire. Phil prit le papier de Vénus en même temps que le sien et le déposa dans la boîte.

— Théo et Phil, vous allez attendre nos invités avec Billy, et vous les guiderez jusqu'à la cantine. Vénus, tu viens avec moi. Nous allons téléphoner à la pizzeria pour nous assurer que le livreur ne nous a pas oubliés.

Nous étions au secrétariat quand je vis Rosa remonter l'allée avec Wanda. Wanda n'avait pas changé. Elle semblait un peu plus propre, peut-être, mais guère mieux attifée qu'autrefois. Et elle n'avait pas perdu de poids. A quelques pas derrière Rosa, elle se dandinait comme un canard.

— Regarde qui arrive ! dis-je à Vénus.

Nous nous trouvions derrière le haut guichet du secrétariat et Vénus ne pouvait voir ce qui se passait de l'autre coté. Je me penchai pour la soulever, mais elle se mit debout avant même que je l'aie touchée. Agrippée au guichet, elle se hissa toute seule pour voir Wanda entrer dans la pièce.

— Belle Enfant! hurla Wanda en la voyant. Belle Enfant!

Vénus contourna le guichet et tomba dans les bras de Wanda, qui la serra très fort contre son cœur.

— Belle Enfant! dit-elle encore.

Les yeux fermés, la tête rejetée en arrière, Vénus souriait largement, heureuse, épanouie et sans retenue.

Et puis, ce fut la fin. Les pizzas étaient mangées. Chacun bavardait avec animation, excité par les projets de vacances. Théo et Phil étaient impatients de commencer les leurs. Ils coururent autour du réfectoire, où il n'y avait que nous, jusqu'à ce que les mères décident qu'il était temps de rentrer à la maison.

Ainsi se termina notre fête de fin d'année. J'embrassai les enfants, un par un. Billy se mit à pleurer :

— Je ne reviendrai pas. Tu me manques déjà. Je ne veux pas partir. C'était la meilleure classe du monde entier et je ne reviendrai pas. Eux, si. Tous les autres reviennent, mais pas moi! Ce n'est pas juste, gémit-il.

— Tu me manqueras aussi, mais toi et moi, nous nous reverrons l'année prochaine.

— Et moi aussi! dit Jesse. Je vais partir, mais je reviendrai. Tu me reverras aussi.

— Au revoir!

— Au revoir.

Et ils partirent, un par un. Je me penchai au-dessus du fauteuil de Vénus.

— Nous nous retrouvons à la rentrée, lui dis-je. Passe de bonnes vacances.

— Au revoir, dit-elle.

— A bientôt. Au revoir, Wanda. Je te reverrai l'année prochaine, j'en suis sûre.

Et ils furent tous partis.

Je me trouvais avec Rosa dans le réfectoire vide. Nous nettoyâmes les restes de pizza, jetâmes les boîtes et les plateaux de carton, ainsi que les serviettes. Ensuite, je souhaitai à Rosa de bonnes vacances, puis je remontai dans la classe pour prendre mes affaires et refermai la porte derrière moi.

Je pris la boîte où les enfants avaient déposé leurs feuilles et je les dépliai une à une. Théo avait écrit : «J'aime les voyages en *afric*». Je supposai qu'il faisait allusion à tous les voyages imaginaires que nous avions faits, après notre première promenade dans les bois.

Jesse était le suivant : «J'ai aimé le goûter. Il était à 14 heures 40 et on avait un *gato* au chocolat en forme de train, et du Coca, et des biscuits, et de la glace, et plein de sucre sur le *gato*. Je t'aime. XOXOXOXOXOXOX.»

Je lus celui de Billy : «J'aime bien comme tu ris toujours avec nous, mademoiselle Hayden. Tu nous fais sourire. Tu chantes avec nous. Je voudrais que tu sois ma maîtresse pour toujours. Je t'aime beaucoup. J'espère que tu passeras de bonnes vacances. Tu vas me manquer. Je t'aime. Signé : Guillermo Manuel Gomez junior (Billy).»

Phil disait : «Je t'aime quand tu nous aides.»

Alice écrivait : «Tu nous as aidés quand on avait un gros, gros problème. Et tu nous as fait rire tout le temps. Voilà, c'est tout ce que j'ai à dire. Au revoir. Merci pour le supplice.» Le dernier mot m'arracha un petit rire. «Merci pour le supplice» résumait assez bien l'année écoulée.

Et enfin, je dépliai la feuille de Vénus et la lissai sur ma table, du plat de la main. «Je suis heureuse», était-il écrit.

Epilogue

Billy, après avoir quitté notre classe, a accompli de grands progrès sur le plan scolaire. Après que sa dyslexie eut été diagnostiquée officiellement, l'année suivante, il a continué de peiner en lecture, mais s'est suffisamment amélioré dans les autres disciplines pour être admis à plein temps dans une sixième de surdoués. Il a poursuivi ses études avec succès et est entré à l'université.

Jesse a intégré le cours moyen de notre école, tout en bénéficiant d'un soutien scolaire. Il s'est adapté avec succès à l'enseignement traditionnel, a obtenu le baccalauréat et est entré dans une école de commerce.

Théo, Phil, Alice et Vénus sont tous restés avec moi l'année suivante. Théo et Phil ont continué d'avoir de sérieuses difficultés scolaires et ils ont été maintenus dans l'enseignement spécialisé pendant toute la durée de leur scolarité. Aujourd'hui, ils poursuivent leur formation dans une structure protégée.

Au cours de sa deuxième année dans ma classe, Alice a été intégrée dans un cours moyen de notre école. Elle s'y est bien adaptée, mais elle est revenue régulièrement dans ma classe pour voir ses amis. Sa famille a déménagé alors qu'elle allait entrer en cours moyen, et je n'ai plus eu de ses nouvelles.

Au cours de sa deuxième année dans ma classe, Vénus

a pu rejoindre l'enseignement normal, elle aussi. D'un an plus jeune qu'Alice, elle a été admise en cours élémentaire et a continué de bénéficier d'un soutien scolaire quotidien, qui l'a aidée à combler ses lacunes. Il en a été ainsi pendant tout le primaire et le collège, puis elle est entrée au lycée, où elle a poursuivi ses études normalement. Elle est maintenant secrétaire dans une entreprise de construction. Elle est restée dans la même famille d'accueil pendant toute la durée de ses études. Elle n'a jamais été réunie avec ses frères et sœurs, mais elle a vu régulièrement plusieurs d'entre eux. Danny a été reconnu coupable de maltraitance et condamné à quinze ans de prison. Teri, reconnue coupable de complicité, a été condamnée à quatre ans. Wanda est demeurée dans son foyer pour handicapés. Elle est morte à trente ans, d'insuffisance respiratoire.

Retrouvez l'auteur sur son site :

www.torey-hayden.com

Impression réalisée sur CAMERON par

BUSSIÈRE CAMEDAN IMPRIMERIES
GROUPE CPI
*à Saint-Amand-Montrond (Cher)
en février 2003*

Mise en pages : Bussière

N° d'édition : 7059. — N° d'impression : 30366-030334/1.
Dépôt légal : mars 2003.
Imprimé en France